Wettbewerb zwischen Schulen

Europäische Hochschulschriften
Publications Universitaires Européennes
European University Studies

Reihe II
Rechtswissenschaft

Série II Series II
Droit
Law

Bd./Vol. 3159

PETER LANG
Frankfurt am Main · Berlin · Bern · Bruxelles · New York · Oxford · Wien

Evelyn Greiwe

Wettbewerb zwischen Schulen

PETER LANG
Europäischer Verlag der Wissenschaften

Die Deutsche Bibliothek - CIP-Einheitsaufnahme

Greiwe, Evelyn:

Wettbewerb zwischen Schulen / Evelyn Greiwe. - Frankfurt am Main ; Berlin ; Bern ; Bruxelles ; New York ; Oxford ; Wien : Lang, 2001
(Europäische Hochschulschriften : Reihe 2, Rechtswissenschaft ; Bd. 3159)
Zugl.: Münster, Univ., Diss., 2000
ISBN 3-631-37937-4

D 6
ISSN 0531-7312
ISBN 3-631-37937-4

www.peterlang.de

Meinen Eltern

Vorwort

An erster Stelle danke ich Herrn Prof. Dr. Janbernd Oebbecke, der mir die Bearbeitung dieses Themas anvertraut und den Fortgang der Arbeit stets mit großem Interesse verfolgt sowie mit vielfältigen Denkanstößen gefördert hat. Herrn Prof. Dr. Epping danke ich für die Übernahme des Zweitgutachtens.

Ein besonderer Dank geht an Dr. Marek Brzezinski, der mich mit seinen kritischen Anmerkungen zu motivieren wußte und auf dessen hilfreiche Unterstützung ich vertrauen konnte.

Barbara Hillmann, Frank Sibom und Dr. Claudia Pörnig danke ich für ihre freundschaftliche Unterstützung sowie ihren fachlichen Rat und ihre wertvollen Gespräche, die zum Gelingen der Arbeit beigetragen haben. Für das Korrekturlesen des Manuskripts bedanke ich mich bei Sylvia Schitter.

Mein innigster Dank gilt meinen Eltern, die mein Dissertationsvorhaben stets unterstützt haben. Ganz herzlich danke ich meiner Schwester Bernadett insbesondere für ihre Anregungen hinsichtlich der konzeptionellen Gestaltung der Befragung und meinem Bruder Edward für die kritische Betrachtung der Arbeit aus ökonomischer Sicht.

Die vorliegende Arbeit wäre ohne die Bereitschaft der Schulleiter und Schulleiterinnen der Gymnasien in Münster und Gelsenkirchen und die Unterstützung des Schulamtes Münster, des Schulverwaltungsamtes Gelsenkirchen, der Bezirksregierung Münster und der Vertreter der Schulausschüsse des Rates der Stadt Münster und der Stadt Gelsenkirchen nicht möglich gewesen. Ihnen gilt mein Dank.

Die Arbeit wurde im Wintersemester 2000/2001 als Dissertation von der Rechtswissenschaftlichen Fakultät der Westfälischen Wilhelms-Universität zu Münster angenommen. Gesetzgebung, Literatur und Datenmaterial sind bis August 2000 berücksichtigt.

Berlin, im Februar 2001 Evelyn Greiwe

Inhaltsverzeichnis

A. Einleitung

Im Zuge der Modernisierung des öffentlichen Bereichs wird Wettbewerb immer mehr als unverzichtbarer Antrieb zu Innovation und Verbesserung der öffentlichen Verwaltung gesehen[1]. Es wird überlegt, Wettbewerb mit dem Ziel, seine Verteilungs- und Ordnungsfunktion auszunutzen und den Staat zu entlasten, als Steuerungsinstrument selektiv im öffentlichen Bereich einzusetzen[2].

Im Schulwesen fällt im Zusammenhang mit Überlegungen zur Qualitätsentwicklung und -sicherung und zur Stärkung der Einzelschule das Wort Wettbewerb. Es wird davon ausgegangen, daß die Effizienz und Innovationskraft der Schulen durch Wettbewerb am ehesten zu gewährleisten sei[3]: „Die Triebkraft der Entwicklung, die die Gegenwart verändert und in die Zukunft hinüberführt, ist der Wettbewerb. Er ist ein notwendiger und leistungsstarker Motor, der gleichwohl beherrscht und gesteuert werden muß, um die Gesellschaft voranzubringen und nicht zu zerstören“[4]. Anlaß war die vielbeachtete Denkschrift der Bildungskommission, die sich aus unabhängigen Persönlichkeiten des öffentlichen Lebens des Landes Nordrhein-Westfalen, der Länder der Bundesrepublik Deutschland und aus dem europäischen Ausland zusammensetzte[5]. Die Bil-

---

1 *Gerhard Banner*, Neue Steuerungsmodelle in öffentlichen Verwaltungen, in: Heilke von der Ahe (Hrsg.), Arbeitgeber Staat, 1995, S. 31 (47); *Rainer Pitschas*, Die Jugendverwaltung im marktwirtschaftlichen Wettbewerb?, DÖV 1994, S. 973 (981); *Heinrich Siepmann/Ursula Siepmann*, Verwaltungsorganisation, 1996, S. 2.

2 *Frieder Naschold*, Ergebnissteuerung, Wettbewerb, Qualitätspolitik, 1995, S. 8, 14, 88f: Es gibt (international) unterschiedliche Überlegungen zum Einsatz von Wettbewerbselementen im Zuge der Modernisierung des öffentlichen Sektors. Diese reichen vom virtuellen Organisationswettbewerb durch transparente Leistungs- und Kostenvergleiche über die Weiterentwicklung von Organisationseinheiten innerhalb des öffentlichen Sektors über die Ergebnis- zur Einnahmeverantwortung, den „geplanten Wettbewerb“ zwischen „öffentlichen Unternehmen“ bis hin zum Wettbewerb komplementärer wie substitutiver öffentlicher und privater Einrichtungen.

3 *Elmar Schulz-Vanheyden*, Rede zum Abschluß der Fachtagung „Evaluation in der Schulpraxis“, in: Ministerium für Schule und Weiterbildung des Landes Nordrhein-Westfalen (Hrsg.), Evaluation in der Schulpraxis, 1998, S. 127 (128).

4 *Hans Joachim Meyer*, Die Triebkraft der Entwicklung ist der Wettbewerb, SchulVerwaltung NRW 10/1999, S. 260 (260).

5 Die Bildungskommission zu dem Thema „Zukunft der Bildung–Schule der Zukunft“ wurde vom ehemaligen Ministerpräsidenten des Landes Nordrhein-Westfalen, Johannes Rau, 1992 berufen. In ihrer veröffentlichten Denkschrift zielt sie auf neue Dimensionen, Strukturen und Organisationsformen des Lehrens und Lernens und stellt die gegenwärtigen Vorstellungen von Schule und Unterricht in Frage. Es werden Leitvorstellungen und

dungskommission verbindet in der Denkschrift mit dem Begriff Wettbewerb große Erwartungen. Danach soll sich Wettbewerb im Schulwesen als Qualitätswettbewerb entfalten. Vergleiche des Angebots und der Leistungsfähigkeit der Schulen sollen es möglich machen, Qualität und Akzeptanz eines schulischen Angebots festzustellen und zu erhöhen und Impulse für einen Wettbewerb um kontinuierliche Qualitätsverbesserung und effektiven Ressourceneinsatz zu geben[6]. Wie dieser Qualitätswettbewerb konkret ausgestaltet werden soll, wird offengelassen. Dies führte zwangsläufig zu Spekulationen und Kritik[7].

Es ist ungewöhnlich, im Schulwesen einen Wettbewerb in Betracht zu ziehen. Die Schulen sind Einrichtungen des Staates oder der Gemeinden und als solche unselbständige Anstalten. Sie unterliegen gem. Art. 7 Abs. 1 GG der Aufsicht des Staates. Die Schulen sind Teil der öffentlichen Verwaltung. Aus verwaltungsrechtlicher Sicht befinden sich Behörden oder Verwaltungsträger untereinander grundsätzlich nicht in einer Wettbewerbssituation, da sie in der Regel für ihre Leistungen in einem bestimmten Gebiet ausschließlich zuständig sind; sie sind praktisch Monopolisten[8]. Ein Wettbewerb bei der Erbringung staatlicher Leistungen mit einem dem privaten Markt vergleichbaren Regulierungs- und Konkurrenzdruck ist weitgehend nicht vorhanden[9]. Das gilt grundsätzlich auch

---

Empfehlungen für die zukünftige Gestaltung des Schulwesens und der Schule ausgesprochen. U.a. sollen den kommunalen Schulträgern insoweit erhebliche Spielräume bei den Entwicklungsplanungen und Organisationsentscheidungen gegeben werden, daß sie die vom Gesetzgeber vorgegebenen Bildungsgänge flexibel, d.h. am lokalen und regionalen Bedarf ausgerichtet, kombinieren können (*Bildungskommission NRW*, Zukunft der Bildung-Schule der Zukunft, 1995, S. XXI).

6 *Bildungskommission NRW*, Zukunft der Bildung-Schule der Zukunft, 1995, S. 155; *Ministerium für Schule und Weiterbildung des Landes Nordrhein-Westfalen* (Hrsg.), Zukunft der Bildung-Schule der Zukunft, Zweieinhalb Jahre Dialog um die Denkschrift, S. 24. Fraglich ist, wo die Grenze zwischen der Gewinnung von „Steuerungswissen" und Qualitätsverbesserung einerseits und die Bewertung und Einstufung einzelner Schulen und Lehrkräfte andererseits liegt. Weitere kritische Anmerkungen zur Denkschrift in *Winfried Schlaffke/Klaus Westphalen* (Hrsg.), Denkschrift NRW–Hat Bildung in Schule Zukunft?, 1996.

7 *Martin Stock*, Auf dem Weg zur „teilautonomen" Schule?, RdJB 1997, S. 372 (377); *Rudolf Alberg*, Das Bildungsgutachten, in: Winfried Schlaffke/Klaus Westphalen (Hrsg.), Denkschrift NRW–Hat Bildung in Schule Zukunft, 1996, S. 28 (41): „Die Verfasser des Berichtes wollen allem Anschein nach einem Steuerungsinstrument, das zur Qualitätssicherung in einem funktionierenden Wettbewerbssystem angelegt ist, Effektivität in einem Bereich zusprechen, in dem es nach ihrer eigenen Auffassung an Wettbewerb fehlt und in dem es ihn auch in Zukunft nicht im eigentlichen Sinne des Wortes geben soll".

8 *Werner Thieme*, Einführung in die Verwaltungslehre, 1995, S. 166.

9 *Hermann Hill*, Strategische Erfolgsfaktoren in der öffentlichen Verwaltung, Die Verwaltung 2/1993, S. 165 (167).

für das Schulwesen. Aus erziehungswissenschaftlicher Sicht wird ein Wettbewerb zwischen Schulen als unerwünschtes Gegeneinander betrachtet. Die Schulen sollen sich auf die Entwicklung der geistigen Fähigkeiten und der Verhaltensweisen der Schüler, die für die erfolgreiche Erfüllung der zukünftigen Aufgaben in der Gesellschaft erforderlich sind, konzentrieren[10]. Unter sozialpolitischen Erwägungen wird die öffentliche Bildungsvorsorge als ein integraler Bestandteil der allgemeinen Daseinsvorsorge des modernen Gemeinwesens gesehen.

Ungeachtet der gravierenden Einwände muß Wettbewerb im öffentlichen Schulwesen kein Widerspruch sein. Vielmehr kann er existieren, ohne konstruiert zu werden, wenn sich entsprechende Freiräume ergeben. Den Eltern kommt aus Art. 6 Abs. 2 S. 1 GG das Recht zu, während der Schullaufbahn des Kindes unter Berücksichtigung seiner Begabung und Leistung zwischen verschiedenen Schulformen zu wählen. In einigen Ländern ist dieses Recht noch um die Möglichkeit erweitert, zwischen Einzelschulen innerhalb einer weiterführenden Schulform zu wählen. Aus verwaltungsrechtlicher Sicht wird entgegen dem Grundsatz der ausschließlichen Zuständigkeitsordnung den Eltern an dieser Stelle ein Freiraum für die Möglichkeit der Wahl zwischen gleichermaßen zuständigen Schulen eröffnet. Da Eltern im einzelnen unterschiedliche Vorstellungen von der Schule haben, an der ihr Kind unterrichtet werden soll, ist davon auszugehen, daß sie unter den zuständigen öffentlichen Schulen ein und desselben Typs diejenige Schule bevorzugt auswählen werden, die aus ihrer Sicht die beste Förderung gewährleistet. Es obliegt jeder Schule, die Eltern von ihrer Schule zu überzeugen, sofern sie ausgelastet sein wollen. Dann kann Wettbewerb entstehen.

Ziel dieser Arbeit ist es, das Vorliegen eines Wettbewerbs zwischen Schulen festzustellen. Einen ersten Zugang zur Fragestellung der vorliegenden Arbeit bietet ein Überblick über die Strukturen des Schulwesens in Kapitel B. Neben der Skizzierung der Schulaufsicht, der Schulträgerschaft und der Organe des öffentlichen Schulwesens wird auch auf die Finanzierung der öffentlichen und der privaten Schule eingegangen. Im Vordergrund stehen die allgemeinbildenden weiterführenden Schulen. In Kapitel C wird das Augenmerk auf die Rechte der Eltern und Kinder als Nutzer des Schulwesens gerichtet. Da das Bestehen von Handlungsfreiräumen Voraussetzung für die Existenz von Wettbewerb ist, werden die Wahlmöglichkeiten für die Eltern und Kinder im Schulwesen herausgearbeitet. Im Kapitel D wird der Frage nachgegangen, inwiefern das insbesondere

10 Vgl. *Thomas Oppermann*, Elterliches Erziehungsrecht und staatliche Schulerziehung, in: Erich Röper (Hrsg.), Die Schule und ihr Auftrag, 1979, S. 71 (80); *Norbert Niehues*, Schul- und Prüfungsrecht, 2000, Rn. 126.

in der Marktwirtschaft etablierte Prinzip des Wettbewerbs im Schulwesen, besonders im öffentlichen Schulwesen, Bedeutung haben kann. Auf der Grundlage dieser Überlegungen gilt es, die wichtigsten Strukturelemente des Wettbewerbs, anhand derer die Existenz eines Wettbewerbs unter Schulen überprüft werden soll, herauszustellen. Im Kapitel E wird die verwaltungsrechtliche Frage einer Mehrfachzuständigkeit, die sich im öffentlichen Schulwesen stellt, untersucht. Unter erziehungs-, sozial- und verwaltungswissenschaftlichen Gesichtspunkten werden dann Vermutungen zu möglichen Strukturen eines Wettbewerbs zwischen Schulen aufgestellt, die dann verfassungsrechtlich überprüft werden. Im Kapitel F wird die Durchführung der qualitativen Befragung der Schulleiter der Gymnasien in Münster und in Gelsenkirchen mittels der Methoden der empirischen Sozialforschung dargestellt. Die Ergebnisse der Erhebung werden diskutiert und mit den aus informellen Befragungen der Vertreter der Schulaufsicht und des Schulträgers gewonnenen Informationen in Zusammenhang gebracht. Mit einem Ausblick schließt die Arbeit.

B. Das Schulwesen

Das Schulwesen ist ein komplexes Institut. Es muß sowohl kollektive als auch individuelle Interessen vereinen. Die Institution Schule spiegelt dies auf der Mikroebene wieder. Da im weiteren die Einzelschule Gegenstand der Untersuchung ist, gilt es, diese näher zu betrachten.

I. Die öffentliche Schule

Schulen werden beschrieben als „für die Dauer bestimmte Bildungseinrichtungen, in denen unabhängig vom Wechsel der Lehrerinnen und Lehrer und der Schülerinnen und Schüler allgemeinbildender oder berufsqualifizierender Unterricht planmäßig in mehreren Gegenstandsbereichen einer Mehrzahl von Schülerinnen und Schülern erteilt wird und Erziehungsziele verfolgt werden“[11]. Öffentlich sind Schulen in der Regel dann, wenn deren Träger das Land, ein Landkreis, eine Gemeinde, ein Gemeindeverband oder ein Schulverband ist[12]. Alle übrigen Schulen sind private Schulen[13]. Die öffentlichen Schulen sind in allen Ländern der Bundesrepublik Deutschland als nichtrechtsfähige öffentliche Anstalten organisiert[14]. Sie sind Bestandteil des allgemeinen Organisationsgefüges der öf-

---

11 § 127 I HSchulG. Ähnlich § 3 I SaarSchOG, § 3 RPSchulG, § 2 Nr. 1 BbgSchulG, § 2 I SHSchulG, § 1 NWSchVG, § 111 II HmbSchulG, § 19 I BremSchVG. Etwas konkreter in § 1 II 1 NdsSchulG („Unterricht (...) für mindestens zwölf Schülerinnen oder Schüler und mindestens für die Dauer von sechs Monaten.“).

12 § 7 I SaarSchOG, § 2 I 1 SASchulG, § 178 II HSchulG (zzgl. Landeswohlfahrtsverband Hessen), § 3 II SächsSchulG (auch Landkreis gemeinsam mit dem Freistaat Sachsen), § 2 I BWSchulG (entweder gemeinsam mit dem Land oder vom Land allein), § 1 III 1 NdsSchulG (auch die Samtgemeinden, die Zweckverbände, die öffentlich-rechtlich Verpflichteten in gemeindefreien Gebieten), § 3 I, II 1 NWSchVG (auch Schulen, deren Schulträger eine Innung, eine Handwerkskammer, eine Industrie- und Handelskammer oder eine Landwirtschaftskammer ist), Art. 3 I 1, 2 BayEUG (Schulen, bei denen der Dienstherr des Lehrpersonals entweder der Freistaat Bayern oder eine bayerische kommunale Körperschaft ist), § 17 II RPSchulG, § 2 II SHSchulG (auch best. Körperschaften des öffentlichen Rechts ohne Gebietshoheit), § 1 I 2 BremSchulG.

13 So ausdrücklich in § 7 II 1 SaarSchOG, § 3 IV NWSchVG, § 2 II BWSchulG.

14 § 23 I BWSchulG, § 127a II 1 HSchulG, § 52 I MVSchulG, § 111 II 1 HmbSchulG, § 2 II 2 SASchulG, § 13 I 1 ThürSchulG, Art. 3 I 4 BayEUG, § 2 I 1 BremSchVG, § 1 III 2 NdsSchulG, § 6 NWSchVG, § 16 I SaarSchOG, § 6 S.1 BbgSchulG, § 3 S.1 SHSchulG.

fentlichen Verwaltung[15]. Als nichtrechtsfähige Anstalten besitzen die öffentlichen Schulen weder Personalhoheit noch Vermögensfähigkeit. So haben sie keinen Anspruch darauf, die für sie geeignet erscheinenden Lehrer[16] auszusuchen[17]. Die Schulunterhaltung und Schulverwaltung wie auch die gerichtliche und außergerichtliche Vertretung obliegen dem Schulträger[18].

Das öffentliche Schulwesen ist in Schulformen gegliedert und nach Schulstufen aufgebaut[19]. Länderübergreifend gelten als Schulformen insbesondere die Grundschule, die Hauptschule, die Realschule, das Gymnasium, die Gesamtschule[20], die Sonderschule bzw. Förderschule, die Berufsschule, die Berufsfachschule, die Fachschule und die Fachoberschule[21]. Dabei kann entsprechend dem Bildungsziel schulorganisatorisch zwischen allgemeinbildenden und berufsbildenden Schulformen unterschieden werden[22]. Während sich z.B. Hauptschule, Realschule und Gymnasium einer „allgemeinen" Bildung widmen, verfolgen Berufsschule und Berufsfachschule Ziele der Ausbildung auf konkrete Berufsbilder hin[23]. Im weiteren Verlauf der Arbeit soll ein verstärktes Augenmerk auf die allgemeinbildenden weiterführenden Schulen gerichtet werden.

---

15 *Hans Heckel/Hermann Avenarius*, Schulrechtskunde, 2000, S. 108.

16 Aus Gründen der Lesbarkeit wird im weiteren bei Funktionsbezeichnungen nicht nach Geschlecht differenziert. Lehrer meint hier im geschlechtsneutralen Sinn alle weiblichen und männlichen Angehörigen eines Berufsstandes. Dies gilt ebenso für Schüler und Schulleiter.

17 *Hermann Avenarius*, Verfassungsrechtliche Grenzen und Möglichkeiten schulischer Selbstverwaltung, in: Peter Daschner/Hans-Günter Rolff/Tom Stryck (Hrsg.), Schulautonomie, 1995, S. 253 (272).

18 *Thomas Oppermann*, Bildung, in: Ingo von Münch (Hrsg.), Besonderes Verwaltungsrecht, 1988, S. 773 (789).

19 Von Land zu Land unterschiedlich wird für Schulstufe auch der Begriff Schulbereich und für Schulform der Begriff Schulart verwendet.

20 Die Gesamtschule wird in der Regel nach dem Schulrecht der Länder unterschiedlich als Regelschulform oder als Schule besonderer Art angeboten.

21 § 4 I 4 BWSchulG, § 3 II SaarSchOG, § 11 III Nr. 1 u. 2 HSchulG, § 11 II 1. u. 2. MVSchulG, § 4 I 1 ThürSchulG, § 4 I 1 SächsSchulG, § 5 II NdsSchulG, § 3 II SA SchulG, § 16 II BbgSchulG, § 8 I SHSchulG, § 6 III RPSchulG, Art. 6 II BayEUG, § 17 I BremSchulG, § 4ff NWSchVG. Bei Mittelschule (§ 6 SächsSchulG), Regelschule (§ 4 I 1 ThürSchulG), Sekundarschule (§ 3 II SASchulG), Integrierte Haupt- und Realschule (§ 16 HmbSchulG), Verbundene Haupt- und Realschule (§ 11 III HSchulG) und Regionale Schule (§ 6 III RPSchulG) handelt es sich um Schulformen mit zwei Bildungsgängen, nämlich Haupt- und Realschulbildungsgang.

22 § 3 II 1 SaarSchOG, § 11 II 1. u. 2. MVSchulG, § 16 II BbgSchulG, § 8 I SHSchulG, Art. 6 I 1 BayEUG, § 5 II NdsSchulG.

23 *Thomas Oppermann*, Bildung, in: Ingo von Münch (Hrsg.), Besonderes Verwaltungsrecht, 1988, S. 773 (794).

In pädagogischer Hinsicht ist das öffentliche Schulwesen in der Regel gegliedert in die Primarstufe (Klassenstufen 1 bis 4)[24], die aus der Grundschule besteht, die Sekundarstufe I (Klassenstufe 5 bis 10), die in erster Linie die weiterführenden allgemeinbildenden Schulen wie die Hauptschule, die Realschule sowie das Gymnasium und die Gesamtschule bis Klasse 10 umfaßt, und die Sekundarstufe II (gymnasiale Oberstufe und berufliche Regelschulformen), die berufsbildende Schulen sowie die Jahrgangsstufen 11 bis 12 bzw. 13 der allgemeinbildenden Schulen wie das Gymnasium und die Gesamtschule umfaßt[25]. Die Durchlässigkeit zwischen den Schulformen und die Anerkennung der Schulabschlüsse ist bei Erfüllung der zwischen den Ländern im Abkommen zur Vereinheitlichung der Rahmenbedingungen des Schulwesens vereinbarten Voraussetzungen grundsätzlich gewährleistet[26]. Auch sorgt die Zusammenarbeit der Länder im Rahmen der Ständigen Konferenz der Kultusminister für eine gewisse Einheitlichkeit der Schulbildung im ganzen Bundesgebiet[27].

II. Schulpflicht

Die Schulpflicht ist im Grundgesetz nicht normiert. Die Befugnis des Staates, die Pflicht zum Besuch der Schule festzulegen, wird mit der Aufsicht des Staa-

---

24 In Berlin und Brandenburg gibt es 6 Jahrgangsstufen (§ 28 I 1 BerlinSchulG, § 19 II 1 BbgSchulG).

25 § 3 II 2 SaarSchOG, § 4 II-V NWSchVG, § 4 II 2 BWSchulG, § 11 I 1.-3. MVSchulG, § 4 II SächsSchulG, vgl. § 7 SHSchulG, § 6 V RPSchulG, § 5 III NdsSchulG, § 3 III SA SchulG, § 16 BremSchulG, § 11 II HmbSchulG.

26 Durch das Abkommen zwischen den Ländern der Bundesrepublik zur Vereinheitlichung auf dem Gebiete des Schulwesens vom 28.10.1964 (seitdem mehrfach geändert) wird für alle Länder eine gemeinsame Grundstruktur des Schulwesens in Deutschland gewährleistet. Es bezieht sich u.a. auf Beginn und Dauer der Vollzeitschulpflicht, Beginn und Ende des Schuljahres, Dauer der Ferien, Bezeichnung der verschiedenen Bildungseinrichtungen und ihre Organisationsformen, Sicherung der Durchlässigkeit zwischen den Schulformen, Beginn des Fremdsprachenunterrichts und Sprachenfolge, Anerkennung von Schulzeugnissen und Lehramtsprüfungen, Bezeichnung der Notenstufen für Schulzeugnisse und Lehramtsprüfungen (*Ständige Konferenz der Kultusminister der Länder in der Bundesrepublik Deutschland*, Sammlung der Beschlüsse der Ständigen Konferenz der Kultusminister der Länder in der Bundesrepublik Deutschland, Stand 1995, Nr. 101).

27 *Christian Starck*, Organisation des öffentlichen Schulwesens, NJW 1976, S. 1375 (1376); *Theodor Maunz*, in: Theodor Maunz/Günter Dürig, Grundgesetz, Art. 7 Rn. 5a. Andere merken an, daß sich die Schulsysteme deutscher Länder auseinander entwickelt haben (*Josef Kraus*, Atomisierung der Schullandschaft, in: Winfried Schlaffke/Klaus Westphalen (Hrsg.), Denkschrift NRW–Hat Bildung in Schule Zukunft?, 1996, S. 103 (115)).

tes über das Schulwesen nach Art. 7 Abs. 1 GG begründet[28]. In einigen Ländern bestimmen die Verfassungen, daß allgemeine Schulpflicht besteht[29]. Die Schulgesetze der Länder enthalten nähere Ausführungen über die Gestaltung der allgemeinen Schulpflicht. Die allgemeine Schulpflicht trifft diejenigen Kinder, Jugendlichen und Heranwachsenden, die ihren Wohnsitz oder gewöhnlichen Aufenthalt oder ihre Berufsausbildungs- oder Arbeitsstätte im Land haben[30]. Sie beginnt nach der Vollendung des 6. Lebensjahres[31] und besteht bis mindestens zum 18. Lebensjahr. Sie wird durch den Besuch der Grund-, Haupt- und Berufsschule oder einer anderen weiterführenden Schule erfüllt. Die Vollzeitschulpflicht an Grundschule und weiterführender allgemeinbildender Schule oder entsprechender Förderschule bzw. Sonderschule beträgt insgesamt neun[32] bzw. zehn Schuljahre[33]. Die Pflicht zum Besuch einer Berufsschule oder entsprechenden Förderschule (Berufsschulpflicht) dauert in der Regel drei Schuljahre[34], wobei sich dies nach der Dauer des Ausbildungsverhältnisses in einem anerkannten Ausbildungsberuf richtet[35]. Für Jugendliche, die weder eine weiterführende allgemeinbildende Schule besuchen noch in ein Ausbildungsverhältnis eintreten,

---

28 BVerwG, Urt. v. 15.10.1965, -VII C 39.65-, BVerwGE 22, 235 (237); BVerfG, Urt. v. 6.12.1972, -1 BvR 230/70 u. 95/71-, BVerfGE 34, 165 (186f.); BVerwG, Beschl. v. 9.4.1975, -VII B 68.74-, DVBl. 1975, S. 428 (429); BVerfG, Beschl. v. 5.9.1986, -1 BvR 794/86-, NJW 1987, S. 180 (180); BVerwG, Beschl. v. 15.11.1991, -6 B 16.91-, DVBl. 1992, S. 1024 (1025).

29 Art. 14 I BWVerf, Art. 129 I BayVerf, Art. 30 BremVerf, Art. 56 I 1 HVerf, Art. 8 II NWVerf, Art. 8 I SHVerf, Art. 30 I BbgVerf, Art. 15 II 2 MVVerf, Art. 102 I 2 Sächs Verf, Art. 25 II SAVerf, Art. 23 I ThürVerf, Art. 4 II 1 NdsVerf.

30 § 30 I 1, 2 SaarSchOG, § 1 I SaarSchpflG, § 7 I BerlinSchulG, § 72 I 1 BWSchulG, § 56 I HSchulG, § 36 I 2 BbgSchulG, § 41 I MVSchulG, § 36 I SASchulG, § 1 I 1 NWSchpflG, § 63 I 1 NdsSchulG, § 26 I 1 SächsSchulG, § 17 I 1 ThürSchulG, § 40 I 1 SHSchulG, § 44 I RPSchulG, Art. 35 I 1 BayEUG, § 37 I, II HmbSchulG, § 52 Brem SchulG.

31 § 42 I SHSchulG, § 53 I 1 BremSchulG, § 38 I HmbSchulG, Art. 37 I 1 BayEUG, § 37 I 1 SASchulG, § 58 I HSchulG, § 37 II BbgSchulG, § 3 I NWSchpflG, § 45 RPSchulG, § 43 I 1 MVSchulG, § 73 I 1 BWSchulG, § 19 I ThürSchulG, § 2 I 1 SaarSchpflG, § 27 I 1 SächsSchulG.

32 §§ 59 I 1, 60 I HSchulG, § 66 S.1 NdsSchulG, § 40 II 1 SHSchulG, Art. 37 III 1 BayEUG, § 38 IV HmbSchulG, § 40 II SASchulG, § 20 I 1 ThürSchulG, § 75 I, II BWSchulG, §§ 4 I, 5 I SaarSchpflG, § 28 I, II SächsSchulG.

33 § 5 S.1 NWSchpflG, § 38 I 1 BbgSchulG, § 13 II BerlinSchulG.

34 § 28 I, II SächsSchulG, § 78 I 1 BWSchulG, § 9 I 1 SaarSchpflG.

35 § 11 I NWSchpflG, § 14 I BerlinSchulG, § 65 III 1 NdsSchulG, § 42 II 1 MVSchulG, § 21 II 2 ThürSchulG, § 9 I 1 SaarSchulG, § 28 III SächsSchulG, § 40 IV 2 SASchulG, § 62 II HSchulG.

gibt es in einzelnen Ländern Regelungen einer verlängerten Vollzeitschulpflicht im beruflichen Schulwesen[36].

III. Schulaufsicht

In Art. 7 Abs. 1 GG heißt es: „Das gesamte Schulwesen steht unter der Aufsicht des Staates". Diese Verfassungsnorm wird allgemein als institutionelle Garantie für die Aufsicht des Staates über alle, d.h. auch private Schulen verstanden[37].

1. Staat

Die staatlichen Kompetenzen im Sinne des Art. 7 Abs. 1 GG üben die Länder aus. Dem Bund sind gemäß Art. 30, 70 Abs. 1, 83 GG entsprechende Zuständigkeiten vorenthalten. Er hat also für diesen Gegenstand keine Gesetzgebungsbefugnis gem. Art. 70 ff. GG und keine Verwaltungshoheit gem. Art. 30 GG. Beides ist Sache der einzelnen Länder der Bundesrepublik. Bund und Länder können aber gem. Art. 91 b S. 1 GG auf Grund von Vereinbarungen bei der Bildungsplanung und bei der Förderung von Einrichtungen und Vorhaben der wissenschaftlichen Forschung von überregionaler Bedeutung zusammenwirken.

2. Inhalt und Aufbau der Schulaufsicht

Schulaufsicht ist ein Sammelbegriff für die Aufgaben und Tätigkeiten, aber auch für die Pflichten des Staates in bezug auf die Schule[38]. Das Ziel ist, im Rahmen der finanziellen und organisatorischen Möglichkeiten ein Schulsystem zu gewährleisten, das allen jungen Menschen gemäß ihren Fähigkeiten die dem heutigen gesellschaftlichen Leben entsprechenden Bildungsmöglichkeiten eröffnet[39].

---

36 § 43 III SHSchulG, § 39 III HmbSchulG, § 67 III NdsSchulG, § 40 III SASchulG, § 59 III HSchulG.

37 *Frank-Rüdiger Jach*, Schulvielfalt als Verfassungsgebot, 1991, S. 8; *Bruno Schmidt-Bleibtreu/Franz Klein*, Kommentar zum Grundgesetz, 1999, Art. 7 Rn. 3; *Theodor Maunz*, in: Theodor Maunz/Günter Dürig, Grundgesetz, Art. 7 Rn. 3.

38 *Johann Peter Vogel*, Verfassungsrechtliche Bemerkungen zur Verselbständigung der Schule, Zeitschrift für Pädagogik 1995, S. 39 (40); *Hans Heckel/Hermann Avenarius*, Schulrechtskunde, 2000, S. 234; *Ekkehart Stein/Monika Roell*, Handbuch des Schulrechts, 1992, S. 30f.

39 Siehe etwa BVerfG, Beschl. v. 24.6.1969, -2 BvR 446/64-, BVerfGE 26, 229 (238); BVerfG, Urt. v. 6.12.1972, -1 BvR 230/70 u. 95/71-, BVerfGE 34, 165 (182); BVerfG, Beschl. v. 21.12.1977, -1 BvL 1/75, 1 BvR 147/75-, BVerfGE 47, 46 (71); BVerfG,

Konkrete Ausführungen zur Schulaufsicht finden sich in den Schulgesetzen der Länder. Danach sind die Länder zur inhaltlichen, organisatorischen und planerischen Gestaltung, zur Leitung, Beratung und Förderung und zur Beaufsichtigung des Schulwesens berufen[40].

Wesentliche Entscheidungen im Schulwesen müssen vom Gesetzgeber getroffen werden[41]. Auf der Grundlage dieser gesetzlichen Regelungen erfüllen die Länder durch die Ministerialverwaltung ihre Gestaltungsaufgaben, indem sie Personal, Sach- und Finanzmittel bereitstellen und mittels Rechts- und Verwaltungsvorschriften das Schulwesen regeln. Sie konkretisieren insbesondere die Bildungs- und Erziehungsziele, bestimmen die Stundentafeln, Lehrpläne und Richtlinien, legen Vorschriften über den Übergang in andere Schulen und über die Unterrichtsorganisation wie die Festlegung von Klassenfrequenzen, Lehrermeßzahlen oder zulässige Formen der Unterrichtsdifferenzierung fest[42]. Die Stundentafel sowie die Lehrpläne bilden die Grundlage für Unterricht und Erziehung an den Schulen[43]. Die Stundentafel legt für jede Jahrgangsstufe der jeweiligen Schulform die Zahl der wöchentlichen Unterrichtsstunden fest, bestimmt den Fächerkanon und fällt mit der Verteilung der Wochenstunden auch eine quantitative Vorentscheidung über die Bedeutung der Lerninhalte[44]. Die Lehrpläne (Rahmenpläne, Rahmenrichtlinien) bestimmen die allgemeinen und fach-

---

Beschl. v. 26.2.1980, -1 BvR 684/78-, BVerfGE 53, 185 (196); BVerfG, Urt. v. 9.2.1982, -1 BvR 845/79-, BVerfGE 59, 360 (377); *Wolfram Höfling*, Öffentliches Schulwesen und pädagogische Autonomie, DÖV 1988, S. 416 (417); *Jürgen Kohl*, Schule und Eltern in der Rechtsprechung des Bundesverfassungsgerichts, in: Wolfgang Zeidler/Theodor Maunz/Gerd Roellecke (Hrsg.), Festschrift für Hans Joachim Faller, 1984, S. 201 (202); *Frank-Rüdiger Jach*, Schulvielfalt als Verfassungsgebot, 1991, S. 9.

40 § 84 II RPSchulG, § 14 III NWSchVG, § 85 I HmbSchulG, § 52 II SaarSchOG, § 32 I BWSchulG, § 2 II ThürSchAG, § 58 I SächsSchulG, § 5 II BerlinSchulG, § 120 II, III SHSchulG, § 82 I 2 SASchulG, § 129 I BbgSchulG, vgl. § 92 I HSchulG, Art. 111 I BayEUG, §§ 1 I, 2 I BremSchVG.

41 Dies gilt z.B. für die Festlegung grundlegender Erziehungs- und Bildungsziele, typenbestimmender inhaltlicher Merkmale der verschiedenen Schulformen und Schulstufen sowie für Unterrichtsbereiche wie Sexualerziehung, die Einführung neuer Fächer oder die Änderung der Sprachenfolge: BVerfG, Urt. v. 6.12.1972, -1 BvR 230/70 u. 95/71-, BVerfGE 34, 165 (192f); BVerfG, Beschl. v. 27.1.1976, -1 BvR 2325/73-, BVerfGE 41, 251 (259f); BVerfG, Beschl. v. 22.6.1977, -1 BvR 799/76-, BVerfGE 45, 400 (417f); BVerfG, Beschl. v. 21.12.1977, -1 BvL 1/75, 1 BvR 147/75-, BVerfGE 47, 46 (78f).

42 § 3 II, III BremSchVG, § 121 II, III SHSchulG, § 84 III RPSchulG, § 35 III BWSchulG, §§ 8, 9 MVSchulG, § 10 SASchulG, § 122 NdsSchulG, Art. 45 II BayEUG, §§ 4, 9 HSchulG, § 35 SächsSchulG, vgl. § 15 I NWSchVG.

43 § 35 IV BWSchulG, Art. 45 I, II BayEUG.

44 § 9 HSchulG, § 10 II SASchulG, § 9 I MVSchulG, §§ 1, 2 NW Verordnung zur Ausführung des § 5 Schulfinanzgesetz (VO zu § 5 SchFG) vom 22.5.1997.

lichen Lernziele sowie die Inhalte der einzelnen Unterrichtsfächer[45]. Die Länder sind in der Gestaltung des Schulwesens nicht völlig frei. Das Landesrecht darf gem. Art. 31 GG dem Bundesrecht nicht widersprechen. Die Länder sind an das Grundgesetz der Bundesrepublik gebunden[46], insbesondere haben sie das Recht des Kindes auf freie Entfaltung seiner Persönlichkeit nach Art. 2 Abs. 1 GG, das elterliche Erziehungsrecht nach Art. 6 Abs. 2 S. 1 GG und das Selbstverwaltungsrecht der Gemeinden nach Art. 28 Abs. 2 GG zu beachten.

Neben den gesetzgeberischen und planerischen Aufgaben beinhaltet Schulaufsicht aber auch Kontrolle und Beratung der Schulen durch Schulaufsichtsbehörden[47]. Deren Organisation unterscheidet sich je nach Land hinsichtlich der Ausgestaltung des Instanzenzuges, des Verhältnisses von Schulverwaltung zu Allgemeinverwaltung sowie der Zuständigkeitsverteilung zwischen den Ebenen der Schulaufsicht. Hinsichtlich des Instanzenzuges sind die Landesverwaltungen in ihrer Grundstruktur vergleichbar. In Baden-Württemberg, Bayern, Nordrhein-Westfalen und Sachsen überwiegt der allgemeinen Landesverwaltung entsprechend ein dreistufiger Behördenaufbau[48]. Oberste Schulaufsichtsbehörde ist der Kultusminister bzw. das Ministerium[49]. Obere Schulaufsichtsbehörde ist die Bezirksregierung[50] oder das Oberschulamt[51]. Als untere Schulaufsichtsbehörde ist das Staatliche Schulamt zuständig[52]. Rheinland-Pfalz und Niedersachsen kennen unter Verzicht auf die Unterinstanz einen zweistufigen Aufbau der Schulaufsicht[53], während in Schleswig-Holstein, Hessen, Berlin, Brandenburg, Mecklenburg-Vorpommern, Sachsen-Anhalt, Thüringen und im Saarland die Mittelin-

45 § 84 III RPSchulG, § 122 I NdsSchulG, § 4 I, II HSchulG, § 8 II MVSchulG, vgl. § 10 I SASchulG.

46 BVerfG, Urt. v. 26.3.1957, -2 BvG 1/55-, BVerfGE 6, 309 (354); BVerfG, Urt. v. 6.12.1972, -1 BvR 230/70 u. 95/71-, BVerfGE 34, 165 (181); BVerfG, Urt. v. 9.2.1982, -1 BvR 845/79-, BVerfGE 59, 360 (377).

47 § 92 II HSchulG, § 83 I 1, III 2 SASchulG, § 129 I 2 BbgSchulG, § 85 II HmbSchulG, § 32 I BWSchulG, § 95 II MVSchulG, § 9 II BerlinSchVG, § 5 II BerlinSchulG.

48 §§ 33, 34, 35 BWSchulG, Art. 114 I BayEUG, § 15 I, II, III NWSchVG, § 59 II, IV SächsSchulG.

49 Art. 114 I BayEUG (Staatsministerium für Unterricht, Kultus, Wissenschaft und Kunst), § 15 I NWSchVG, § 35 I BWSchulG, § 59 I Punkt 1 SächsSchulG (Staatsministerium für Kultus).

50 § 15 II NWSchVG (Schulabteilung mit schul- und verwaltungsfachlichen Schulaufsichtsbeamten), Art. 114 I BayEUG.

51 § 59 III SächsSchulG, § 34 I BWSchulG.

52 Art. 114 I BayEUG, § 15 III NWSchVG, § 59 IV SächsSchulG, § 33 I BWSchulG.

53 § 85 I RPSchulG, § 119 NdsSchulG.

stanz entfällt[54]. In Bremen und Hamburg vereinigt je eine einzige Behörde die drei Ebenen[55]. Hinsichtlich der rechtlich-organisatorischen Anbindung von Schulaufsicht an die allgemeine Verwaltung unterscheiden sich die Länder. Häufig sind Mischformen, bei denen entweder auf der Bezirksebene - wie in Bayern, Rheinland-Pfalz, Nordrhein-Westfalen und Niedersachsen[56] - eine Einbindung in die Bezirksregierung oder auf der kommunalen Ebene eine An- oder Einbindung in die jeweilige kommunale Verwaltungseinheit vorgenommen wird[57]. Gymnasien, Gesamtschulen, berufliche Schulen und meist auch Realschulen werden in der Regel von der oberen oder obersten Schulaufsichtsbehörde direkt beaufsichtigt[58], während für die sehr viel zahlreicheren Grundschulen, Hauptschulen und bestimmte Sonderschulen sowie in einigen Ländern auch für die Realschulen die untere Schulaufsichtsbehörde zuständig ist[59].

Die Schulaufsichtsbehörden üben die Fachaufsicht über Unterricht und Erziehung an den Schulen, die Rechtsaufsicht über die Schulträger bei der Verwaltung und Unterhaltung der Schulen und die Dienstaufsicht über die Lehrkräfte sowie das sonstige pädagogische Personal an den Schulen aus[60]. Im Rahmen der Fachaufsicht ist die Schulaufsichtsbehörde berechtigt und verpflichtet, die Recht- und Zweckmäßigkeit von Entscheidungen und Maßnahmen des Schulleiters, der Lehrer und des nichtunterrichtenden pädagogischen Personals in curricularer, personeller und organisatorischer Hinsicht zu überprüfen sowie den Betroffenen sachliche Weisungen zu erteilen[61]. Im Falle eines Rechtsverstoßes kann die Schulaufsichtsbehörde die Entscheidungen und Maßnahmen zur erneuten Entscheidung oder Beschlußfassung zurückverweisen oder ggf. aufheben[62]. Im Rahmen der Rechtsaufsicht ist die Schulaufsichtsbehörde gehalten, Rechts-

---

54 § 125 I, II SHSchulG, § 92 HSchulG, § 5 III, IV BerlinSchulG, § 131 I, II BbgSchulG, § 96 MVSchulG, § 82 III SASchulG, § 4 ThürSchAG, §§ 55 I, 57 I SaarSchulG.

55 § 11 II BremSchVG, § 85 I 2 HmbSchulG.

56 § 85 I RPSchulG, § 17 I NWSchVG, Art. 114 I BayEUG, § 119 Punkt 2 NdsSchulG.

57 § 18 II NWSchVG, § 126 I SHSchulG, Art. 115 II BayEUG, § 55 II SaarSchOG, § 97 I 1 MVSchulG, § 131 II BbgSchulG.

58 §§ 34 II, 33 I BWSchulG, Art. 114 I Nr. 1 BayEUG, § 15 II i.V.m. III NWSchVG, § 125 II Nr. 3 SHSchulG, § 59 III, II SächsSchulG.

59 § 33 I BWSchulG, Art. 114 I Nr. 5 BayEUG, § 15 III NWSchVG, § 125 II Nr. 1, 2 SHSchulG, § 59 II SächsSchulG.

60 § 130 I 1 BbgSchulG, § 58 I 2 SächsSchulG, § 120 IV SHSchulG, § 83 II, III, IV SA SchulG, vgl. § 9 II BerlinSchVG, § 5 II 1 BerlinSchulG, § 2 II 2 ThürSchAG, § 32 I 1 BWSchulG, § 52 II SaarSchOG, § 95 II MVSchulG, § 14 III 1 NWSchVG, §§ 120 II, III, V, 121 NdsSchulG, § 85 I 2 HmbSchulG, § 84 II 2 RPSchulG, § 92 III HSchulG, §§ 11, 12 I, II BremSchVG.

61 § 93 HSchulG, § 121 NdsSchulG, § 95 II, III, IV MVSchulG, § 12 I BremSchVG.

62 § 12 I, II BremSchVG.

verletzungen des Schulträgers bei der Erfüllung ihm obliegender Aufgaben festzustellen. Tätig wird dann die zuständige Kommunalaufsichtsbehörde, ggf. im Zusammenwirken mit der Schulaufsichtsbehörde[63].

IV. Schulträgerschaft

Länderübergreifend ist vorgesehen, daß grundsätzlich die Gemeinden, Kreise oder Gemeindeverbände die Träger des öffentlichen Schulwesens sind[64]. Ausnahmen zugunsten einer Landesträgerschaft finden sich in den einschlägigen Schulgesetzen[65]. Häufig sind sie für Schulen wie überregionale Sonderschulen für spezielle Behinderungen, Kollegs, bestimmte Fachschulen und Versuchsschulen vorgesehen[66]. Ist das Land Träger der Schulen und Dienstherr des lehrenden und nichtlehrenden Schulpersonals, spricht man von staatlichen Schulen[67]. Seltener sind demgegenüber kommunale (z.B. gemeinde-, kreiseigene) Schulen, deren Träger die Kommune ist und deren Lehrer im Dienst und Besoldung der Kommune stehen[68]. Die Regelform bei den öffentlichen Schulen sind staatlich-kommunale Schulen, bei denen das Land lediglich die Kosten des im Dienste stehenden Lehrpersonals, der Schulträger die übrigen personellen und die sachlichen Kosten trägt[69]. Im weiteren wird von der öffentlichen Schule im Sinne einer staatlich-kommunalen Schule gesprochen.

---

63 § 130 III BbgSchulG, § 54 SaarSchOG, § 97 HSchulG, § 85 IV RPSchulG, § 36 BWSchulG, § 124 I SHSchulG.

64 § 103 I 1, 2 MVSchulG, § 38 I, II SaarSchulG, § 102 I-V NdsSchulG, § 100 I, II, III BbgSchulG, § 138 I, II HSchulG, § 65 I, II 1 SASchulG, § 63 I RPSchulG, §§ 67 I, 68, 69, 70 I, 71 I u. III SHSchulG, §§ 10 I, II, III, V, 11 NWSchVG, § 22 I, II SächsSchulG, § 28 I, II, III BWSchulG, § 4 I BremSchVG.

65 § 2 I 1 BerlinSchulG. In Bayern ist das Land ausschließlicher Schulträger der Volksschulen (Grund- und Hauptschulen) und der landwirtschaftlichen Berufsschulen sowie der diesen Schularten entsprechenden Sonderschulen, wobei aber die Kommunen den Sachaufwand zu tragen haben; die Schulen der übrigen Schularten können in kommunaler oder staatlicher Trägerschaft geführt werden (vgl. Art. 32 I 1, 33 I 1 BayEUG).

66 § 103 I 1 Nr. 4 MVSchulG, § 38 III SaarSchOG, § 102 VI NdsSchulG, § 100 IV BbgSchulG, § 138 V, VI HSchulG, § 65 IV SASchulG, § 71 I, II RPSchulG, §§ 71 II, 72 II SHSchulG, § 10 IX NWSchVG, § 29 BWSchulG.

67 Vgl. § 71 I, II RPSchulG, Art. 3 I 2 BayEUG.

68 Art. 3 I 3 BayEUG, Art. 15 BaySchFG, §§ 4, 8 BremSchVG, § 82 I RPSchulG.

69 §§ 28, 38 I BWSchulG, §§ 2 I, 3 I NWSchFG, §§ 16 II, 41 I, 44 SaarSchOG, §§ 69, 70 I SASchulG, §§ 109 I, 110 I MVSchulG, §§ 108 II, 110 I BbgSchulG, §§ 2 I 1, 3 I 1 ThürSchFG, §§ 112, 113 I NdsSchulG, §§ 151 I, 155 I HSchulG, §§ 85 I, 53 I Nr. 4, II SHSchulG.

Trotz einiger Besonderheiten ist der Aufgaben- und Verantwortungsbereich des Schulträgers in den Ländern weitgehend gleichartig. Der Schulträger ist verpflichtet, für das notwendige Schulangebot zu sorgen und nach Maßgabe des Bedürfnisses das Schulwesen auszugestalten[70]. Er zeichnet sich dadurch aus, daß er „für die Errichtung, Organisation und Verwaltungsführung der einzelnen Schule rechtlich unmittelbar die Verantwortung trägt und zur Unterhaltung der Schule eigene Leistungen erbringt“[71]. Der Schulträger hat die für einen ordnungsgemäßen Unterricht notwendigen Schulanlagen, Gebäude, Innenausstattung, Lehrmittel und Einrichtungen bereitzustellen, für die laufende Unterhaltung der Schule zu sorgen[72] und das Verwaltungs- und Hilfspersonal zu stellen[73]. Er trägt die mit den vorgenannten Aufgaben verbundenen Aufwendungen[74]. Dem Schulträger ist auferlegt, die notwendige Beförderung der Schüler zur und von der Schule durchzuführen oder die Fahrtkosten der Schüler oder ihrer Erziehungsberechtigten im öffentlichen Linienverkehr für den Schulweg zu erstatten[75]. Kriterien, die die Notwendigkeit der Beförderung bzw. die Beförderungs- und Erstattungspflicht bestimmen, sind insbesondere eine gesetzlich festgesetzte Kilometerzahl zwischen Wohnung und Schule[76] oder die Beschaffenheit des Schulweges[77].

Die Schulträger haben jedoch nicht nur Pflichten, sondern sie können durch Entscheidungen im Hinblick auf die Festlegung der Schuleinzugsbereiche und der Zügigkeit (Anzahl der Parallelklassen), die Qualität und den Umfang der Schulausstattung, die Vernetzung von Schulen mit anderen kommunalen Kultur- und Bildungseinrichtungen, die Förderung schulbegleitender Aktivitäten und Kurse oder die Initiierung von Schulversuchen zur Weiterentwicklung der

---

70 § 144 HSchulG, §§ 4 I, II, 6 I BremSchVG, § 102 II MVSchulG, § 27 II BWSchulG, § 101 I NdsSchulG, § 13 II 1 ThürSchulG, § 21 II SächsSchulG.

71 § 2 I NWSchVG, § 2 Punkt 7 BbgSchulG. In Bayern ist bestimmend für die Schulträgerschaft, „wer Dienstherr des Lehrpersonals einer Schule ist“ (Art. 3 I 2, 3 BayEUG).

72 § 30 I 1 NWSchVG, § 4 II BremSchVG, § 53 I SHSchulG, § 23 II 1 SächsSchulG, § 61 III 1 RPSchulG, § 158 HSchulG, § 108 NdsSchulG, § 99 BbgSchulG, § 64 I SA SchulG, § 46 SaarSchOG, § 2 II BerlinSchulG, § 102 MVSchulG.

73 § 30 I NWSchVG, § 53 I Nr. 3 SHSchulG, § 61 III 1 RPSchulG, §§ 3 I, 4 S.1 NWSchFG, § 2 II BerlinSchulG, § 69 SASchulG, § 99 II 2 BbgSchulG, § 102 II MVSchulG.

74 § 45 SaarSchOG, §§ 61 III 1, 62 II RPSchulG, § 53 II SHSchulG, §§ 2, 3 II NWSchFG, §§ 69 S.2, 70 SASchulG, § 155 HSchulG, § 113 I NdsSchulG, §§ 108 III, IV, 110 BbgSchulG, §§ 110 I, II, 111 MVSchulG, § 3 I, II ThürSchFG, § 27 I, II BWSchulG, § 4 III BremSchVG.

75 §§ 1 III, 2, 7 I NWSchFG, § 80 I 1 SHSchulG, § 161 I 1 HSchulG.

76 § 161 II 1, 2 HSchulG, §§ 5 II, 6 II, 9 I-IV NW Verordnung zur Ausführung des § 7 SchFG (Schülerfahrtkostenverordnung – SchfkVO-).

77 § 161 II, V HSchulG.

Schule beitragen. Die Ausübung der Schulträgerschaft muß aber mit den vom Staat allgemein festgelegten Zielen für die Ausgestaltung des Schulwesens vereinbar sein[78].

Die Länder können insbesondere durch Genehmigungsvorbehalte oder besondere Finanzierungsformen auf die Gestaltung der Schulträgerschaft einwirken. Bei schulischen Organisationsmaßnahmen wie Errichtung, Änderung und Schließung der Schulen muß der Schulträger mit dem Land zusammenwirken[79]. Die Formen des Zusammenwirkens sind dabei in den Ländern im einzelnen unterschiedlich geregelt[80]. Als Voraussetzungen für eine Auflösung werden angeführt, daß die für die Errichtung oder das Weiterbestehen bzw. Fortbestehen einer Schule oder eines Teiles derselben maßgebenden Voraussetzungen sich wesentlich geändert haben[81] oder nicht mehr erfüllt werden können[82]. In der Regel ist dies abhängig von der Entwicklung der Schülerzahlen und den Zielen des Schulentwicklungsplans[83]. Die Schulträger dürfen nur solche Schulbücher anschaffen, die im ministeriellen Zulassungsverfahren gebilligt worden sind[84]. Ihnen können zum Schulbau von den Ländern Finanzmittel zugewiesen werden, wodurch die Länder Einfluß auf Standort und Gestalt der Schule erhalten[85]. Die

---

78 BVerfG, Beschl. v. 24.6.1969, -2 BvR 446/64-, BVerfGE 26, 228 (239).

79 § 57 I SHSchulG, § 24 III, I SächsSchulG, Art. 27 II, 26 I, II 1 BayEUG, §§ 27 III, 30 III, I BWSchulG, § 79 II, I RPSchulG, § 108 MVSchulG, § 8 I, II NWSchVG, §§ 137, 146 S. 1 u. 2 HSchulG, § 106 I, VI NdsSchulG, §§ 105 I 1, II 1, 104 I 1 u. 3 BbgSchulG, § 40 I SaarSchOG, § 13 III 1 ThürSchulG.

80 § 13 III 1 ThürSchulG, § 8 I, II 1 NWSchVG (Schulträger im Einvernehmen bzw. mit Genehmigung des Kultusministeriums), § 30 III 1, I 1 BWSchulG, § 24 III 1, I Sächs SchulG (Schulträger mit Zustimmung der obersten Schulaufsichtsbehörde), § 40 I Saar SchOG (oberste Schulaufsichtsbehörde im Benehmen mit dem Schulträger nach Anhörung der Schulregionskonferenz und der Schulkonferenz der Schule), § 146 S.1, 2 HSchulG, § 108 S.1, 2 MVSchulG, §§ 105 II 1 u. 3, 104 III 1 BbgSchulG (Schulträger mit Zustimmung des Kultusministeriums), § 57 III SHSchulG, § 106 I 1, VI 1 NdsSchulG (Schulträger mit Genehmigung der Schulaufsichtsbehörde), § 79 II 1, I 1 RPSchulG (Schulbehörde mit Zustimmung des Schulträgers), Art. 26 I, II, 27 II BayEUG (staatliche Schule: Regierung oder zuständiges Staatsministerium im Benehmen mit den zuständigen Aufwandträgern und dem Elternbeirat oder dem Berufschulbeirat bzw. im Benehmen mit den beteiligten kommunalen Gebietskörperschaften, Elternbeiräten und kirchlichen Oberbehörden; kommunale Schulen: Schulträger im Benehmen mit dem Elternbeirat oder Berufsschulbeirat).

81 § 57 VI SHSchulG.

82 § 105 II 1, III 1, I 2 BbgSchulG.

83 Ähnlich § 108 S.1 MVSchulG, § 146 S.4 HSchulG, § 106 III 1 NdsSchulG.

84 § 10 MVSchulG, § 17a SaarSchOG, § 10a SASchulG, § 83 IV RPSchulG, § 10 II HSchulG, § 122 SHSchulG.

85 § 78 SHSchulG, § 160 HSchulG, § 75 RPSchulG, § 115 NdsSchulG, § 73 SASchulG, Art. 5 I BaySchFG.

staatliche Herrschaft findet jedoch eine Grenze in dem in Art. 28 Abs. 2 GG verankerten Selbstverwaltungsrecht der Gemeinden, „alle Angelegenheiten der örtlichen Gemeinschaft im Rahmen der Gesetze in eigener Verantwortung zu regeln".

V. Organe der Schule

Die öffentliche Schule gliedert sich regelmäßig in die organisatorischen Strukturen der Schulleitung, der Konferenzen sowie der Eltern- und Schülergremien. Das Zusammenspiel dieser Organe und die Ausschöpfung ihrer unterschiedlichen Funktionen und Rahmenvorgaben tragen zum konkreten Erscheinungsbild einer Schule bei.

1. Schulleiter
a. Allgemeines

Jede Schule hat einen Schulleiter[86]. Dieser muß mindestens die Befähigung zum Lehramt besitzen[87]. Der Schulleiter ist als Landesbeamter weisungsabhängiger Beamter gegenüber der Schulaufsicht. In Angelegenheiten des Schulträgers, wie der Aufsicht über das nichtpädagogische Personal, dem Hausrecht und der Verwaltung des Schulbetriebsvermögens, ist der Schulleiter diesem gegenüber verantwortlich und an dessen Anordnung gebunden[88]. Den Lehrern gegenüber ist er Vorgesetzter, ihm stehen sachgebundene Weisungsrechte zu[89]. Bei seinen Weisungen und in bestimmten Fällen des Handelns für die Schule ist er an die rechtswirksamen Beschlüsse der Konferenzen gebunden[90].

Bei der Besetzung der Schulleiterstelle an den Schulen sind der Schule in den meisten Ländern Mitwirkungsrechte eingeräumt, die von Anhörungs- und

86 § 43 I NdsSchulG, Art. 57 I 1 BayEUG, § 20 I 1 NWSchVG, § 21 III RPSchulG, § 82 I SHSchulG, § 21 I 1 SaarSchOG, § 62 I BremSchVG, § 101 I MVSchulG, § 89 I 1 HSchulG.

87 § 39 II BWSchulG, § 91 HmbSchulG, § 20 VI NWSchVG, § 82 I 3 SHSchulG, Art. 57 I 1 BayEUG, § 21 V RPSchulG, § 21 IV 3 SaarSchOG, § 67 IV BremSchVG, § 73 I BbgSchulG, § 33 II 3 ThürSchulG.

88 § 20 IV NWSchVG.

89 § 41 II 1 BWSchulG, § 21 II RPSchulG, § 82 II SHSchulG, § 33 I 2 ThürSchulG, § 42 II SächsSchulG, § 26 V SASchulG, § 101 III 4 MVSchulG, § 89 II 1 HmbSchulG, § 20 II 3 NWSchVG, § 71 II 1 BbgSchulG, § 88 IV HSchulG, § 22 IV BerlinSchVG, § 82 II 3 SHSchulG, Art. 57 II 2 BayEUG, § 21 II 1 RPSchulG.

90 Vgl. § 43 III NdsSchulG.

Vorschlagsrechten[91] bis zur Schulleiterwahl durch die Gesamtkonferenz reichen[92]. Der Schulleiter wird in einigen Ländern im Benehmen mit dem Schulträger bestellt[93], in anderen Ländern hat der Schulträger lediglich ein Vorschlagsrecht[94].

Die Schulleitung kann unter bestimmten Umständen statt einer Einzelperson einem Leitungskollegium übertragen werden, das die Wahrnehmung seiner Aufgaben durch eine Geschäftsordnung regelt. Dem Schulleiter bleiben aber der Vorsitz im Leitungskollegium und die wichtigsten Aufgaben des Einzelschulleiters in Alleinverantwortung vorbehalten[95].

b. Aufgaben

Die Aufgaben des Schulleiters sind in den Ländern in wesentlichen Grundzügen gleich geregelt, unabhängig davon, an welcher Schulform er tätig ist, und ob er die Schulleitung als Einzelperson oder als Vorsitzender eines Leitungskollegiums vertritt[96]. Große Bedeutung kommt dem Schulleiter als Partner in der Kooperation zwischen Schule, Schulaufsicht und Schulträger bei der Gestaltung des örtlichen Schulwesens zu[97]. Der Schulleiter muß sowohl die Anforderungen seitens der staatlichen Steuerung berücksichtigen als auch die eigenverantwortliche Aufgabenwahrnehmung der Schule unterstützen. Er steht im Spannungsverhältnis der Ansprüche und Weisungen des Landes und des Schulträgers auf der einen Seite und der Ansprüche der Schüler, Eltern und Lehrer und ihrer Schulgremien auf der anderen Seite.

Der Schulleiter ist dafür verantwortlich, daß die Schule ihren Bildungs- und Erziehungsauftrag erfüllt. Er muß für einen ordnungsgemäßen und geregelten

---

91 § 45 II 1 NdsSchulG, § 40 III BWSchulG, § 101 II 2 MVSchulG, § 93 I HmbSchulG, § 73 IV BbgSchulG, § 33 II 1, 2 ThürSchulG.

92 § 23 III BerlinSchVG.

93 § 21 IV 1 RPSchulG, § 101 II 2 MVSchulG, § 45 II NdsSchulG, § 21 III SaarSchOG, § 73 II, III 2 BbgSchulG, § 33 II 1 ThürSchulG (lediglich Anhörung des Schulträgers).

94 § 21 Ia NWSchVG, § 40 III BWSchulG, § 45 II 1 NdsSchulG.

95 § 87 I HSchulG, § 70 BbgSchulG, § 44 I NdsSchulG, § 97 HmbSchulG, § 64 Brem SchVG.

96 § 41 I BWSchulG, §§ 33 I, 37 I 4 ThürSchulG, § 42 I SächsSchulG, § 101 III MV SchulG, § 71 I BbgSchulG, § 43 II NdsSchulG, §§ 87 I 4, III 2, 4, 88 I, II, III, 90 I HSchulG, § 89 HmbSchulG, § 22 BerlinSchVerfG, § 26 SASchulG, § 20 II NWSchVG, § 82 SHSchulG, Art. 57 BayEUG, § 21 I, II RPSchulG, § 21 IV SaarSchOG, § 16 I-V SaarSchMG, § 63 BremSchVG.

97 *Klaus Hebborn*, Zukunftsmodelle von Schulleitung, in: Ministerium für Schule und Weiterbildung des Landes Nordrhein-Westfalen (Hrsg.), Schulleitung als Management und Führungsaufgabe, 1997, S. 58 (59).

Ablauf der Unterrichts- und Erziehungsarbeit sorgen. Ihm obliegt die Verteilung der Lehraufträge sowie die Aufstellung der Stundenpläne. Der Schulleiter hat darauf zu achten, daß das rechte Maß bei den Anforderungen in den einzelnen Fächern eingehalten wird. Er verfügt aber nicht über die Durchsetzungsmöglichkeiten der dienstvorgesetzten Schulaufsicht und hat auf die Auswahl der einzustellenden Lehrer nur einen geringen Einfluß[98].

Der Schulleiter trägt die Verantwortung für die Verwaltung der Schule. Ihm obliegt die Erledigung der laufenden schulischen Angelegenheiten, die Bewirtschaftung der der Schule zur Verfügung stehenden Mittel, die Anmeldung des finanziellen Bedarfs beim Schulträger und die Kassen- und Rechnungsführung. Erweiterte Verantwortung kommt dem Schulleiter im Zuge des Schulsponsorings und der vielerorts erfolgten Einführung des Budgetierungsverfahrens zu[99]. Der Schulleiter muß das Haushaltsjahr planerisch erfassen und rechtzeitig vorbereiten, um die Wünsche und Notwendigkeiten der Mitwirkungsgremien berücksichtigen zu können[100]. Er muß die Haushaltsführung und –kontrolle so gestalten, daß eine Überschreitung des Budgets ausgeschlossen ist und die Budgetierung an der Schule in klare Ablaufregelungen umgesetzt wird[101].

Der Schulleiter entscheidet für den Schulträger über Aufnahme und Entlassung der Schüler. Er ist bei der Aufnahme an die äußeren Rahmenbedingungen wie Klassenbildungswerte und Anzahl der Parallelklassen gebunden, die durch die oberste Schulaufsichtsbehörde und den Schulträger als Kapazitätsgrenzen gesetzt sind[102].

---

98 In Nordrhein-Westfalen ist der Schulleiter an „schulscharfen“ Einstellungen von Lehrern beteiligt und hat Verfügungsmöglichkeiten über Stundenkontingente im Rahmen des Programms „Geld statt Stellen“. Siehe dazu näher S. 108 f.

99 Siehe dazu S. 40 ff.

100 Vgl. *Peter Höher/Hans-Günter Rolff*, Neue Herausforderungen an Schulleitungsrollen, Jahrbuch der Schulentwicklung, Band 9, 1996, S. 187 (193).

101 In Nordrhein-Westfalen hat der Schulleiter u.a. auch die Pflicht der Mitwirkung bei der Erfüllung von Verwaltungsaufgaben (z.B. gem. § 20 II 5 SchVG, §§ 24, 22, 18 I und IX der allgemeinen Dienstordnung für Lehrer und Lehrerinnen, Schulleiter und Schulleiterinnen an öffentlichen Schulen), so daß die Übergabe der Verwaltungsaufgaben durch den Schulträger auf den Schulleiter im Rahmen des Budgetierungsverfahrens diesen in seinen Rechten nicht berührt. Der Schulleiter ist zwar Landesbeamter, er muß aber Anordnungen des Schulträgers in äußeren Angelegenheiten befolgen (z.B. gem. § 20 IV 2 SchVG) (VG Gelsenkirchen, Urteil v. 25.3.1998, -4 K 1677/97-); A.A. *Helmut Legarth*, Budgetierungsbemühungen der Kommunen, neue deutsche schule 1994, S. 31 (31).

102 Siehe S. 65 ff.

Der Schulleiter prägt entscheidend das Erscheinungsbild der Schule nach außen[103]. Er soll die Öffnung der Schule zum Umfeld fördern und insbesondere mit anderen Bildungseinrichtungen, Beratungsstellen, Behörden und Einrichtungen der Kinder- und Jugendhilfe zusammenarbeiten. Ihm obliegt die Planung von sportlichen und kulturellen Schulveranstaltungen, die Pflege der Beziehungen zur Elternschaft durch Elternabende und Elternbriefe und ferner die Entscheidung über die Vermietung von Schulräumen für fremde Zwecke, soweit sich nicht der Schulträger diese Entscheidung vorbehalten will. Er führt Rechtsgeschäfte für die Schule im Namen des Schulträgers aus.

Der Schulleiter muß für einen geordneten Schulbetrieb sorgen. Ihm kommt im einzelnen die Sorge für die Einhaltung der Rechts- und Verwaltungsvorschriften, der Hausordnung und der Konferenzbeschlüsse zu. Dem Schulleiter obliegt die Aufsicht über die vom Schulträger zur Verfügung gestellten Anlagen, Gebäude, Einrichtungen, Gegenstände und das Hilfspersonal der Schule. Er übt das Hausrecht aus.

Entscheidungen im Schulrechtsverhältnis sind in der Regel Entscheidungen der Schule als Behörde. Ist nichts anderes geregelt, trifft der Schulleiter die Entscheidungen nach innen und außen, die der Schule zuzurechnen sind.

Der Handlungsspielraum des Schulleiters innerhalb der Schule wird durch das Verhältnis zu den Konferenzen bestimmt. Die meisten Schulgesetze weisen den Konferenzen die grundsätzlichen Entscheidungen zu. So darf der Schulleiter bei Fragen der sächlichen Neuanschaffungen die Lehrer- und Schulkonferenz nicht ungefragt lassen[104]. Dem Schulleiter wird aber das Recht zur Beanstandung von Konferenzbeschlüssen zuerkannt[105]. Er kann den Vollzug eines Beschlusses aussetzen und die Entscheidung der Schulaufsichtsbehörde einholen, wenn er Zweifel bezüglich dessen Rechtmäßigkeit hat[106] oder lediglich die

---

103 In Nordrhein-Westfalen sollen dem Schulleiter im Zuge der stärkeren Eigenverantwortung und Selbststeuerung der einzelnen Schule Kompetenzerweiterungen zukommen, die durch ein neu akzentuiertes Anforderungsprofil bestimmt werden sollen (*Ministerium für Schule und Weiterbildung des Landes Nordrhein-Westfalen* (Hrsg.), „...und sie bewegt sich doch", 1997, S. 19).

104 Siehe dazu S. 34 ff und 40 ff.

105 § 71 III BbgSchulG, § 22 V BerlinSchVerfG, § 101 IV MVSchulG, § 13 IV NWSchMG, § 96 I SHSchulG, § 40 I, II BremSchVG, § 43 IV NdsSchulG, § 90 I HmbSchulG, § 87 IV HSchulG, § 26 IV SASchulG, §§ 44 III 2, 47 VII BWSchulG, Art. 58 V BayEUG, § 44 II 2 SächsSchulG.

106 § 71 III BbgSchulG, § 22 V BerlinSchVerfG, § 101 IV MVSchulG, § 13 IV NWSchMG, § 96 I SHSchulG, § 40 I, II BremSchVG.

Zweckmäßigkeit eines Beschlusses bezweifelt und für ihn nicht die Verantwortung übernehmen will[107].

2. Schul- und Lehrerkonferenz

Die formelle Stellung der Schul- und Lehrerkonferenz stimmt im wesentlichen in allen Ländern und in allen Schulformen überein[108].

a. Schulkonferenz

Die Schulkonferenz[109] verwirklicht das Anliegen, die Vertreter von Lehrern, Schülern und Eltern zu gemeinsamer Verantwortung für die Schule, ihre Unterrichts- und Erziehungsarbeit zusammenzuführen. In Bremen hat die Schulkonferenz erkennbar die Rolle des zentralen Schulgremiums erhalten[110]. Die Kompetenzen der Schulkonferenz lassen sich in folgende Aufgabenfelder zusammenfassen: Förderung des Zusammenwirkens von Schulleitung, Eltern, Schülern und Lehrern, Beilegung von Meinungsverschiedenheiten zwischen den einzelnen Gruppen, die anders nicht geklärt werden können, und Beratung gemeinsamer Anliegen mit besonderer Bedeutung für die Schule[111]. In den meisten Ländern werden der Schulkonferenz neben Beratungs- und Beteiligungsrechten auch Entscheidungsrechte in einem weiten Bereich schulischer Angelegenheiten gewährt. Dies betrifft insbesondere die Unterrichtsverteilung, Schul- und Hausordnung, Schülerbeförderung und Schulwegsicherung, schulische Veranstaltungen und Vereinbarungen über Schulpartnerschaften, grundsätzliche Richtlinien für die Klassenarbeiten und Hausaufgaben, Zusammenarbeit der Schule mit anderen Schulen, örtlichen Verbänden und Kirchen, Verwendung der zur Verfügung gestellten Mittel im Rahmen des im Haushalt festgelegten Verwendungs-

---

107 § 43 IV NdsSchulG, § 90 I HmbSchulG, § 87 IV HSchulG, § 26 IV SASchulG, §§ 44 III 2, 47 VII BWSchulG, Art. 58 V BayEUG, § 44 II 2 SächsSchulG.

108 In Sachsen-Anhalt und Niedersachsen wird nicht zwischen Schulkonferenz und Lehrerkonferenz unterschieden, es gibt nur eine Gesamtkonferenz, §§ 25, 27, 28 I, 29 SA SchulG, §§ 34, 35, 36 NdsSchulG.

109 Schulforum in Bayern, Art. 47 BayEUG, Schulausschuß in Rheinland-Pfalz, § 38 I RP SchulG.

110 § 33 I BremSchVG („oberstes Entscheidungsorgan“).

111 §§ 47 I, 48 I SaarSchMG, §§ 53 I, 54 BerlinSchVerfG, § 76 V MVSchulG, § 91 I 1 Bbg SchulG, § 47 I BWSchulG, § 43 I 1 SächsSchulG, § 128 I HSchulG, § 38 I RPSchulG, § 52 HmbSchulG, § 33 II 1, 2 BremSchVG.

zweckes und Baumaßnahmen[112]. In bestimmten Fällen wie insbesondere bei Teilung, Zusammenlegung, Änderung und Auflösung der Schule oder wichtigen organisatorischen Änderungen im Schulbetrieb ist die Schulkonferenz anzuhören bzw. ihr Gelegenheit zu einer vorherigen Stellungnahme zu geben[113]. Sie setzt sich in einigen Ländern aus einer gleichen Anzahl von Vertretern der Lehrer, Eltern und Schüler zusammen[114], weist jedoch in den meisten Ländern ein zahlenmäßiges Übergewicht der Lehrer auf[115]. Diese Bevorzugung wird mit der herausgehobenen Stellung der Lehrerschaft im schulischen Ausbildungsprozeß angesichts ihrer hauptberuflichen Tätigkeit und Vorbildung begründet[116]. Dies ist im Hinblick auf die nicht unerheblichen Befugnisse der Schulkonferenz von einiger Bedeutung[117]. Die Beschlüsse der Schulkonferenz sind für den Schulleiter und die Lehrer bindend[118].

b. Lehrerkonferenz

Der Willen der Lehrerschaft wird auf der Schulebene durch die Lehrerkonferenz verkörpert[119]. Die Aufgaben der Lehrerkonferenz sind die Koordination der Erziehungs- und Unterrichtsarbeit an der Schule und das pädagogische Zusam-

---

112 § 47 II SaarSchMG, § 76 VI, VII MVSchulG, § 91 I 2 BbgSchulG, § 47 V BWSchulG, § 43 II SächsSchulG, § 5 II NWSchMG, § 129 HSchulG, § 38 II 4, 5 RPSchulG, § 38 V ThürSchulG, § 92 I SHSchMG, § 53 II, III HmbSchulG, § 53 II BerlinSchVerfG, § 33 II 4 BremSchVG.

113 § 47 III SaarSchMG, § 76 IX MVSchulG, § 47 IV BWSchulG, § 130 I HSchulG, § 38 II 2 RPSchulG, § 38 III ThürSchulG, § 92 II SHSchulG, § 54 HmbSchulG, § 53 V BerlinSchVerfG, § 33 III BremSchVG.

114 § 45 I SaarSchMG, § 90 I 2 BbgSchulG, § 38 IV RPSchulG, § 91 II, IV SHSchulG, § 55 I HmbSchulG, § 51 I BerlinSchVerfG, § 34 II BremSchVG.

115 § 4 II NWSchMG, § 47 IX BWSchulG, § 76 I 2 MVSchulG, § 43 III SächsSchulG, § 131 I HSchulG.

116 *Martin Stoltefuß*, Elterliches Erziehungsrecht und staatliches Bildungswesen in England, 1993, S. 131f.

117 *Hermann Avenarius*, Schulische Selbstverwaltung und Demokratieprinzip, in: Der Hessische Ministerpräsident (Hrsg.), 50 Jahre Verfassung des Landes Hessen, 1997, S. 178 (179).

118 § 47 VII BWSchulG.

119 In einigen Ländern wird sie als Gesamtkonferenz bezeichnet. § 77 III 1 MVSchulG, § 6 III NWSchMG, § 57 I HmbSchulG, § 93 I SHSchulG, § 37 I 6, 7 ThürSchulG, Art. 58 III 1 BayEUG, § 44 I SächsSchulG, § 45 I 1 BWSchulG, § 22 II RPSchulG, § 12 I BerlinSchVerfG, § 7 I SaarSchMG, § 133 HSchulG, § 36 I 1 BremSchVG. Lehrergremien sind daneben noch die Klassen-, Stufen- bzw. Jahrgangskonferenzen und die Fachkonferenzen für einzelne Unterrichtsfächer.

menwirken der Lehrer[120]. Sie berät und beschließt insbesondere über die Abstimmung der Arbeitspläne und Unterrichtsmethoden, Vereinheitlichung der Maßstäbe zur Leistungsbeurteilung, Planung schulischer Veranstaltungen, Einhaltung der Schulordnung, Verwendung der Haushaltsmittel, Übertragung von besonderen Aufgaben und Angelegenheiten der Fort- und Weiterbildung der Lehrer wie Information und Interpretation neuer pädagogischer Entwicklungen, Stellungnahme zu pädagogischen und organisatorischen Fragen und Hinweise auf neue Rechts- und Verwaltungsvorschriften[121]. Mitglieder der Lehrerkonferenz sind alle an der Schule tätigen Lehrer, pädagogischen Mitarbeiter sowie der Schulleiter als Vorsitzender[122]. Der Schulleiter ist wie jeder andere Lehrer an die Entscheidungen der Lehrerkonferenz gebunden und für deren Durchführung verantwortlich[123].

3. Eltern- und Schülergremien

Die Erziehungsberechtigten sollen soweit wie möglich in die Gestaltung des Schullebens einbezogen werden[124]. In den Ländern zeigen sich kaum Unterschiede in den Mitwirkungsrechten der Eltern an den Schulen, nur in den organisatorischen Formen und deren Bezeichnungen. Es gibt Elternversammlungen[125] oder Schulpflegschaften[126], an denen auch Lehrer teilnehmen, und Elternvertretungen (Elternbeiräte, Gesamtelternbeiräte)[127].

---

120 § 77 III 1 MVSchulG, § 6 III NWSchMG, § 57 I HmbSchulG, § 93 I SHSchulG, § 37 I 6, 7 ThürSchulG, Art. 58 III 1 BayEUG, §§ 44 I, 45 II BWSchulG, § 23 I RPSchulG, § 33 I HSchulG, § 36 I 1 BremSchVG.

121 § 77 III 2 MVSchulG, § 6 IV NWSchMG, § 57 II HmbSchulG, § 93 III HSchulG, § 85 II BbgSchulG, § 8 IV, V SaarSchMG, § 14 I BerlinSchVerfG, § 133 I 1, 2 HSchulG, § 36 I 3 BremSchVG.

122 § 77 II 1 MVSchulG, § 6 I 1, V NWSchMG, § 58 I HmbSchulG, § 93 I 2 SHSchulG, § 37 I 2, 4 ThürSchulG, Art. 58 II 1, 2 BayEUG, § 85 I 2 BbgSchulG, § 8 II SaarSchMG (in bestimmten Fällen auch Vertreter der Schüler und Eltern, § 8 III SaarSchMG), § 13 II Punkt 2c BerlinSchVerfG (mit beratender Stimme je zwei Vertreter der Gesamtschülervertretung und der Gesamtelternvertretung der Schule), § 23 II RPSchulG, § 133 II H SchulG, § 37 I BremSchVG, § 26 II SASchulG.

123 Art. 58 IV 2, V 1 BayEUG, § 44 III 1 BWSchulG, vgl. § 23 I BremSchVG.

124 Art. 56 VI HVerf, § 101 HSchulG, Art. 29 II SAVerf, Art. 104 I SächsVerf, § 4 V 1 MV SchulG, § 6 S.2 BremSchulG.

125 § 37 SaarSchMG, § 98 SHSchulG, §§ 41, 42 BerlinSchulVerfG, § 81 BbgSchulG, § 34 RPSchulG, § 89 NdsSchulG, § 86 I MVSchulG, §§ 56, 57 BremSchVG, § 45 I Sächs SchulG.

126 § 56 BWSchulG, §§ 10, 11 NWSchMG.

127 § 39 SaarSchMG, § 57 BWSchulG, § 99 SHSchulG, § 32 I ThürSchulG, § 44 BerlinSchVerfG, § 82 BbgSchulG, § 33 RPSchulG, § 90 NdsSchulG, Art. 65 I BayEUG,

Die Elternversammlungen bzw. Schulpflegschaften und Elternvertretungen dienen der Information und dem Meinungsaustausch über wesentliche Vorgänge aus der Arbeit der Schule und der Beteiligung der Eltern an Erziehung und Unterricht der Schule. Sie sollen die Beziehungen zwischen Schulen und Elternhaus enger gestalten und das Vertrauensverhältnis zwischen Eltern und Lehrkräften stärken. Die Beratung der Vorschläge und Anregungen der Eltern und deren Weiterleitung an den Schulleiter, den Schulträger oder die Schulaufsichtsbehörde sollen zur Förderung des Verständnisses der Erziehungsberechtigten in Fragen der Unterrichtsgestaltung, der Erziehung und der Entwicklung des Schulwesens beitragen[128].

Die Schüler wirken in der Schule durch Schülervertretungen und Schülerversammlungen mit[129]. Die Organe der Schülerschaft dienen der Erörterung schulischer Fragen, der Vertretung der Schülerinteressen, der Gestaltung des Schullebens und sind ggf. bei grundsätzlichen Entscheidungen der Schule wie Organisation und Leistungsbewertungen zu hören[130].

Die Gremien der Schüler und Eltern besitzen auf der Schulebene nur eine Randstellung. Die Interessen der Eltern und Schüler sind vielmehr durch ihre Vertreter in der Schulkonferenz zur Geltung zu bringen.

---

§ 101 HSchulG, § 55 II SASchulG, §§ 86 I, 87 I MVSchulG, § 54 BremSchVG, §§ 45 I, 47f SächsSchulG.

128 §§ 33 I, 34 I RPSchulG, §§ 10 III, 11 VI, VII NWSchMG, § 81 II BbgSchulG, §§ 41 IV, 42 II, 47 BerlinSchVerfG, §§ 98 II, 99 II SHSchulG, §§ 56, 57 BWSchulG, § 96 I NdsSchulG, §§ 37 II, 38 SaarSchMG, Art. 65 I BayEUG, §§ 46 II, 47 II SächsSchulG, §§ 86 II, 87 II 1 MVSchulG, §§ 55 I, 59 IV, V SASchulG. In Hessen ist die Zustimmung des Schulelternbeirats bei bestimmten Entscheidungen der Schulkonferenz erforderlich, §§ 107 I, 110 HSchulG.

129 § 63 I BWSchulG, § 72 I NdsSchulG, § 12 NWSchMG, §§ 83, 84 BbgSchulG, § 121 I HSchulG, § 45 SASchulG, §§ 47, 49 BremSchVG, § 80 I MVSchulG, § 51 SächsSchulG, § 12 NWSchMG.

130 § 80 I 1, III 1 NdsSchulG, §§ 64 I, 66 II BWSchulG, § 84 III, VII BbgSchulG, §§ 48, 49 I BremSchVG, § 12 I, IV NWSchMG, § 51 I SächsSchulG, §§ 80 II, III, 82 III MV SchulG, § 49 I, II SASchulG, §§ 121 II, 122 V HSchulG.

VI. Finanzierung der öffentlichen Schule
1. Traditionelle Haushaltsführung des Schulträgers

Der Schulhaushalt ist grundsätzlich ein Defizithaushalt. Wenn Einnahmen aufkommen, sind sie im Vergleich zu der Höhe der Ausgaben gering[131]. Der Fehlbetrag wird aus den Gesamteinnahmen des Schulträgers gedeckt, also bei der kommunalen Gebietskörperschaft aus Steuereinnahmen, Vermögenserträgen und Zuweisungen[132].

Die Sachmittelausstattung der Schule kann entscheidend für ihren Erfolg sein. Der Haushalt der jeweiligen Schule ist Teil des Haushaltsplans des Schulträgers[133]. Die zu erwartenden Einnahmen und die voraussichtlich zu leistenden Ausgaben für die kommunalen Schulhaushalte in einem Rechnungsjahr werden nach traditioneller Haushaltsführung im Einzelplan 2 des Haushaltsplans veranschlagt. Dieser Plan ist noch einmal nach Abschnitten für die einzelne Schulform und nach Unterabschnitten für die einzelne Schule gegliedert[134]. Bestimmte Kosten wie z.B. Personalkosten und Bauunterhaltungskosten der Schulen werden schulübergreifend in den entsprechenden Sammelnachweisen erfaßt. In den Sammelnachweisen werden Ausgaben, die zu einer gleichen Gruppe von Ausgaben gehören oder sachlich eng zusammenhängen, zusammengefaßt veranschlagt und sind gegenseitig deckungsfähig[135]. Im Einzelplan 2 sind auch die Kosten für die Schulverwaltung in einem Unterabschnitt veranschlagt. Ferner finden sich dort häufig Unterabschnitte für die Kosten der Schüler- und Elternvertretungen sowie für die Schülerbeförderung[136].

Die Kämmerei bzw. die Schulverwaltung fordert lange vor Beginn der Beratungen der kommunalen Parlamente über den Haushalt bei den Schulen den Bedarf an. Hier stellen sich für jede Schule andere Situationen und andere Prioritäten, die sich aus den verschiedenen Bestandsanalysen, in viel stärkerem Maße aber aus den unterschiedlichen pädagogischen Aktivitäten, Schwerpunkten und Angeboten ergeben. Die Fachkonferenzen der einzelnen Schule führen ihre Anforderungen auf und geben die hierfür notwendigen Mittel einzeln an. Die Ergebnisse der Beratungen in den Fachkonferenzen finden dann Berücksichtigung

131 Bei der Inanspruchnahme von zusätzlichen schulischen Dienstleistungen (z.B. Betreuungsangebote, Schulspeisung (§ 72a SASchulG)) wird ein privater Finanzierungsbeitrag erhoben.

132 *Hans Heckel/Hermann Avenarius*, Schulrechtskunde, 2000, S. 168.

133 § 77 BbgGO, § 93 SAGO, § 75 SächsGO.

134 *Wilhelm Spilker*, Kommunaler Schulhaushalt, 1992, S. 41.

135 § 7 BbgGemHVO, § 8 SAGemHVO, § 8 SächsGemHVO, § 8 NWGemHVO.

136 *Wilhelm Spilker*, Kommunaler Schulhaushalt, 1992, S. 42.

in den Beratungen der Lehrerkonferenz. Hier ist es eine besondere Aufgabe des Schulleiters, einen Ausgleich zwischen den einzelnen Fachbereichen herbeizuführen. Die Haushaltsanforderungen werden in der Regel mit der Schulkonferenz abgestimmt. Der Schulleiter meldet dann den Bedarf bei der Schulverwaltung an. Der Schulleiter ist gehalten, mit der Haushaltsanmeldung eine realistische Einschätzung von Schülerzahlen und Klassenbildung zum nächsten Schuljahr abzugeben, da viele Ansätze im Vermögens- und Verwaltungshaushalt auf Schlüsselsätzen aufbauen, die sich meist an der Schüler- oder Klassenzahl orientieren. Die Schulverwaltung prüft die Meldungen und reduziert sie ggf. im Vergleich zu den Notwendigkeiten der anderen Schulen im Hinblick auf das finanziell Machbare. Die Haushaltsanforderungen der verschiedenen Verwaltungsdienststellen, u.a. auch der Schulverwaltung, werden zusammengestellt und dem Rat zugeleitet, der über den Entwurf der Haushaltssatzung abschließend entscheidet[137].

Durch die Veranschlagung im satzungsgemäß festgestellten Haushaltsplan erhalten die mittelbewirtschaftenden Verwaltungsdienststellen, wie z.B. die Schulverwaltung, die zur Erfüllung der Aufgaben erforderlichen finanziellen Ermächtigungen. Erst nach Freigabe der Haushaltsmittel durch die Schulverwaltung kann die Schule über diese disponieren. Die Konferenzen der Schule müssen nun darüber befinden, wie die freigegebenen Mittel auf die geplanten Aufgaben und die einzelnen Fächer verteilt werden[138].

Die Schule kann bestimmte Haushaltsstellen (z.B. für Lehr- und Unterrichtsmittel, Schulveranstaltungen, Bücher und Fachzeitschriften) vom Schulträger zur Bewirtschaftung übertragen bekommen[139]. Im Rahmen der darin veranschlagten Mittel kann der Schulleiter Bestellungen aufgeben, Rechnungen annehmen und diese nach Bestätigung der Richtigkeit der Schulverwaltung zur Begleichung zusenden. Die Schule selbst führt keine Konten für diese Zwecke[140]. Die Rechnungsbeträge für die u.a. zur Bewirtschaftung zugestandenen Anschaffungen verbucht der Schulleiter in einer Haushaltsüberwachungsliste. Er hat genau darauf zu achten, daß die zur Verfügung stehenden Mittel nicht überschritten werden, da die Haushaltsführung der Schule der Rechnungskontrolle unterliegt[141]. Andere Positionen, wie Gebäudereparaturen, Einrichtungsgegenstände, Heizmaterial, Reinigungsbedarf, usw. werden von der Rechnungsabteilung der Schul-, der Stadt- oder der Kreisverwaltung zentral verwaltet. Teilweise muß die

137 § 78 BbgGO, § 94 SAGO, § 76 SächsGO, § 79 NWGO.

138 *Wilhelm Spilker*, Kommunaler Schulhaushalt, 1992, S. 50.

139 § 112 MVSchulG, § 26 VI 1 SASchulG, § 7 II BbgSchulG, § 23 II 2 SächsSchulG.

140 *Wilhelm Spilker*, Kommunaler Schulhaushalt, 1992, S. 48.

141 *Alfred Müller/Kurt Diedrich*, Leitung und Verwaltung einer Schule, 1980, S. 170.

Schule die Bewilligung solcher Haushaltsmittel beantragen und Sonderausgaben, die im kommenden Rechnungsjahr notwendig sind, nachweisen und begründen. Der Schulleiter darf bei der Bestellung gewisser Waren nicht selbst den Lieferanten wählen, sondern ist an Weisungen der Beschaffungsstelle gebunden[142].

2. Budgetierung

Im Zuge der Bestrebungen zur Verwaltungsmodernisierung unter dem Gesichtspunkt der dezentralen Fach- und Ressourcenverantwortung[143] haben zahlreiche Schulträger sog. Budgetierungsverfahren an den Schulen eingeführt[144]. In Nord-

---

142 *Alfred Müller/Kurt Diedrich*, Leitung und Verwaltung einer Schule, 1980, S. 170.

143 Der Begriff „Dezentrale Ressourcenverantwortung" hat nicht zwangsläufig etwas mit Budgetierung zu tun, auch wenn er sehr häufig in diesem Zusammenhang verwendet wird. Er bedeutet, daß nicht zentral die Entscheidung über den Ressourceneinsatz gefällt wird, sondern daß die nachgeordnete Stelle, die eine bestimmte Aufgabe zu erledigen hat, die Verantwortung über die Verwendung der Ressourcen erhält. Zum Beispiel: Der Schule X wird im Rahmen der Budgetierung für die Beschaffung von Schulbüchern ein Betrag von 5000 DM zugewiesen. Hierbei ist aber geregelt, daß die Entscheidung über die Beschaffung bei Aufträgen von über 500 DM durch den Schulträger erfolgt, d.h., daß dieser auch Beschaffungswünsche der Schule trotz vorhandener zugewiesener Mittel ablehnen kann. Bei der „Dezentralen Ressourcenverantwortung" würde der Schulträger keine Entscheidungsrecht haben, er könnte lediglich eingreifen, wenn das Budget überschritten würde (Auskunft des Schulamtes der Stadt Münster). Dezentrale Ressourcenverantwortung bedeutet, daß Kompetenzen zu organisatorischen, personalwirtschaftlichen und finanzwirtschaftlichen Entscheidungen übertragen werden (*Heinrich Siepmann/Ursula Siepmann*, Verwaltungsorganisation, 1996, S. 2).

144 In **Münster** seit 1984: *Hermann Janssen/Horst-Dieter Dropmann*, Flexible Haushaltsführung für Schulen, SchulVerwaltung NRW 10/1994, S. 236ff; *Manfred Mersmann*, „Budgetierung im Schulbereich" am Beispiel der Stadt Münster, Schule heute 1995, S. 19ff. In **Gelsenkirchen**: *Stadt Gelsenkirchen*, Das Schulbudget, 1999. In **Leverkusen:** *Stadt Leverkusen*, Erfahrungsbericht über die Einführung und den Verlauf des Modellversuches „Schulgirokonto" (SchGK) an den städtischen Schulen, Februar 1996. In **Wesel**: *Rolf Janssen*, Dezentrale Ressourcenverwaltung an den Schulen des Kreises Wesel, SchulVerwaltung NRW 3/1995, S. 84ff. In **Hamburg** seit 1991: *Uwe Heinrichs/Klaus Skulimma*, Erweiterung der finanziellen Eigenverantwortung Hamburger Schulen, SchulVerwaltung NRW 11/1996, S. 345 ff. In **Bremen** seit 1995 Pilotprojekt: *Marianne Isermann*, Wirtschaftliche Autonomie für Bremer Schulen, schul-management 4/1994, S. 41ff; *Marianne Isermann*, Ein Budget für die Schule, schul-management, 5/1995, S. 40ff; *Tammo Hinrichs*, Finanzielle Autonomie der Schulen in Bremen, Pädagogische Führung 3/1999, S. 121ff. In **Herten** seit 1995: *Cay Süberkrüb/Dieter Peters*, „Betrieb Schule", SchulVerwaltung NRW 2/1996, S. 40ff. Im **Odenwaldkreis**: *Michael Reuter*, Budgetierung an Schulen, schul-management 1/1996, S. 24ff. In **Frankfurt** seit 1995: *Tom Stryck*, Gute Schulen brauchen Freiheit, ZBV 1/1996, S. 33

rhein-Westfalen sind durch einen Runderlaß des Ministeriums für Schule und Weiterbildung Schulen und Schulträger aufgefordert worden, die Budgetierung von Schulmitteln einzuführen bzw. zu optimieren[145]. In einigen Landesgesetzen wird die Möglichkeit eröffnet, daß Schulen für ihre pädagogische Arbeit Budgets zur Verwendung in eigener Verantwortung zur Verfügung gestellt werden[146].

Budgetierung bedeutet in diesem Zusammenhang, daß zusammengehörige Ressourcenbereiche den jeweiligen Handlungsträgern zur selbständigen Bewirtschaftung überlassen werden[147]. Während im traditionellen Verfahren der Haushaltsplanung und -führung die zugewiesenen Haushaltsmittel für einzelne Haushaltspositionen festgelegt wurden, werden im Budgetierungsverfahren den Schulen in der Regel jährlich Budgets zur eigenverantwortlichen Entscheidung über deren Verwendung zugewiesen[148]. Die Haushaltsmittel der Schulen eines Schulträgers, die bisher im Haushaltsplan in einzelnen Haushaltsstellen oder in Sammelnachweisen, die von anderen städtischen Dienststellen bewirtschaftet wurden, ausgewiesen sind, werden beim Budgetierungsverfahren in einem Sammelnachweis zusammengefaßt. Was im traditionellen Haushaltsrecht als Ausnahme zugelassen ist, wird in der Budgetierung zum Regelfall. Die gegenseitige Austauschbarkeit bzw. Deckungsfähigkeit der Haushaltsmittel im Budgetierungsver-

---

(45f). Im **Wetteraukreis** und **Mönchengladbach**: *Petra Böttcher*, Kann man Schulen budgetieren, und wozu kann das nutzen?, in: Wolfgang Böttcher/Horst Weishaupt/ Manfred Weiß (Hrsg.), Wege zu einer neuen Bildungsökonomie, 1997, S. 203 (204f). In **Mannheim**: *Horst Stotz*, Das Wirtschaftsmodell Schule in Mannheim, Pädagogische Führung 3/1999, S. 117ff. Allgemeines zur Budgetierung im Schulbereich auch in *Hans Heckel/Hermann Avenarius*, Schulrechtskunde, 2000, S. 170f; *Gerald Rieger*, Schulhaushalt, in: Alfred Müller/Harald Gampe/Gerald Rieger/Erika Risse, Leitung und Verwaltung einer Schule, 1997, S. 273 (281ff).

145 Ministerium für Schule und Weiterbildung, Runderlaß v. 12.12.1996, Fort- und Weiterbildung: Budgetierung von Schulmitteln, GABl. NRW. Nr. 1/1997.

146 § 127a III HSchulG, § 76 III RPSchulG, § 48 II 2 BWSchulG, § 18a III, IV Berlin SchulG, § 7 II BbgSchulG, § 112 MVSchulG, § 64 III 2 SASchulG, § 10 I 3 ThürSchFG, § 4 III 1, IV BremSchVG, § 111 I NdsSchulG.

147 *Axel G. Koetz*, Schule und ökonomische Vernunft, in: Wolfgang Böttcher/Horst Weishaupt/Manfred Weiß, Wege zu einer neuen Bildungsökonomie, 1997, S. 84 (92f). Denkbar ist auch die Bereitstellung eines Zuschuß- oder Überschußbudgets. Hierbei wird nicht die absolute Höhe der Einnahme bzw. Ausgabe vorgegeben, sondern nur die Differenz. Im Rahmen der Steuerungsmöglichkeiten kann die budgetverantwortliche Position dann beispielsweise durch zusätzliche Einnahmen auch Mehrausgaben abdekken, solange die vorgegebene Differenz nicht über-/unterschritten wird (Auskunft des Schulamtes der Stadt Münster).

148 *Klaus Klemm*, Schulentwicklung in Zeiten ökonomischer Engpässe, ZBV 1-2/1999, S. 1 (11).

fahren ermöglicht den Schulen eine Schwerpunktsetzung bei der Mittelverwendung entsprechend der jeweiligen pädagogischen Konzeption[149]. Die Selbststeuerungskraft der Schulen soll gestärkt und ihre vor Ort vorhandene Sachkompetenz besser genutzt werden[150]. Während bei der traditionellen Haushaltsführung gemäß dem Grundsatz der Haushaltswahrheit und -klarheit eine möglichst wirklichkeitsgetreue Einschätzung der einzelnen Haushaltspositionen im Vordergrund steht, geht es bei der Budgetierung um eine möglichst realistische Ermittlung des Budgets, das für die Aufgabenerledigung erforderlich ist. Hinzu kommt die (teilweise) Aufhebung des Jährlichkeitsprinzips bzw. das Recht, am Jahresende nicht verausgabte Mittel ganz oder teilweise für spätere Haushaltsjahre zu erhalten, wodurch zudem die Effizienz des Mitteleinsatzes gefördert wird[151]. Nicht verausgabte Haushaltsmittel aus dem Jahresbudget können für größere Anschaffungen angespart werden und müssen nicht durch "Zwangskäufe" am Ende des Haushaltsjahres ausgeschöpft werden. Die Einzelschulen sind gehalten, die ihnen zur Verfügung stehenden Mittel nicht zu überschreiten. Mit der Freiheit der Schule zur Verwendung des Budgets und der Auftragsvergabe ist auch die Verantwortung für die Gesamtabrechnung und die Rechenschaftspflicht gegenüber dem Schulträger verbunden. Die praktische Umsetzung der Grundsätze des Budgetierungsverfahrens in den Städten ist im einzelnen entsprechend den gegebenen Rahmenbedingungen, die der Schulträger jeweils vorfindet, unterschiedlich ausgestaltet[152]. Die rechtliche Grundlage findet sich insbesondere in entsprechenden Bestimmungen in den jeweiligen Gemeindeordnungen[153].

Ein allgemeingültiges Modell der Budgetierung im Schulbereich ist derzeit nicht erkennbar[154]. Die bisher eingeführten Verfahren lassen sich nach dem Umfang der darin einbezogenen Haushaltsstellen sowie dem Grad der Selbständigkeit der Schulen bei der Bewirtschaftung und Verwendung der zur Verfügung

---

149 *Klaus Hebborn*, Zukunftsmodelle von Schulleitung, in: Ministerium für Schule und Weiterbildung des Landes Nordrhein-Westfalen (Hrsg.), Schulleitung als Management und Führungsaufgabe, 1997, S. 58 (60).

150 *Klaus Klemm*, Schulentwicklung in Zeiten ökonomischer Engpässe, ZBV 1-2/1999, S. 1 (11).

151 *Axel G. Koetz*, Schule und ökonomische Vernunft, in: Wolfgang Böttcher/Horst Weishaupt/Manfred Weiß, Wege zu einer neuen Bildungsökonomie, 1997, S. 84 (92f).

152 Siehe Fn. 144. Zur Bandbreite von dezentraler Ressourcenverantwortung, Budgetierung und outputorientierter Steuerung siehe den Bericht 9/1996 der *Kommunalen Gemeinschaftsstelle*, Neue Steuerung im Schulbereich.

153 Z.B. Experimentierklausel gem. § 126 NWGO (wegen der Abweichung vom geltenden Haushaltsrecht ist ein Antrag auf Genehmigung an das Innenministerium Nordrhein-Westfalen erforderlich).

154 *Claus Hamacher*, Was kommt auf die Schulen zu?, SchulVerwaltung NRW 10/1999, S. 267 (267).

gestellten Haushaltsmittel unterscheiden. Im Hinblick auf den Umfang der in das Schulbudget einbezogenen Haushaltspositionen muß berücksichtigt werden, inwieweit vor dem Hintergrund der geltenden Rahmenbedingungen (z.B. Lehrerstellen, Verwaltungskapazität an den Schulen, Verwaltungskompetenz) eine Übertragung von Aufgaben und Funktionen im Bereich der Schulverwaltung auf die Einzelschulen möglich und sinnvoll ist[155]. In der Frage, welcher Grad der Selbständigkeit den Schulen bei der Bewirtschaftung der vom Schulträger bereitgestellten Haushaltsmittel eingeräumt werden kann und soll, werden in der Regel folgende Möglichkeiten beschritten: Entweder erfolgt die Bewirtschaftung des Schulbudgets über die kommunale Schulverwaltung auf der Grundlage der eigenverantwortlichen Entscheidung der Schule über die Mittelverwendung[156] oder den Schulen wird weitgehend die selbständige Bewirtschaftung der Mittel durch Einrichtung eines von diesen selbständig zu führenden Schulgirokontos überantwortet[157]. Die Einzelheiten der Kassenführung und Bewirtschaftung des Schulbudgets werden in entsprechenden Dienstanweisungen geregelt[158].

Als beispielhaft für ein sog. Budgetierungsverfahren läßt sich die Stadt Münster anführen[159]. Mit Beginn des Schuljahres 1984/85 ist das System einer flexiblen Haushaltsführung in Münster eingeführt worden. Der Einzelplan 2 des Haushaltsplans im Verwaltungshaushalt wurde grundlegend umstrukturiert.

---

155 Beispielhaft können folgende Haushaltsstellen Bestandteil des Schulbudgets sein: Beschaffung und Unterhaltung beweglichen Vermögens (im wesentlichen im Verwaltungshaushalt), Lehr- und Unterrichtsmittel, Schulveranstaltungen, Bürobedarf, Post- und Fernmeldegebühren, Kleinreparaturen im Bereich der inneren Bauunterhaltung, Energiekosten.

156 Siehe im folgenden die Stadt Münster als Beispiel. *Claus Hamacher* (Was kommt auf die Schulen zu?, SchulVerwaltung NRW 10/1999, S. 267 (267)) ist der Ansicht, daß bei dieser Vorgehensweise noch nicht von „Budgetierung" gesprochen werden kann.

157 In Gelsenkirchen, Essen, Duisburg, Hagen, Dortmund, Oberhausen und Leverkusen bereits eingeführt. Ausführliche Beschreibung der Einsetzung des Schulgirokontoverfahrens findet sich in: *Stadt Leverkusen*, Erfahrungsbericht über die Einführung und den Verlauf des Modellversuches „Schulgirokonto" (SchGK) an den städtischen Schulen, Februar 1996; *Stadt Gelsenkirchen*, Das Schulbudget, 1999.

158 Auf das Girokonto zahlt der Schulträger in der Regel in etwa drei Jahresraten den Schulhaushalt ein. Die Verwaltung des Girokontos, die Buchungen auf dem Kontogegenblatt und die Zahlungsanweisungen erfolgen durch die Schule (*Landesinstitut für Schule und Weiterbildung* (Hrsg.), Budgetierung und Schulentwicklung, 1997, S. 23f; *Stadt Leverkusen*, Erfahrungsbericht über die Einführung und den Verlauf des Modellversuches „Schulgirokonto" (SchGK) an den städtischen Schulen, Februar 1996; *Stadt Gelsenkirchen*, Das Schulbudget, 1999).

159 Siehe dazu Fn. 144. Nähere Informationen wurden freundlicherweise vom Schulamt der Stadt Münster zur Verfügung gestellt.

Durch die Umschichtung von einzelnen Sachkostenhaushaltsstellen in den Sammelnachweis „Sächliche Schulausgaben“ sind Kompetenzen des Schulamtes bzw. des Schulverwaltungsamtes, aber auch der sogenannten Querschnittsämter in die Schulen verlagert worden[160]. Seit 1995 erfolgt in Münster die Bewirtschaftung nur noch über jeweils eine Haushaltsstelle unter „Schulbedarf allgemein“ im Verwaltungshaushalt je Schulform[161]. Der Gesamtbetrag[162] je Schulform der allgemeinbildenden Schulen wird in Münster zu jeweils einem Drittel als einheitlicher Sockelbetrag je Schule, als von der Schülerzahl abhängiger Betrag und als von der Anzahl der Klassen abhängiger Betrag unter den Schulen einer Schulform aufgeteilt. Über die Verwendung des Schulbudgets entscheidet die Schulkonferenz der jeweiligen Schule im Rahmen des vom Schulträger festgelegten Verwendungszwecks[163]. Die Schulen müssen mit dem Budget ihre Sachmittelkosten decken[164]. Sie können aber nicht verbrauchte Haushaltsmittel aus dem Mittelkontingent eines Jahres ohne Kürzung ansparen[165] und innerhalb der nächsten 6 Jahre zusätzlich zu dem jeweils laufenden Mittelkontingent in Anspruch nehmen. In Münster verwaltet das Schulamt die Konten der Schulen

160 Die sächlichen Schulausgaben sind die Beschaffungen aller Lehrmittel (unabhängig, ob sie dem Verwaltungs- oder Vermögenshaushalt zuzuordnen sind), Klassenbücher, Zeugnisse und ähnlicher Vordrucke, Büromaterial, die Reparatur und Wartung einschließlich Ersatzbeschaffung der technischen Lehrmittel und der EDV, unterrichtliche Verbrauchsmaterialien einschließlich Kopier- und Druckkosten, die Schulmitwirkung/ Schülervertretung, Zuschüsse zum Schulwandern, die Durchführung von Sonderfahrten (innerhalb der Stadt Münster) bzw. bei den weiterführenden Schulen auch die Sport- und Badefahrten, Telefongebühren sowie die laufenden Kosten sonstiger Telekommunikationseinrichtungen.

161 Indirekt wurden auch die im Vermögenshaushalt veranschlagten Kosten für Beschaffungen von Lehrmitteln eingebunden.

162 Der Gesamtbetrag ist zusammengesetzt aus der Summe der damaligen gesamten Haushaltsmittel der in das System integrierten Haushaltsstellen, ohne Differenzierung in Verwaltungs- bzw. Vermögenshaushalt, unter Berücksichtigung der bisherigen Entwicklung.

163 § 5 II Nr. 10 NWSchMG.

164 Das Grundprinzip bei der Mittelbewirtschaftung in der „Flexiblen Haushaltsführung“ stellt darauf ab, daß die Gesamtdeckung der erforderlichen Ausgaben innerhalb des Schulbudgets vorzunehmen ist. Veränderungen von Lehrinhalten oder -methoden sind nur im Rahmen der bereitgestellten Haushaltsmittel möglich, so daß Mehrausgaben durch Einsparungen in anderen Bereichen aufzufangen sind. Aufträge bis zu 5000 DM können durch den Schulleiter erteilt werden, über 5000 DM vollzieht die Schulverwaltung, was die Schulen im Rahmen ihrer Budgets beschlossen haben.

165 Die Einsparung wird der Kämmerei schriftlich angezeigt. Die gemeldeten Beträge werden der Allgemeinen Deckungsreserve gutgeschrieben. In jedem Haushaltsjahr konnte mit Einsparungen der Schulen die Inanspruchnahme von Rücklagenmitteln fast vollständig finanziert werden.

und läßt sich die Originalrechnungen von den Schulen vorlegen, die wiederum monatlich einen Auszug über die vorgenommenen Buchungen erhalten, aus dem die Einnahmen und Ausgaben ersichtlich sind[166]. Durch die Einführung einer sog. Kostenstellendatei werden die Ausgaben der Schulen nach besonderen Kostenschwerpunkten erfaßt. In einer Kostenstelle werden alle investiven Ausgaben gespeichert und am Ende des Haushaltsjahres insgesamt in den Investitionshaushalt umgebucht. Bei den laufenden Buchungen während eines Haushaltsjahres sind Trennungen zwischen Ausgaben aus dem Verwaltungs- und dem Investitionshaushalt somit nicht mehr erforderlich. Das Schulamt informiert im Rahmen der automatisierten Haushaltsüberwachung monatlich alle Schulen über den Stand ihrer Ausgaben, so daß ein schneller Abgleich mit dem Schulhaushalt möglich ist und etwaige Differenzen geklärt werden können. Die Einsparungen aus der Nichtausschöpfung der Durchschnittsbeträge nach dem Lernmittelfreiheitsgesetz werden zu 50 % den Schulen für die Beschaffung und Unterhaltung von Lernmitteln zur Verfügung gestellt. Um diese Beträge werden die Mittelkontingente der Schule erhöht. Das Budgetierungsverfahren wird von den Schulen, den Schulmitwirkungsorganen und auch von den Schulträgern angesichts der Wirtschaftlichkeit als positiv bewertet[167].

3. Drittmittel

Viele Unternehmen engagieren sich im Schulbereich auf regionaler und überregionaler Ebene, indem sie Wettbewerbe unterschiedlicher Art, wie z.B. „Jugend forscht", unterstützen oder Sach- oder Geldleistungen im technischen oder sportlichen Bereich für Schulen bereitstellen[168]. Da die Schule eine nichtrechtsfähige Einrichtung einer Kommune oder eines Landes ist, muß sie alle Einnahmen an den Schulträger weiterleiten[169]. Zuwendungen privater Spender stehen gleich-

166 Eine Überweisung von Haushaltsmitteln auf separate Schulgirokonten erfolgt nur im Einzelfall, allerdings nicht für das gesamte Budget.

167 Die Gestaltung der Budgetierung wird durch jährliche Besprechungen der Schulverwaltung mit allen Schulleitern sowie Schulpflegschaftsvorsitzenden aller Schulformen begleitet. Dabei geht die Stadt auf Vorschläge und Bedenken der Schulen ein, so daß die Probleme, die sich aus der Sicht der Schulen im Budgetierungsprozeß ergeben, gemeinsam geregelt werden. In Münster wird zur Zeit im Rahmen eines Pilotversuches getestet, im Bereich der vereinfachten Bauunterhaltung (kleinere Reparaturen, etc.) den Schulen Mittel zur Selbstbewirtschaftung zu überlassen.

168 *Manfred Bruhn/Rudolf Mehlinger*, Rechtliche Gestaltung des Sponsoring, Bd. 2, 1999, S. 110f, 114.

169 *Uwe Blumenhagen*, Sponsoring, Spenden, Werbung, Pädagogische Führung 3/1999, S. 130 (132).

falls dem Schulträger zu, jedoch wird er sie der Schule überlassen, um der Zweckbestimmung des Spenders zu entsprechen. Der Schulträger ist in der Regel auch damit einverstanden, daß die Schule Einnahmen z.B. aus Schulveranstaltungen für außeretatmäßige Anschaffungen nutzt, vorausgesetzt, daß die Überschüsse zügig aufgebraucht und die Ausgaben ordnungsgemäß verbucht werden[170].

Die Kassenführung eines Förder- bzw. Schulvereins unterliegt nicht der Rechnungskontrolle durch den Schulträger. Er kann Spenden, die für die Schule bestimmt sind, entgegennehmen und Überschüsse z.B. aus schulischen Veranstaltungen verwalten, wenn er als Veranstalter auftritt[171]. Teilweise werden die Mittel der Schule nur zweckgebunden zur Verfügung gestellt. Schulvereine haben in ihrer Satzung den Förderzweck festgelegt[172].

Angesichts der angespannten Finanzlage werden Möglichkeiten diskutiert, daß Schulen ihren Sachmitteletat durch Nutzung von Sponsoring erweitern. Im Gegensatz zur Spende, deren Hingabe womöglich mit einer bestimmten Erwartung, wie z.B. positiver Berichterstattung in der Presse, verbunden wird, erbringt die Schule beim Sponsoring eine Gegenleistung[173]. Die Gegenleistung der Schule besteht darin, daß der betreffende Sponsor z.B. bei der Sportveranstaltung als Partner der Schule öffentlichkeitswirksam herausgestellt wird oder auch in seinem Geschäftsverkehr mit der Partnerschaft werben darf, wovon der Sponsor sich einen Prestigegewinn und eine allgemeine Imageförderung erhofft[174].

---

170 *Gerald Rieger,* Schulhaushalt, in: Alfred Müller/Harald Gampe/Gerald Rieger/Erika Risse, Leitung und Verwaltung einer Schule, 1997, S. 273 (302).

171 *Uwe Blumenhagen*, Sponsoring, Spenden, Werbung, Pädagogische Führung 3/1999, S. 130 (132).

172 *Helmut Schorlemmer*, Sponsoring, SchulVerwaltung NRW 4/1999, S. 114 (115).

173 *Manfred Bruhn/Rudolf Mehlinger*, Rechtliche Gestaltung des Sponsoring, Bd. 2, 1999, S. 111; *Jens-Uwe Böttcher*, 12 Schritte zu Ihrem Fundraising-Erfolg, Pädagogische Führung 3/1999, S. 127 (127): „Unter Sponsoring wird nach der Definition des Bundesfinanzministeriums ´üblicherweise die Gewährung von Geld oder geldwerten Vorteilen durch Unternehmen zur Förderung von Personen, Gruppen und/oder Organisationen in sportlichen, kulturellen, kirchlichen, wissenschaftlichen, sozialen, ökologischen oder ähnlich bedeutsamen gesellschaftspolitischen Bereichen verstanden, mit der regelmäßig auch eigene unternehmensbezogene Ziele der Werbung oder Öffentlichkeitsarbeit verfolgt werden`."

174 *Uwe Blumenhagen*, Sponsoring, Spenden, Werbung, Pädagogische Führung 3/1999, S. 130 (131); *Paul Bischof/Claus Hamacher/Klaus Hebborn*, Sponsoring, SchulVerwaltung NRW 6/7/1999, S. 175 (175). In Hessen werden den Schulen Möglichkeiten für die „Kooperation mit außerschulischen Partnern" eröffnet (§§ 16, 157 I HSchulG). Beispiele zu bereits existierenden Kooperationsvereinbarungen zwischen Schulen und der Wirtschaft wie die Ausstattung von Schulen mit moderner Kommunikationstechnik im

Schulrechtliche Regelungen, die Sponsoring von Schulen behandeln, fehlen bisher[175]. Dafür ist Werbung, insbesondere Produkt- und Dienstleistungswerbung, die nicht schulischen Zwecken dient, in der Schule grundsätzlich nicht zulässig[176].

Das Ministerium für Schule und Weiterbildung, Wissenschaft und Forschung des Landes Nordrhein-Westfalen billigt mittlerweile als Ausnahme vom grundsätzlichen Werbeverbot gem. § 47 Abs. 3 NWASchO Sponsoring dann, wenn Schulen mit Zustimmung des Schulträgers Zuwendungen von Dritten zur Erfüllung ihrer Aufgaben entgegennehmen und auf die Leistungen des Sponsors in geeigneter Weise hinweisen. Der Werbeeffekt solcher Hinweise soll dabei deutlich hinter den schulischen Nutzen zurücktreten. In den Schulen erfolgt die Entscheidung über den Abschluß einer Sponsoring-Vereinbarung nach Beratung in der Schulkonferenz[177]. Die Billigung des Sponsorings von Schulen ist im Zusammenhang mit dem Projekt „Gestaltung von Schulleben und Öffnung von Schule“ (GÖS) des Ministeriums für Schule und Weiterbildung des Landes Nordrhein-Westfalen zu sehen, wodurch das Sammeln von Erfahrungen in der Zusammenarbeit mit außerschulischen Partnern gefördert werden soll[178]. Durch Sponsoring erhofft man sich, daß wichtige Impulse zur Öffnung der Schulen und zur Schulentwicklung unterstützt werden[179]. Auch in Niedersachsen ist als Bestandteil von Sponsoringverträgen Werbung für wirtschaftliche Interessen in der Schule zulässig, wenn sie eindeutig dem Bildungsauftrag zuzurechnen ist und

---

Rahmen eines Projekts mit der Wirtschaft finden sich bei *Jörg Engelmann*, Zusammenarbeit zwischen Schule und Wirtschaft, Pädagogische Führung 3/1999, S. 112 (113f).

175 Laut § 157 I HSchulG kann sich ein Dritter an der Finanzierung von Projekten zur Öffnung der Schule, die über die Stundentafeln hinausgehen, beteiligen.

176 § 49 II SHSchulG, § 47 III NW Allgemeine Schulordnung (ASchO) vom 8.11.1978, § 56 III ThürSchulG, Art. 84 BayEUG.

177 Ministerium für Schule und Weiterbildung, Wissenschaft und Forschung, Werbung/ Sponsoring an Schulen, Ausnahmegenehmigung gem. § 47 III NW ASchO, Runderlaß vom 9.12.1998, ABl. NRW. 1 Nr. 1/99, S. 2: „Durch solche Zuwendungen Dritter wird die Verpflichtung des Schulträgers, die erforderlichen sächlichen Kosten der Schule zu tragen, nicht berührt. Sponsoring an Schulen ist eingebunden in den Bildungs- und Erziehungsauftrag der Schule. Deshalb müssen die Sponsoringmaßnahme und der damit verbundene Werbezweck mit dem Schulauftrag vereinbar sein“.

178 *Uwe Blumenhagen*, Sponsoring, Spenden, Werbung, Pädagogische Führung 3/1999, S. 130 (131). Näheres zum Konzept „Gestaltung von Schulleben und Öffnung von Schule“ siehe *Heinz Schirp*, Öffnung und Gestaltung von Schule, in: Alfred Müller/ Harald Gampe/Gerald Rieger/Erika Risse, Leitung und Verwaltung einer Schule, 1997, S. 130 - 153.

179 Ministerium für Schule und Weiterbildung, Wissenschaft und Forschung, Werbung/ Sponsoring an Schulen, Ausnahmegenehmigung gem. § 47 III NW ASchO, Runderlaß vom 9.12.1998, ABl. NRW. 1 Nr. 1/99, S. 2.

die jeweiligen rechtlichen Vorgaben beachtet werden. Auch können Spenden und sonstige Zuwendungen, die mit Werbung verbunden sind, entgegengenommen werden, wenn der Werbeeffekt hinter dem pädagogischen Nutzen deutlich zurückbleibt[180].

Daß Sponsoring zu Abhängigkeiten und Beeinflussungsmöglichkeiten durch die außerschulischen Partner führt, wird weniger erwartet. Die Einnahmen dienen der Ergänzung des schulrechtlich festgeschriebenen Bildungsangebots[181]. Eher ist die Gefährdung der Chancengleichheit unter den Schulen durch unterschiedliche Sponsorleistungen zu befürchten[182]. Es wird sogar ein Wettbewerb zwischen Schulen um Unternehmen als Sponsoren oder potentielle Kooperationspartner gesehen, da die finanziellen Mittel der Unternehmen nicht unbegrenzt zur Verfügung stehen[183].

VII. Die private Schule[184]

In Art. 7 Abs. 4 GG wird das Recht zur Errichtung von privaten Schulen gewährleistet und damit das private Schulwesen als Institution garantiert[185]. Private Schulen zeichnen sich dadurch aus, daß „deren Träger entweder natürliche

---

180 In Niedersachsen wurde mit dem Erlaß „Wirtschaftliche Betätigung, Werbung, Informationen, Bekanntmachungen und Sammlungen in Schulen sowie Zuwendungen für Schulen" vom 07.09.1994 (Schulverwaltungsblatt für Niedersachsen, S. 290) der bisher geltende Grundsatz des generellen Werbeverbots, von dem nur in vom Kultusministerium genehmigten Einzelfällen abgewichen werden durfte, aufgegeben.

181 Die Bildungskommission NRW geht weiterhin von der primär öffentlichen Finanzierung des Schulwesens aus. Sie möchte jedoch einen Wettbewerb der Schulen um zusätzliche Ressourcen gefördert sehen, indem u.a. die Schule die Möglichkeit nutzen sollen, private Mittel zu erschließen (*Bildungskommission NRW*, Zukunft der Bildung-Schule der Zukunft, 1995, S. XXVII, XXVIII, 155).

182 *Horst Wollenweber*, „Autonomie" der Schule?, in: Kurt Aurin/Horst Wollenweber (Hrsg.), Schulpolitik im Widerstreit, 1997, S. 113 (125): „Ein Gymnasium mit gutem Ruf und guter Finanzausstattung dürfte es nicht schwer haben, seine Attraktivität darzustellen, anders die Hauptschule in einem sozialen Brennpunkt einer Großstadt".

183 *Jörg Engelmann*, Zusammenarbeit zwischen Schule und Wirtschaft, Pädagogische Führung 3/1999, S. 112 (115).

184 Die Vertreter der Privatschulen bevorzugen den Begriff „Schulen in freier Trägerschaft".

185 BVerwG, Urt. v. 30.11.1984, -7 C 66/82 (Münster)-, NVwZ 1985, S. 111 (112); BVerfG, Beschl. v. 14.11.1969, -1 BvL 24/64-, BVerfGE 27, S. 195 (200). Kirchliche Schulen genießen einen zusätzlichen verfassungsrechtlichen Schutz aus Art. 140 GG mit Art. 137 III WRV, der den Kirchen das Recht zur Ordnung ihrer eigenen Angelegenheiten gewährleistet.

oder juristische Personen des privaten Rechts oder Religions- oder Weltanschauungsgemeinschaften sind, die die Rechte einer Körperschaft des öffentlichen Rechts besitzen"[186]. Grob gesagt sind es jene Schulen, die nicht in öffentlicher Trägerschaft sind. Es wird bei privaten Schulen zwischen sog. Ersatzschulen und Ergänzungsschulen unterschieden. Private Schulen, für die es Entsprechungen im öffentlichen Schulwesen gibt, sind nach Art. 7 Abs. 4 S. 2 GG als Ersatzschulen zu genehmigen, wenn sie die in Art. 7 Abs. 4 S. 3 GG aufgestellten Voraussetzungen erfüllen und insbesondere den öffentlichen Schulen gleichwertig sind[187]. Die Ersatzschulen sind mit der Genehmigung mit den gleichen Berechtigungen wie die entsprechenden öffentlichen Schulen ausgestattet[188]. Die Ergänzungsschulen finden keine Entsprechungen im öffentlichen Schulwesen. Ergänzungsschulen leisten Bildungsarbeit in Bereichen, um die sich der Staat weniger kümmert (z.B. Schauspielschulen)[189]. Im weiteren wird von den privaten Schulen im Sinne von Ersatzschulen gesprochen.

Das staatliche Schulrecht gilt grundsätzlich nicht für die privaten Schulen. An die Stelle des staatlichen Schulrechts treten vielmehr trägerschaftliche Ordnungen[190]. Der private Schulträger kann insbesondere Leistungskontrollen nach seinen Vorstellungen festlegen oder sein Bildungs- und Erziehungskonzept durch eigene Lehrplanrichtlinien konkretisieren, indem er etwa von der Sprachenabfolge öffentlicher Schulen abweicht[191]. Die privaten Schulen haben im Vergleich zu den öffentlichen Schulen auch größere Freiräume bei der Gestaltung und Vermittlung ihres pädagogischen Programms, bei der Bewirtschaftung

---

186 § 1 IV 1 NdsSchulG, § 2 III SASchulG, § 2 Punkt 3 BbgSchulG, § 2 III SHSchulG.

187 Zu den einzelnen Voraussetzungen siehe BVerfG, Beschl. v. 14.11.1969, -1BvL 24/64-, BVerfGE 27, 195 (197, 200ff); § 1 NW Verordnung über die Ersatzschulen (ESchVO) vom 27.9.1994.

188 § 4 BWPSchulG, § 119 I MVSchulG, § 143 NdsSchulG, § 6 HmbPSchulG, § 58 SH SchulG, § 37 V NWSchOG.

189 Ergänzungsschulen sind informations- und anzeigepflichtig. Ergänzungsschulen mit staatlich gebilligtem Lehrplan können anerkannt werden mit der Folge, daß Prüfungen nach einer staatlich genehmigten Prüfungsordnung abgenommen und entsprechende Zeugnisse ausgestellt werden dürfen (§§ 13, 15 BWPSchulG, §§ 158 II, 161 NdsSchulG, §§ 9, 9a BerlinPSchulG, §§ 44, 45 NWSchOG).

190 *Norbert Niehues*, Schul- und Prüfungsrecht, 2000, Rn. 243; *Manfred Baldus*, Freiräume der Schulen in freier Trägerschaft, 1998, S. 13, 17: „Den Vergleichsmaßstab bestimmt der Staat mit seinem Schulwesen. Weil schulische Bildung zielbestimmt ist, betrifft Gleichwertigkeit das Ergebnis schulischer Bildung, verlangt also nicht eine Analogie im Bildungsprozeß. Die Ersatzschule muß ihren Absolventen im Ergebnis einen Bildungsstand vermitteln, der dem Stand der Kenntnisse und Fähigkeiten eines Absolventen einer vergleichbaren öffentlichen Schule entspricht. Die Wege und die Mittel dahin liegen im pädagogischen Urteil des freien Schulträgers." § 117 MVSchulG.

191 *Manfred Baldus*, Freiräume der Schulen in freier Trägerschaft, 1998, S. 17, 22.

ihres eigenen Haushalts und bei der Auswahl des Lehrpersonals. Die Lehrer und Schulleiter werden vom privaten Schulträger ausgewählt und angestellt[192]. Die privaten Schulen sind in der Regel in der Auswahl ihrer Schüler völlig frei[193]. Sie unterliegen jedoch der Schulaufsicht gem. Art. 7 Abs. 1 GG. Es geht dabei vor allem um die Rechtsaufsicht, insbesondere um die Einhaltung der Anforderungen des Art. 7 Abs. 4 und 5 GG und die Einhaltung sonstiger für Ersatzschulen geltender Rechtsvorschriften[194]. Die Aufsicht erstreckt sich darauf, daß die Lehrziele, die gesamte äußere Organisation des privaten Schulwesens und die Qualifikation des Lehrpersonals unter dem Vorbehalt der Gleichwertigkeit mit den entsprechenden staatlichen Regelungen stehen[195]. Die privaten Schulen dürfen nicht hinter den öffentlichen Schulen zurückstehen. Bei der Erteilung von Abschlußzeugnissen und Berechtigungen sind die Ersatzschulen ebenso an die staatlichen Prüfungsordnungen oder Regelungen über die Erteilung von Abschlußzeugnissen gebunden[196]. Es ist daher nicht auszuschließen, daß sich Unterrichtsinhalte der privaten mit denen der öffentlichen Schule gleichen oder sogar überwiegend identisch sind[197].

Der Staat hat den Ersatzschulen finanzielle Hilfe zu leisten, wenn andernfalls der Bestand des Ersatzschulwesens als Institution evident gefährdet wäre[198]. In welcher Weise die Landesgesetzgeber dieser Schutzpflicht für das Ersatzschulwesen nachkommen, steht diesen frei[199].

---

192 Vgl. §§ 8, 14 I BWPSchulG, § 119 III MVSchulG, § 4 II BerlinPSchulG, §§ 38 I, 41 II NWSchOG.

193 *Manfred Baldus*, Freiräume der Schulen in freier Trägerschaft, 1998, S. 21; *Johann Peter Vogel*, Schulrecht aus der Sicht guter Schulen – Gute Schulen aus der Sicht des Schulrechts, Zeitschrift für Pädagogik 1988, 23. Beiheft, S. 189 (192).

194 *Norbert Niehues*, Schul- und Prüfungsrecht, 2000, Rn. 276; §§ 3, 6 BerlinPSchulG, §§ 37, 45 NWSchOG, § 9 I NW Verordnung über die Ersatzschulen (ESchVO) vom 27.9.1994.

195 *Manfred Baldus*, Freiräume der Schulen in freier Trägerschaft, 1998, S. 12.

196 *Manfred Baldus*, Freiräume der Schulen in freier Trägerschaft, 1998, S. 16.

197 *Ulf Preuss-Lausitz*, Private und Freie Schulen, Die Deutsche Schule 4/1995, S. 447 (449).

198 BVerfG, Urt. v. 8.4.1987, -1 BvL 8, 16/84-, BVerfGE 75, 40 (67).

199 BVerfG, Urt. v. 8.4.1987, -1 BvL 8, 16/84-, BVerfGE 75, 40 (66f). § 17 BWPSchulG, § 1 HEFG, § 127 MVSchulG, § 149 NdsSchulG, § 19 HmbPSchulG, § 1 NWEFG.

C. Wahlmöglichkeiten im öffentlichen Schulwesen

Der Staat ist in der Pflicht, ein Schulwesen zu gestalten, das den vielfältigen Möglichkeiten der Lebens-, Arbeits- und Berufswelt entsprechen muß. Es kommt dem Interesse der Eltern an einer den Begabungen, Neigungen und Fähigkeiten ihrer Kinder gerecht werdenden Förderung und ihrem Willen entgegen, wenn die Eltern einen entsprechenden Bildungsgang für ihr Kind frei wählen können, und der Staat dafür auch Alternativen vorhält. In diesem Moment ergeben sich Wahlmöglichkeiten im öffentlichen Schulwesen.

I. Schulwahl

1. Grundrechtliche Gewährleistungen

a. Elternrecht aus Art. 6 Abs. 2 S. 1 GG

Nach Art. 6 Abs. 2 S. 1 GG sind „Pflege und Erziehung der Kinder das natürliche Recht der Eltern und die zuvörderst ihnen obliegende Pflicht. Über die Betätigung wacht die staatliche Gemeinschaft“. Das elterliche Erziehungsrecht in Art. 6 Abs. 2 S. 1 GG enthält eine Garantie des Elternrechts als Verfassungsinstitution, indem es eine präkonstitutionelle „natürliche“ Lebensordnung als vorgegeben anerkennt und unter den Schutz der Verfassung stellt[200]. Die Eltern haben das Recht, die Erziehung des Kindes „nach eigenen Vorstellungen“[201] zu gestalten. Das Elternrecht ist aber pflichtgebunden[202]. Es ist also nicht um der

200 BVerfG, Urt. v. 9.2.1982, -1 BvR 845/79-, BVerfGE 59, 360 (376); *Fritz Ossenbühl*, Das elterliche Erziehungsrecht im Sinne des Grundgesetzes, 1981, S. 43; *Norbert Niehues*, Schul- und Prüfungsrecht, 2000, Rn. 41.

201 BVerfG, Urt. v. 9.2.1982, -1 BvR 845/79-, BVerfGE 59, 360 (376); BVerfG, Urt. v. 14.7.1998, -1 BvR 1640/97-, BVerfGE 98, 218 (244).

202 BVerfG, Urt. v. 29.7.1959, -1 BvR 205, 332, 333, 367/58, 1 BvL 27, 100/58-, BVerfGE 10, 59 (76); BVerfG, Beschl. v. 29.7.1968, -1 BvL 20/63, 31/66 und 5/67-, BVerfGE 24, 119 (143); BVerfG, Urt. v. 24.3.1981, -1 BvR 1516/78 und 946, 1337/80-, BVerfGE 56, 363 (382); *Bodo Pieroth*, Erziehungsauftrag und Erziehungsmaßstab der Schule im freiheitlichen Verfassungsstaat, DVBl. 1994, S. 949 (956); *Theodor Maunz*, in: Theodor Maunz/Günter Dürig, Grundgesetz, Art. 6 Rn. 25j.

Selbstverwirklichung der Eltern willen, sondern zum Wohl des Kindes verbürgt[203].

Das in Art. 6 Abs. 2 S. 1 GG gewährleistete Recht der Eltern auf „Pflege und Erziehung der Kinder" bezieht sich sowohl auf die Erziehung in der Familie und durch sie als auch auf den außerhalb der Familie stattfindenden Erziehungsprozeß[204]. Unter „Pflege" versteht man die allgemeine Sorge der Eltern für die Person des Kindes, für sein körperliches Wohl und seine geistige und charakterliche Entwicklung, unter „Erziehung" die formende geistig-seelische Einwirkung der Eltern auf das Kind, die die Anlagen und Fähigkeiten des Kindes mit Hilfe von Ausbildung und Bildung zur Entfaltung bringt und das Kind zur Reife der Selbstbestimmung führt[205]. Die Eltern müssen es hinnehmen, daß der Staat ihre erzieherische Betätigung nach Art. 6 Abs. 2 S. 2 GG überwacht, wobei das Wohl des Kindes die Richtschnur bildet[206].

Das elterliche Erziehungsrecht wirkt über Art. 7 Abs. 2 und 4 GG hinaus als Individualrecht in den schulischen Bereich hinein[207]. Dem Staat wächst demgegenüber durch Art. 7 Abs. 1 GG im Schulbereich ein eigenständiger Erziehungsauftrag zu[208]. Er ist verpflichtet, ein leistungsfähiges öffentliches Schulsystem vorzuhalten, es zu finanzieren und zu fördern[209]. Die öffentliche Schule

---

203 BVerfG, Urt. v. 9.2.1982, -1 BvR 845/79-, BVerfGE 59, 360 (376); *Hans Heckel/ Hermann Avenarius*, Schulrechtskunde, 2000, S. 436; *Fritz Ossenbühl*, Schule im Rechtsstaat, DÖV 1977, S. 801 (806).

204 BVerfG, Urt. v. 6.12.1972, -1 BvR 230/70 u. 95/71-, BVerfGE 34, 165 (183); BVerfG, Beschl. v. 17.12.1975, -1 BvR 63/68-, BVerfGE 41, 29 (44); *Hans-Uwe Erichsen*, Verstaatlichung der Kindeswohlentscheidung?, 1979, S. 12f.

205 BVerwG, Urt. v. 15.10.1965, -BVerwG VII C 39.65-, BVerwGE 22, 235 (236f); *Fritz Ossenbühl*, Das elterliche Erziehungsrecht im Sinne des Grundgesetzes, 1981, S. 48; *Theodor Maunz*, in: Theodor Maunz/Günter Dürig, Grundgesetz, Art. 6 Rn. 24; *Hans-Uwe Erichsen*, Verstaatlichung der Kindeswohlentscheidung?, 1979, S. 12.

206 BVerfG, Urt. v. 9.2.1982, -1 BvR 845/79-, BVerfGE 59, 360 (376); *Hans Heckel/ Hermann Avenarius*, Schulrechtskunde, 2000, S. 436.

207 Vgl. BVerfGE, Urt. v. 6.12.1972, -1 BvR 230/70 u. 95/71-, BVerfGE 34, 165 (183); BVerfG, Beschl. v. 21.12.1977, -1 BvL 1/75, 1 BvR 147/75-, BVerfGE 47, 46 (76); BVerfG, Urt. v. 9.2.1982, -1 BvR 845/79-, BVerfGE 59, 360 (380); *Hans-Uwe Erichsen*, Verstaatlichung der Kindeswohlentscheidung?, 1979, S. 12f; *Jürgen Kohl*, Schule und Eltern in der Rechtsprechung des Bundesverfassungsgerichts, in: Wolfgang Zeidler/Theodor Maunz/Gerd Roellecke (Hrsg.), Festschrift für Joachim Faller, 1984, S. 201 (202); *Fritz Ossenbühl*, Schule im Rechtsstaat, DÖV 1977, S. 801 (806).

208 Vgl. BVerfG, Beschl. v. 21.12.1977, -1 BvL 1/75, 1 BvR 147/75-, BVerfGE 47, 46 (72); BVerfG, Urt. v. 14.7.1998, -1 BvR 1640/97-, BVerfGE 98, 218 (244); *Frank-Rüdiger Jach*, Schulvielfalt als Verfassungsgebot, 1991, S. 36.

209 Art. 30 V BbgVerf, Art. 8 III 1 NWVerf, Art. 15 II MVVerf, Art. 26 I SAVerf, Art. 22 I ThürVerf, Art. 133 I BayVerf, Art. 11 III BWVerf, Art. 27 II 1 RPVerf.

übernimmt dabei neben der Wissensvermittlung auch die Erziehung der ihnen anvertrauten Schüler[210]. Der staatliche Erziehungsauftrag in der Schule ist dem elterlichen Erziehungsrecht „nicht nach-, sondern gleichgeordnet. Diese gemeinsame Erziehungsaufgabe von Eltern und Schule, welche die Bildung der Persönlichkeit des Kindes zum Ziel hat, läßt sich nicht in einzelne Kompetenzen zerlegen. Sie ist in einem sinnvoll aufeinander bezogenen Zusammenwirken zu erfüllen"[211]. Für die Bildungs- oder Erziehungsmaßnahmen im Einzelfall bedeutet dies, daß letztlich der Landesgesetzgeber unter Berücksichtigung der Verantwortung der Eltern für den Gesamtplan der Erziehung ihrer Kinder die notwendige Abgrenzung von elterlichem Erziehungsrecht und staatlichem Erziehungsauftrag vorzunehmen hat[212].

Das elterliche Erziehungsrecht beinhaltet, eigenverantwortlich und frei zwischen den verschiedenen, vom Staat zur Verfügung gestellten oder zugelassenen (privaten) Bildungswegen den Bildungsweg ihres Kindes zu wählen[213]. Dieses Recht hat in den Landesverfassungen und -gesetzen Niederschlag gefunden[214]. Es beschränkt sich nicht auf einen einmaligen Wahlakt beim Übergang von der Grundschule in die weiterführende Schule, sondern steht den Eltern

---

210 Art. 12 BWVerf und § 1 BWSchulG, Art. 131 BayVerf und Art. 1 BayEUG, § 1 Berlin SchulG, Art. 56 IV HVerf und §§ 1, 3 HSchulG, § 2 NdsSchulG, Art. 33 RPVerf und § 1 II RPSchulG, §§ 4, 5 BremSchulG, § 1 NWSchOG, § 3 HmbSchulG, § 1 Saar SchOG, Art. 27 I SAVerf und § 1 II SASchulG, Art. 15 IV MVVerf, § 4 BbgSchulG, Art. 102 II SächsVerf.

211 BVerfG, Urt. v. 6.12.1972, -1 BvR 230/70 u. 95/71-, BVerfGE 34, 165 (183); vgl. BVerfG, Beschl. v. 21.12.1977, -1 BvL 1/75, 1 BvR 147/75-, BVerfGE 47, 46 (72); BVerfG, Beschl. v. 16.10.1979, -1 BvR 647/70 und 7/74-, BVerfGE 52, 223 (236).

212 Vgl. BVerfG, Urt. v. 6.12.1972, -1 BvR 230/70 u. 95/71-, BVerfGE 34, 165 (183); BVerfG, Beschl. v. 21.12.1977, -1 BvL 1/75, 1 BvR 147/75-, BVerfGE 47, 46 (80); BVerfG, Urt. v. 14.7.1998, -1 BvR 1640/97-, BVerfGE 98, 218 (245); *Klaus Stern*, Autonomie der Schule?, in: Detlef Merten/Reiner Schmidt/Rupert Stettner (Hrsg.), Der Verwaltungsstaat im Wandel, 1996, S. 333 (346); *Matthias Jestaedt*, Staatliche Rollen in der Eltern-Kind-Beziehung, DVBl. 1997, S. 693 (695); *Jürgen Kohl*, Schule und Eltern in der Rechtsprechung des Bundesverfassungsgerichts, in: Wolfgang Zeidler/Theodor Maunz/ Gerd Roellecke (Hrsg.), Festschrift für Hans Joachim Faller, 1984, S. 201 (204f).

213 *Hermann Avenarius/Bernd Jeand`Heur*, Elternwille und staatliches Bestimmungsrecht bei der Wahl der Schullaufbahn, 1992, S. 16. Die Eltern haben das Recht, ihre Kinder in eine private Ersatzschule zu schicken, die den Voraussetzungen des Art. 7 IV 3 GG entspricht (BVerfG, Urt. v. 6.12.1972, -1 BvR 230/70 u. 95/71-, BVerfGE 34, 165 (197f)).

214 § 88 I BWSchulG, Art. 44 I BayEUG, § 29 II 2 BerlinSchulG, § 19 III 2 BremSchulG, § 42 I HmbSchulG, § 77 I 1 HSchulG, § 59 I 1 NdsSchulG, § 2 II NWSchOG, § 47 I RP SchulG, § 31 I 3 SaarSchOG, § 4 VI 3 SHSchulG, Art. 8 I 2 NWVerf.

während der gesamten Schullaufbahn zur Seite[215]. Das setzt voraus, daß es überhaupt Wahlmöglichkeiten gibt. Dem Staat erwächst aus Art. 7 Abs. 1 GG die Pflicht, die organisatorische Gliederung der Schule unter Aufrechterhaltung von Wahlmöglichkeiten zwischen verschiedenen Schulformen und Ausbildungszielen oder innerhalb einer Schulform hinreichende Differenzierungen zu gewährleisten[216]. Die Eltern haben aber grundsätzlich keinen Anspruch darauf, daß die Schule eine bestimmte innere oder äußere Gestalt aufweist, und können insbesondere nicht verlangen, daß der Staat eine an ihren Wünschen orientierte Schulform bereitstellt oder beibehält[217].

Art. 6 Abs. 2 S. 1 GG gewährleistet verfahrensrechtliche Komponenten, die den Entscheidungsvorgang und den Willensbildungsprozeß der Erziehungsberechtigten von ungerechtfertigten Eingriffen der Schulverwaltung freihalten und damit die eigentliche Wahlentscheidung selbst überhaupt erst ermöglichen[218]. Die verbindliche Feststellung durch die abgebende Schule, für welche weiterführende Schule das Kind geeignet ist, darf erst getroffen werden, nachdem die Eltern sich entschieden haben, in welche weiterführende Schule sie ihr Kind schicken wollen[219]. Die Eltern haben ein Recht auf Unterrichtung über Vorgänge in der Schule, „deren Verschweigen die Ausübung des individuellen elterlichen Erziehungsrechts beeinträchtigen könnte“[220]. Dazu gehören insbesondere Infor-

---

215 BVerfG, Urt. v. 6.12.1972, -1 BvR 230/70 u. 95/71-, BVerfGE 34, 165 (184); *Ingo Richter*, Gestaltungsspielräume der kommunalen Schulträger beim Schulangebot, DÖV 1992, S. 144 (148).

216 BVerfG, Urt. v. 6.12.1972, -1 BvR 230/70 u. 95/71-, BVerfGE 34, 165 (184); BVerfG, Beschl. v. 22.6.1977, -1 BvR 799/76-, BVerfGE 45, 400 (415); *Klaus Stern*, Autonomie der Schule?, in: Detlef Merten/Reiner Schmidt/Rupert Stettner (Hrsg.), Der Verwaltungsstaat im Wandel, 1996, S. 333 (342); *Ingo Richter*, Gestaltungsspielräume der kommunalen Schulträger beim Schulangebot, DÖV 1992, S. 144 (148); *Norbert Niehues*, Schul- und Prüfungsrecht, 2000, Rn. 49.

217 BVerfG, Beschl. v. 22.6.1977, -1 BvR 799/76-, BVerfGE 45, 400 (415f); BVerfG, Beschl. v. 26.2.1980, -1 BvR 684/78-, BVerfGE 53, 185 (196). § 6 Bbg Verordnung über die Aufnahme in die Sekundarstufe I der weiterführenden allgemeinen Schulen: „Es erwächst aus dem Wahlrecht kein Anspruch auf die Schaffung oder Aufrechterhaltung bestimmter gewünschter Schulformen, wenn der gewünschte Bildungsgang an einer Schule einer anderen Schulform erfüllt werden kann.“

218 VGH Kassel, Beschl. v. 20.6.1988, NVwZ 1988, S. 949 (950f); *Hermann Avenarius/ Bernd Jeand'Heur*, Elternwille und staatliches Bestimmungsrecht bei der Wahl der Schullaufbahn, 1992, S. 58.

219 Vgl. BVerfG, Urt. v. 6.12.1972, -1 BvR 230/70 u. 95/71-, BVerfGE 34, 165 (184); VGH Kassel, Beschl. v. 20.6.1988, -6 N 1364/88-, NVwZ 1988, S. 949 (950); *Wolfgang Bott*, Schule und Schulaufsicht im Rechtsstaat, LKV 1992, S. 221 (222).

220 BVerfG, Urt. v. 9.2.1982, -1 BvR 845/79-, BVerfGE 59, 360 (381f); *Hans Heckel/ Hermann Avenarius*, Schulrechtskunde, 2000, S. 444. Siehe Informationsrechte der El-

mationen über Leistungen und Verhalten des Kindes, Unterrichtsinhalte und –methoden und über die Leistungsbewertung. Aus Art. 6 Abs. 2 S. 1 GG können keine konkreten Ansprüche auf Mitwirkung oder Mitbestimmung der Eltern in der Schulverwaltung abgeleitet werden[221]. Dennoch lassen die Landesgesetzgeber die Eltern an der Gestaltung des Schullebens teilhaben und statten Elterngremien mit Mitwirkungsrechten in unterschiedlichem Umfang und in vielfältiger Ausgestaltung aus[222].

b. Rechte des Kindes aus Art. 2 Abs. 1 GG und Art. 12 Abs. 1 S. 1 GG

Das Grundrecht auf die freie Entfaltung der Persönlichkeit nach Art. 2 Abs. 1 GG schließt die Selbstentfaltung des Kindes ein[223]. In der Schule hat jedes Kind aufgrund des Art. 2 Abs. 1 GG ein Recht auf eine möglichst ungehinderte Entfaltung seiner Persönlichkeit und damit seiner Anlagen und Befähigungen[224]. Der Jugendliche darf nicht nur Objekt der staatlichen Erziehung sein, sondern stellt „von vornherein und mit zunehmendem Alter in immer stärkerem Maße eine eigene durch Art. 2 Abs. 1 in Verbindung mit Art. 1 Abs. 1 GG geschützte Persönlichkeit" dar[225]. Dieses Recht steht allerdings unter dem Vorbehalt der in Art. 2 Abs. 1 GG genannten Eingrenzungen, insbesondere wird es „durch die gemäß Art. 7 Abs. 1 GG dem Staat zustehende Gestaltungsfreiheit begrenzt"[226]. Die Abgrenzung des staatlichen Schulerziehungsrechts zum Recht des Kindes

---

tern in den Landesgesetzen: § 32 I HmbSchulG, § 72 HSchulG, § 1a IV RPSchulG, § 55 MV SchulG, § 46 I BbgSchulG.

221 BVerfG, Urt. v. 9.2.1982, -1 BvR 845/79-, BVerfGE 59, 360 (381).

222 Art. 56 VI HVerf, § 101 HSchulG, Art. 29 II SAVerf, § 4 V 1 MVSchulG, Art. 104 I SächsVerf. Siehe im einzelnen unter S. 34 ff. und 36 ff.

223 *Armin Dittmann*, Erziehungsauftrag und Erziehungsmaßstab der Schule, in: Johannes Hengstschläger/Lerke Osterloh, Privatisierung von Verwaltungsaufgaben, 1995, S. 47 (57); *Ekkehart Stein/Monika Roell*, Handbuch des Schulrechts, 1992, S. 21f, 62.

224 BVerfG, Beschl. v. 22.6.1977, -1 BvR 799/76-, BVerfGE 45, 400 (417); BVerfG, Beschl. v. 26.2.1980, -1 BvR 684/78-, BVerfGE 53, 185 (203); BVerfG, Beschl. v. 20.10.1981, -1 BvR 640/80-, BVerfGE 58, 257 (272); BVerfG, Urt. v. 9.2.1982, -1 BvR 845/79-, BVerfGE 59, 360 (382); *Frank-Rüdiger Jach*, Schulvielfalt als Verfassungsgebot, 1991, S. 60.

225 BVerfG, Beschl. v. 21.12.1977, -1 BvL 1/75, 1 BvR 147/75-, BVerfGE 47, 46 (74); *Frank-Rüdiger Jach*, Schulvielfalt als Verfassungsgebot, 1991, S. 60.

226 BVerfG, Beschl. v. 26.2.1980, -1 BvR 684/78-, BVerfGE 53, 185 (203); *Frank-Rüdiger Jach*, Schulvielfalt als Verfassungsgebot, 1991, S. 60.

auf freie Entfaltung seiner Persönlichkeit verläuft „etwa parallel zu der zwischen Art. 6 Abs. 2 GG und Art. 7 Abs. 1 GG“[227].

Der Schüler kann sich auf Art. 2 Abs. 1 GG berufen, wenn es um den freien Zugang zu den vorhandenen Schulformen geht, wobei dieses Zugangsrecht unter Zugrundelegung bestimmter Eignungs- oder Begabungsvoraussetzungen eingeschränkt werden kann[228]. Auch die jeweiligen landesverfassungsrechtlichen Regelungen garantieren einen freien Zugang zu allen Bildungsstätten, der sich allein nach Begabung und Leistung richten soll[229].

Art. 12 Abs. 1 S. 1 GG gewährleistet das Recht auf freie Wahl der Ausbildungsstätte. Obwohl das Grundrecht mit der berufsbezogenen Ausbildung in Verbindung gebracht wird, werden Gymnasien zu den Ausbildungsstätten i.S.d. Art. 12 Abs. 1 S. 1 GG gerechnet, da sie eine frühzeitige Spezialisierung im Hinblick auf das zukünftige Berufsziel ermöglichen und nahelegen[230]. Ist der Schutzbereich des Art. 12 Abs. 1 S. 1 GG nicht einschlägig, weil im Rahmen der Schulformwahl etwa die Ausbildungsstätte nicht berufsbezogen ist, und ist ein Eingriff nicht berufsausbildungsbezogen, greift das Auffanggrundrecht des Art. 2 Abs. 1 GG ein[231].

2. Wahl des schulischen Bildungsweges

Die Eltern wählen frei zwischen den verschiedenen, vom Staat zur Verfügung gestellten oder zugelassenen (privaten) Schulformen den von ihrem Kind einzuschlagenden Bildungsweg. Sie sind aufgefordert, ihre Entscheidung über den Besuch der weiterführenden Schule im Anschluß an die Grundschule bzw. Orientierungsstufe[232] zu tätigen[233]. Das Wahlrecht der Eltern steht ebenso wie das

227 BVerfG, Beschl. v. 26.2.1980, -1 BvR 684/78-, BVerfGE 53, 185 (203); *Thomas Clemens*, Grenzen staatlicher Maßnahmen im Schulbereich, NVwZ 1984, S. 65 (71).

228 *Hermann Avenarius/Bernd Jeand`Heur*, Elternwille und staatliches Bestimmungsrecht bei der Wahl der Schullaufbahn, 1992, S. 16.

229 Art. 11 I BWVerf, Art. 128 I BayVerf, Art. 27 BremVerf, Art. 59 II HVerf, Art. 8 I 1 NW Verf, vgl. Art. 31 S.1 RPVerf, Art. 27 VI SaarVerf, Art. 8 II SHVerf, Art. 29 III BbgVerf.

230 BVerfG, Beschl. v. 20.10.1981, -1 BvR 640/80-, BVerfGE 58, 257 (273); VGH Mannheim, Beschl.v. 8.12.1989, -9 S 2707/89-, NVwZ-RR 1990, S. 246 (246); *Bodo Pieroth*, Erziehungsauftrag und Erziehungsmaßstab, DVBl. 1994, S. 949 (956f); *Rupert Scholz*, in: Theodor Maunz/Günter Dürig, Grundgesetz, Art. 12 Rn. 180; kritisch dazu *Hans D. Jarass*, Zum Grundrecht auf Bildung und Ausbildung, DÖV 1995, S. 674 (675).

231 *Bodo Pieroth*, Erziehungsauftrag und Erziehungsmaßstab, DVBl. 1994, S. 949 (957).

232 Die Jahrgangsstufen 5 und 6 bilden als Orientierungsstufe (Erprobungsstufe, Förderstufe, Beobachtungsstufe) eine Phase besonderer Bedeutung und Orientierung über den

Recht des Schülers auf freien Zugang zu allen öffentlichen Schulen unter dem Vorbehalt der Eignung und Befähigung des Kindes für den Besuch der jeweiligen Schulform[234]. Der Schüler muß zunächst die gesetzlich geregelten Voraussetzungen für den Zugang zur angestrebten Schulform erfüllen, erst dann kann er bzw. die Eltern einen Anspruch auf Zulassung zu einer Einzelschule einer Schulform geltend machen[235]. Diese Voraussetzungen dürfen nicht dazu dienen, einen geeigneten Schüler ohne oder gegen die Entscheidung der Eltern zum Besuch einer bestimmten weiterführenden Schule zu verpflichten, vielmehr gilt es nach vorangegangener Entscheidung der Eltern festzustellen, ob die Fähigkeiten des Kindes für den von den Eltern gewollten Weg ausreichen[236]. Das bedeutet aber auch, daß eine gewisse Fehlentwicklung hingenommen werden muß, wenn Eltern ihr begabtes Kind einer Schulform mit niedrigerem Anspruchsniveau zuführen[237].

Zur Erleichterung der Entscheidungsfindung der Eltern werden vor dem Anmeldetermin Informationsveranstaltungen an den weiterführenden Schulen und Grundschulen durchgeführt, in denen die weiterführenden Bildungsmöglichkeiten und Schulen vorgestellt werden[238]. Ferner sollen die Eltern durch Leh-

---

weiteren Bildungsgang. Die Orientierungsstufe kann schulformunabhängig, wodurch die Entscheidung über den Besuch der weiterführenden Schulform auf den Zeitpunkt nach dem 6. Schuljahr verschoben wird, oder schulformbezogen eingerichtet sein.

233 § 19 III 2 BremSchulG, § 88 I BWSchulG, Art. 44 I BayEUG, § 29 II 2 BerlinSchulG, § 42 II HmbSchulG, § 77 I HSchulG, § 59 I 1 NdsSchulG, § 2 II NWSchOG, § 47 I RPSchulG, § 31 I 3 SaarSchOG, § 4 VI 3 SHSchulG, § 3 I ThürSchulG, § 34 I 1 SA SchulG, § 34 I 1 SächsSchulG, § 53 I 2 BbgSchulG, § 66 I 1 MVSchulG.

234 § 77 III HSchulG, § 2 II NWSchOG, § 31 I 1, 2 SaarSchOG, Art. 44 I 2 BayEUG, § 42 II 2 HmbSchulG, § 34 II SächsSchulG, § 53 I 1 BbgSchulG, § 3 I ThürSchulG, § 88 II BWSchulG.

235 *Dieter Peters*, Freigabe des Elternwillens oder staatliches Bestimmungsrecht bei der Schulformwahl?, in: Kurt Aurin/Horst Wollenweber (Hrsg.), Schulpolitik im Widerstreit, 1997, S. 146 (148): „Der Staat handelt gleichsam treuhänderisch im Interesse von Eltern und Kindern; er hat die Funktionsfähigkeit des Schulwesens, ein Mindestmaß an Qualität und den Wert der Abschlußqualifikation zu sichern. Der Staat hat die Pflicht, das Recht des Kindes auf optimale Entfaltung zu gewährleisten und der Beeinträchtigung durch andere vorzubeugen".

236 BVerwG, Urt. v. 29.6.1957, -II C 105.56-, BVerwGE 5, 153 (157, 159f); BVerfG, Urt. v. 6.12.1972, -1 BvR 230/70 u. 95/71-, BVerfGE 34, 165 (184); *Hermann Avenarius/Bernd Jeand'Heur*, Elternwille und staatliches Bestimmungsrecht bei der Wahl der Schullaufbahn, 1992, S. 19; *Theodor Maunz*, in: Theodor Maunz/Günter Dürig, Grundgesetz, Art. 6 Rn. 27.

237 Vgl. BVerfG, Urt. v. 6.12.1972, -1 BvR 230/70 u. 95/71-, BVerfGE 34, 165 (184).

238 § 3 I Verordnung des Sächsischen Staatsministeriums für Kultus über die allgemeinbildenden Gymnasien im Freistaat Sachsen (Schulordnung Gymnasium) vom 15.12.1993,

rer und Schulleiter der abgebenden und aufnehmenden Schule über den weiteren Bildungsweg ihres Kindes beraten werden[239]. Bei der Beratung findet die Eignung des Schülers, seine Begabung und Leistungsfähigkeit im Hinblick auf den erfolgversprechenden Besuch der angestrebten Schulform Berücksichtigung[240]. Die Grundschule erteilt - teilweise auf Wunsch der Eltern - auf der Grundlage des Beschlusses der Klassenkonferenz eine Schullaufbahnempfehlung, die ggf. dem Halbjahreszeugnis des letzten Schuljahres beigefügt oder den Eltern gesondert zur Kenntnis gegeben wird[241]. In einigen Ländern ist diese im Rahmen der

§ 3 II Verordnung des Sächsischen Staatsministeriums für Kultus über Mittelschulen im Freistaat Sachsen (Schulordnung Mittelschule) vom 10.9.1993.

239 Vgl. BVerfG, Urt. v. 6.12.1972, -1 BvR 230/70 u. 95/71-, BVerfGE 34, 165 (192).

240 § 19 I BWSchulG, § 5 II BW Verordnung des Ministeriums für Kultus und Sport über das Aufnahmeverfahren für die Realschulen und die Gymnasien der Normalform vom 10.6.1983 (Aufnahmeverordnung) und II Nr. 1, III Nr. 3 u. 4 Verwaltungsvorschrift zum Aufnahmeverfahren für die auf der Grundschule aufbauenden Schularten: Orientierungsstufe vom 10.6.1983, § 5 I Schulordnung für die Volksschulen in Bayern (Volksschulordnung) vom 21.6.1983, § 29 II BerlinSchulG, § 22 II 3 Hmb Ordnung der Zeugnisse, der Versetzung, der Übergänge und der Abschlüsse für die Klassen 1 bis 10 der allgemeinbildenden Schulen (Zeugnis- und Versetzungsordnung (ZVO)) vom 3.7.1979, § 1 Nds Verordnung über den Wechsel der Schulform im Sekundarbereich I vom 24.3.1983, § 2 III Saar Verordnung -Schulordnung- über den Übergang von der Grundschule in die Klassenstufe 5 der Erweiterten Realschule, des Gymnasiums oder der Gesamtschule vom 14.12.1988, § 2 II SH Landesverordnung über die Orientierungsstufe- Orientierungsstufenordnung (OStO)- vom 17.6.1991, § 77 III 1 HSchulG, § 31 I 2 Thür SchulG, § 127 Thüringer Schulordnung für die Grundschule, die Regelschule, das Gymnasium und die Gesamtschule vom 20.1.1994, § 19 III 1 BremSchulG, § 34 I 2 SA SchulG, § 66 I 4 MVSchulG, § 3 Verordnung des Sächsischen Staatsministeriums für Kultus über das Aufnahmeverfahren am Gymnasium vom 12.2.1993, § 7 Verordnung des Sächsischen Staatsministeriums für Kultus über Grundschulen im Freistaat Sachsen (Schulordnung Grundschulen - SOGS) vom 2.5.1994, § 47 I 3 RPSchulG, §§ 8 III 1, 15 IV RP Schulordnung für die öffentlichen Hauptschulen, Realschulen, Gymnasien, Integrierten Gesamtschulen und Kollegs (Übergreifende SchulO) vom 14.5.1989, §§ 52 I 1, 53 II 1 BbgSchulG, § 16 I, II Bbg Verordnung über den Bildungsgang der Grundschule vom 16.6.1997, § 30 III NWASchO, § 12 I, II NW Verordnung über den Bildungsgang in der Grundschule (Ausbildungsordnung gem. § 26b SchVG) vom 14.12.1996.

241 § 77 III 4 HSchulG, § 16 II, IV RP Schulordnung für die öffentlichen Grundschulen vom 21.7.1988, § 15 III 4 RP Schulordnung für die öffentlichen Hauptschulen, Realschulen, Gymnasien, Integrierten Gesamtschulen und Kollegs (Übergreifende Schulordnung) vom 14.5.1989, § 2 I SA Verordnung über die Übergänge zwischen Schulformen und Bildungsgängen (Übergangsverordnung) vom 20.9.1993, § 34 I 1 Sächs SchulG, § 3 III Verordnung des Sächsischen Staatsministeriums für Kultus über das Aufnahmeverfahren am Gymnasium und § 24 I, II Verordnung des Sächsischen Staatsministeriums für Kultus über Grundschulen im Freistaat Sachsen ((Schulordnung) Grundschulen-SOGS) vom 2.5.1994 (Eltern teilen vor Erteilung der Empfehlung mit,

Anmeldung bei der weiterführenden Schule vorzulegen[242]. Unabhängig davon ist in einigen Ländern vorgesehen, daß der Schüler einen Probeunterricht oder eine Probezeit erfolgreich bestehen muß[243]. Kann der Schüler während der Pro-

welche Schulart sie für ihr Kind wünschen), § 2 I 2 MV Verordnung über die Verfahren zur näheren Ausgestaltung der Schulpflicht an allgemeinbildenden Schulen (Schulpflichtverordnung) vom 23.12.1996, § 17 Bbg Verordnung über den Bildungsgang der Grundschule (Grundschulverordnung) vom 16.6.1997, § 4 BW Verordnung des Ministeriums für Kultus und Sport über das Aufnahmeverfahren für die Realschulen und die Gymnasien der Normalform vom 10.6.1983 (Aufnahmeverordnung) und II Nr. 3 der Verwaltungsvorschrift zum Aufnahmeverfahren für die auf der Grundschule aufbauenden Schularten: Orientierungsstufe vom 10.6.1983, § 5 IV Schulordnung für die Volksschulen in Bayern (Volksschulordnung) vom 21.6.1983, § 18 II Hmb Ordnung der Zeugnisse, der Versetzung, der Übergänge und der Abschlüsse für die Klassen 1 bis 10 der allgemeinbildenden Schulen (Zeugnis- und Versetzungsordnung (ZVO)) vom 3.7.1979, § 3 I-III SH Landesverordnung über die Orientierungsstufe (Orientierungsstufenordnung (OStO)) vom 17.6.1991, § 2 II, III Saar Schulordnung über den Übergang von der Grundschule in die Klassenstufe 5 der Erweiterten Realschule, der Gesamtschule oder des Gymnasiums vom 14.12.1988, § 128 Thüringer Schulordnung für die Grundschule, die Realschule, das Gymnasium und die Gesamtschule vom 20.1.1994. In Nordrhein-Westfalen ist die begründete Empfehlung als Anlage zum Halbjahreszeugnis der Klasse 4 auszugeben (§ 12 III Verordnung über den Bildungsgang in der Grundschule (Ausbildungsordnung gem. § 26b SchulVG) vom 14.12.1996). Bei der Anmeldung an der gewählten Schule ist lediglich das Versetzungszeugnis der bisher besuchten Schule, nicht aber die begründete Empfehlung vorzulegen (§ 4 Verordnung über die Ausbildung in der Sekundarstufe I (Ausbildungsordnung Sekundarstufe I–AO-SI) vom 21.10.1998).

242 § 2 I 2 MV Verordnung über die Verfahren zur näheren Ausgestaltung der Schulpflicht an allgemeinbildenden Schulen (Schulpflichtverordnung) vom 23.12.1996, § 6 III 4 Bbg Verordnung über die Aufnahme in die Sekundarstufe I der weiterführenden allgemeinbildenden Schulen (Aufnahmeverordnung-Sek I) vom 9.12.1996; § 2 II BW Verordnung des Ministeriums für Kultus und Sport über das Aufnahmeverfahren für die Realschulen und die Gymnasien der Normalform vom 10.6.1983, § 5 IV Schulordnung für die Volksschulen in Bayern (Volksschulordnung) vom 21.6.1983 (hier: Übertrittszeugnis), § 3 III SH Landesverordnung über die (Orientierungsstufe- Orientierungsstufenordnung (OStO)) vom 17.6.1991, § 130 II Thüringer Schulordnung für die Grundschule, die Realschule, das Gymnasium und die Gesamtschule vom 20.1.1994, § 2 V Saar Schulordnung über den Übergang von der Grundschule in die Klassenstufe 5 der Erweiterten Realschule, der Gesamtschule oder des Gymnasiums vom 14.12.1988. Die Freigabe des Elternwillens – die Empfehlung der Grundschule hat keine rechtliche Verbindlichkeit – führte in Berlin, Bremen, Niedersachsen und Schleswig-Holstein zu stark veränderten Übergangsquoten, nämlich zu Lasten der Hauptschule, und zu starkem Zulauf bei der Realschule und dem Gymnasium (Dieter Peters, Freigabe des Elternwillens oder staatliches Bestimmungsrecht bei der Schulformwahl?, in: Kurt Aurin/Horst Wollenweber (Hrsg.), Schulpolitik im Widerstreit, 1997, S. 146 (149)).

243 § 29 III 1 BerlinSchulG (bei Realschulen und Gymnasien für ein halbes Schuljahr), § 133 S.1 Thüringer Schulordnung für die Grundschule, die Regelschule, das Gymna-

bezeit in einer weiterführenden Schulform nicht überzeugen, muß er in der Regel in eine Schulform mit geringerem Anspruchsniveau überwechseln[244].

Stimmen Elternwunsch und Empfehlung überein, stehen dem Zugang des Kindes zur gewählten Schulform keinerlei Hindernisse im Weg. Treffen die Eltern keine Wahl, darf unterstellt werden, daß die Erziehungsberechtigten mit der Empfehlung einverstanden sind und der Schüler der entsprechenden Schulform zugewiesen werden kann. Wollen die Eltern ungeachtet der Empfehlung ihr Kind in eine Schule mit niedrigem Anspruchsniveau schicken, ist dies zu akzeptieren. Für den Fall, daß nach dem Wunsch der Eltern das Kind entgegen der Empfehlung der abgebenden Schule und trotz Beratungsgesprächs eine Schule mit höherem Anspruchsniveau besuchen soll, haben einige Länder Vorkehrungen getroffen. Baden-Württemberg, Thüringen und Sachsen sehen eine besondere Prüfung vor, um zu ermitteln, ob der Schüler die von den Eltern gewünschte Schulform voraussichtlich erfolgreich zu absolvieren vermag[245]. In Baden-

---

sium und die Gesamtschule vom 20.1.1994 (für das Gymnasium: das erste Schuljahr), § 5 II-VII Schulordnung für die Volksschulen in Bayern (Volksschulordnung) vom 21.6.1983, § 14 IV, V Schulordnung für die Gymnasien in Bayern (Gymnasialordnung - GSO) vom 16.6.1983 in der Fassung vom 3.7.1997 (für endgültige Aufnahme ins Gymnasium, dauert in der Regel bis zur Aushändigung des Zwischenzeugnisses). Von der Probezeit zu unterscheiden ist die in einigen Ländern eingerichtete Orientierungsstufe, nach deren Absolvierung die Wahl über den endgültig zu erfolgenden Übergang in eine bestimmte weiterführende Schulform erfolgt: § 3 II-IV Brem Verordnung für den Übergang und die Überführung von Schülern auf die Hauptschule, Realschule und das Gymnasium (Übergangs- und Überführungsverordnung) vom 9.2.1981, § 8 III SHSchulG i.V.m. Landesverordnung über die Orientierungsstufe vom 17.6.1991, § 42 II 2 HmbSchulG. In Nordrhein-Westfalen wird am Ende der Erprobungsstufe (§ 5a NWSchVG) die Entscheidung über die endgültige Aufnahme des Schülers in die gewünschte und schon besuchte Schule gefällt. Die Entscheidung trifft die Versetzungskonferenz. Nicht versetzte Schüler können unter Umständen die Klasse 6 wiederholen. Im übrigen gehen nicht versetzte Schüler des Gymnasiums nach Wahl der Erziehungsberechtigten in die Klasse 7 der Realschule oder Hauptschule über, wenn nicht die Versetzungskonferenz den Übergang zur Hauptschule bestimmt (§ 13 I, II, III Verordnung über die Ausbildung in der Sekundarstufe I (Ausbildungsordnung Sekundarstufe I – AO-SI) vom 21.10. 1998).

244 § 29 III 2, 3 BerlinSchulG, § 133 S. 3 Thüringer Schulordnung für die Grundschule, die Regelschule, das Gymnasium und die Gesamtschule (Thüringer Schulordnung-Thür SchulO) vom 20.1.1994 (Entscheidung liegt bei Klassenkonferenz).

245 § 5 I Verordnung des Sächsischen Staatsministeriums für Kultus über das Aufnahmeverfahren am Gymnasium vom 12.2.1993, § 125 I Thüringer Schulordnung für die Grundschule, die Regelschule, das Gymnasium und die Gesamtschule vom 20.1.1994 (bei Gymnasium), §§ 5 bis 10 BW Verordnung des Ministeriums für Kultus und Sport über das Aufnahmeverfahren für die Realschule und die Gymnasien der Normalform (Aufnahmeverordnung) vom 10.6.1983.

Württemberg soll zunächst im Wege von Beratungsgesprächen eine Lösung gefunden werden[246]. Sofern diese zu keinem anderen Ergebnis führen und die Eltern weiterhin den gewählten Bildungsgang bevorzugen, muß der Schüler eine Aufnahmeprüfung bestehen[247]. In Bayern müssen Schüler ohne entsprechendes Übertrittszeugnis oder bei entgegenstehender Gesamtbeurteilung der Grundschule an einem dreitägigen Probeunterricht teilnehmen[248].

3. Wahl der Einzelschule

Für den Bildungsweg des Schülers ist nicht nur die Wahl der Schulform, sondern auch die Wahl der Einzelschule von erheblicher Bedeutung. Schule ist nicht gleich Schule. Tradition, Ruf und pädagogische Qualität, Schulleiter, Lehrer und Schülerschaft geben jeder Schule ihr besonderes Gepräge[249].

Der Schüler muß zunächst die Voraussetzungen für die Zulassung zur entsprechenden Schulform erfüllen[250]. Ob Eltern und Schüler dann eine bestimmte Schule der gewählten Schulform aussuchen können, hängt von den landesrechtlichen Regelungen ab. Inzwischen haben alle Länder den Zugang zur Einzelschule gesetzlich geregelt. Das Gebiet des Schulträgers ist grundsätzlich Einzugsbereich einer Schule. Bestimmte Schulformen wie z.B. Grundschulen sind räumlich abgegrenzten Gebieten, sog. Schulbezirken (Schulsprengeln), zugeordnet, aus denen ihre Schülerschaft rekrutiert wird[251]. Für jede Schule legt in der

---

246 § 5 BW Verordnung des Ministeriums für Kultus und Sport über das Aufnahmeverfahren für die Realschulen und die Gymnasien der Normalform vom 10.6.1983 (Aufnahmeverordnung).

247 §§ 6 - 10 BW Verordnung des Ministeriums für Kultus und Sport über das Aufnahmeverfahren für die Realschulen und die Gymnasien der Normalform vom 10.6.1983 (Aufnahmeverordnung).

248 §§ 6 bis 8 Schulordnung für die Gymnasien in Bayern (Gymnasialschulordnung-GSO) vom 16.6.1983.

249 *Hans Heckel/Hermann Avenarius*, Schulrechtskunde, 2000, S. 479.

250 Siehe unter S. 56 ff..

251 § 19 I 1 SaarSchOG (zzgl. Schule für Behinderte, Berufsschule), § 143 I 1 HSchulG, § 41 I 1 SASchulG (zzgl. Sekundarschulen, die Förderstufe an Gesamtschulen), § 9 I 1 NWSchVG (zzgl. Berufsschule), § 63 II 1 NdsSchulG (zzgl. Sekundarbereich I), § 14 I 1, II ThürSchulG (zzgl. Regelschule und Berufsschule), § 25 I BWSchulG (zzgl. Hauptschule mit Ausnahme des sechsten Schuljahres, Berufsschule und Sonderschule mit Ausnahme der Heimsonderschulen), § 25 I SächsSchulG (zzgl. Berufsschule und Förderschule mit Ausnahme der Förderschulen mit Internat), § 106 I 1 BbgSchulG (zzgl. Bildungsgang an einem Oberstufenzentrum, in dem die Berufsschulpflicht erfüllt werden kann), § 50 I 1 RPSchulG (zzgl. Hauptschule, Berufsschule), Art. 42 I BayEUG, §§ 3, 4 I Ortsgesetz über die Schulstandortzuweisung und Schulstandortwahl in der Stadtgemeinde Bremen vom 7.3.1995.

Regel der Schulträger einen Schulbezirk fest[252]. Der Schulbezirk ist obligatorisch, die Wahlmöglichkeit ist ausgeschlossen; der Schüler hat die Schulpflicht grundsätzlich an einer der Schulen zu erfüllen, in deren Schulbezirk er wohnt oder arbeitet[253]. Der Umfang des Schulbezirks bestimmt nicht nur die Größe der Schule, sondern auch die Frage der Aufbringung des Sachaufwands durch den Schulträger[254]. Die Einteilung in Schulbezirke dient dazu, ausreichende und gleichmäßige Schülerzahlen bzw. Auslastung der Schulen und Klassenstärken im Bereich des Schulträgers sicherzustellen und die Schulwege auf erträgliche Entfernungen zu beschränken[255]. Der Zuschnitt der Bezirke wird regelmäßig überprüft und ggf. geändert[256]. Im Saarland können zur Sicherung eines zweckmäßigen und wirtschaftlichen Einsatzes von personellen und sächlichen Mitteln für mehrere Schulen ein gemeinsamer Schulbezirk gebildet und die notwendigen Koordinierungsaufgaben einer dieser Schulen zugewiesen werden[257]. Auch kann im Saarland und in Bayern die Schulaufsichtsbehörde im Benehmen mit den betroffenen Schulträgern zur Bildung möglichst gleich starker Klassen Abweichungen von den Schulbezirksgrenzen anordnen[258].

---

252 § 19 I 1 SaarSchOG (oberste Schulaufsichtsbehörde im Benehmen mit dem Schulträger nach Anhörung der Schulregionskonferenz), § 143 I 1 HSchulG (durch Satzung des Schulträgers), § 41 I 1 SASchulG (mit Zustimmung der Schulbehörde), § 9 I 1, II Buchst. a NWSchVG (durch Rechtsverordnung des Schulträgers nach den für Satzungen geltenden Vorschriften), § 63 II NdsSchulG (mit Genehmigung der Schulbehörde), § 14 I 1, II ThürSchulG (im Einvernehmen mit dem Kultusministerium), § 25 II BWSchulG, § 25 II SächsSchulG, § 106 IV 1 BbgSchulG (Schulträger durch Satzung), § 50 I 1 RPSchulG (Schulbehörde im Einvernehmen bzw. Benehmen mit Schulträger), § 44 I 3 SHSchulG („Sind mehrere Schulen vorhanden, kann der Schulträger mit Zustimmung der Schulaufsichtsbehörde die örtlichen Zuständigkeiten festlegen.“(bei Grund-, Haupt-, Real- und Sonderschulen)).

253 § 25 III 1 SächsSchulG, § 14 I 2 ThürSchulG, § 63 III 1, 2 NdsSchulG, § 41 I 2 SA SchulG, § 19 II SaarSchulG, Art. 42 BayEUG, §§ 60 IV, 63 I HSchulG, § 6 II 2 NW SchpflG, § 106 III 1 BbgSchulG, § 50 II, III 1, IV 1 RPSchulG. Vgl. § 44 I 1, III 1 SH SchulG, § 46 I MVSchulG, die von Gebiet oder Einzugsbereich sprechen. § 2 I Verordnung über die Aufnahme in Gymnasien vom 20.3.1995 i.V.m. § 6 IV i.V.m. § 93 Brem SchVG, § 4 II Ortsgesetz über die Schulstandortzuweisung und Schulstandortwahl in der Stadtgemeinde Bremen vom 7.3.1995.

254 *Paul Theuersbacher*, Die Entwicklung des Schulrechts in den Jahren 1993 und 1994, NVwZ 1995, S. 1178 (1179).

255 *Hans Heckel/Hermann Avenarius*, Schulrechtskunde, 2000, S. 84; *Manfred Oeynhausen*, Rechtshandbuch Schule Nordrhein-Westfalen, 1994, Rn. 333; *Helmut Hössel*, Schulrecht und Schulverwaltung, 1981, S. 95.

256 § 143 I 1 HSchulG.

257 § 19 I 2 SaarSchOG.

258 Art. 42 II BayEUG, § 19 I 3 SaarSchOG.

Hinsichtlich bestimmter weiterführender Schulformen wie Gymnasium oder Gesamtschule ist es dem Schulträger in einigen Landesgesetzen freigestellt, ob für die jeweilige Schule einer Schulform ein räumlich abgegrenztes Gebiet als Schuleinzugsbereich gebildet wird[259]. Macht der Schulträger davon Gebrauch, hat der Schüler grundsätzlich die Schule der gewählten Schulform zu besuchen, in deren Einzugsbereich er wohnt. Die Aufnahme eines Schülers, der nicht im Schuleinzugsbereich wohnt, kann abgelehnt werden, wenn keine besonderen Gründe für die Aufnahme bestehen[260]. Sind keine Schuleinzugsbereiche gebildet worden, so sind der Schüler bzw. die Eltern frei in der Wahl der Einzelschule ihres Gemeindegebiets[261]. Es besteht dann unabhängig von dem Wohnsitz des Aufzunehmenden im Gemeindegebiet grundsätzlich eine Pflicht der gewählten Schule zur Schüleraufnahme. Die Aufnahme darf nur abgelehnt werden, wenn die Kapazität der Schule erschöpft ist[262].

Besteht die Möglichkeit der Wahl unter Schulen der gleichen Schulform, können Kriterien wie z.B. das Profil der Schule ausschlaggebend für die elterliche Wahlentscheidung sein. Unter Profilbildung einer Schule wird ein von der Schule selbst gewollter und ggf. initiierter Entwicklungsprozeß der Gestaltung des Schullebens verstanden, indem im Rahmen der allgemeinen Aufgaben der Schule charakteristische Akzente (z.B. bilingualer Unterricht) gesetzt werden, die die Schule für die schulisch interessierte Öffentlichkeit pädagogisch attraktiv machen[263]. Weiterführende Schulen derselben Schulform können sich daher insbesondere im Hinblick auf ihr Angebot an Wahlfächern, Sprachenfolge und Arbeitsgemeinschaften unterscheiden[264]. Die Profilbildung einer Schule stellt so-

---

259 § 9 I 2, II Buchst. a NWSchVG (durch Rechtsverordnung des Schulträgers nach den für Satzungen geltenden Vorschriften für alle Schulen außer Grundschule und Berufsschule), § 41 II 1 SASchulG (mit Zustimmung der Schulbehörde), § 46 II 2, 3 MVSchulG (Landkreise und kreisfreie Städte im Benehmen mit den betroffenen Schulträgern, Gemeinden und Landkreise mit Genehmigung der zuständigen Schulaufsichtsbehörde; wenn Land Schulträger, Festlegung durch Kultusministerium), § 44 II 2, 3, 5, IV SH SchulG (für Gymnasien, Gesamtschulen, berufsbildende Schulen durch Schulaufsichtsbehörden unter Berücksichtigung der Auffassungen der Träger entsprechender benachbarter Schulen und der beteiligten Kreise oder kreisfreien Städte), § 81 I RPSchulG.

260 § 9 I 5 NWSchVG, § 41 II 2 SASchulG.

261 § 33 HmbSchulG.

262 Siehe unter S. 65 ff.

263 *Hans Döbert*, „Schule in erweiterter Verantwortung", in: Peter Zedler/Detlef Fickermann (Hrsg.), Pädagogik und Recht, 1997, S. 59 (71); *Elmar Philipp/Hans-Günter Rolff*, Schulprogramme und Leitbilder entwickeln, 1998, S. 17.

264 *Friedhelm Hufen*, Verfassungsrechtliche Möglichkeiten und Grenzen schulischer Selbstgestaltung, in: Frank-Rüdiger Jach/Siegfried Jenkner (Hrsg.), Autonomie der staatlichen Schule und freies Schulwesen, 1998, S. 51 (56).

lange kein Problem dar, wie der Rahmen in Gestalt von für alle verbindlichen Lehrplänen, Stundentafeln und allgemeinen Vorgaben des Lehrerdienstrechts gewahrt bleibt. So kann die Profilbildung einer Schule durch besondere Pflege des musischen Lehrplanbereiches bis hin zu der Annahme eines eigenen Schultyps (z.B. „Musisches Gymnasium") gehen, obwohl sich die staatlichen Lehrpläne und Richtlinien auch für diese Schule nicht von denjenigen aller übrigen Gymnasien unterscheiden[265].

Mittlerweile werden die Schulen in einigen Landesgesetzen zu einer Entwicklung eines Schulprogramms angehalten[266]. Es soll eine „grundlegende Zielvereinbarung" der Schule darstellen und im Prinzip „das Ganze der Schule" als

---

265 *Emil Vesper*, Der Schulleiter und das bildungspolitische Mandat des Schulträgers, in: Hasso von Recum/Peter A. Döring, Schulleiter-Handbuch, 1981, S. 14f.

266 §§ 127a, 127b HSchulG, § 9 I BremSchulG, § 51 HmbSchulG. In Nordrhein-Westfalen sollen alle Schulen bis zum Jahre 2000 ihr Schulprogramm entwickeln (Ministerium für Schule und Weiterbildung, Wissenschaft und Forschung, Entwicklung von Schulprogrammen, Runderlaß vom 25.6.1997, GABl. NRW. S. 171). *Ministerium für Schule und Weiterbildung des Landes Nordrhein-Westfalen* (Hrsg.), „...und sie bewegt sich doch", 1997, S. 9, 11, 18:„Die einzelne Schule entwickelt ihr Schulprogramm auf der Grundlage landesweit gültiger Richtlinien und Lehrpläne in kooperativer Planung der Mitwirkungsgremien und -ggf.- außerschulischer Partner. Die landeseinheitlichen Rahmenbedingungen des Lernens gewährleisten die Vergleichbarkeit des schulischen Angebots; die Durchlässigkeit und die Gleichwertigkeit von Anforderungen und Abschlüssen bleiben gesichert.(...) Es soll an interessierte Eltern, die vor der Wahl einer weiterführenden Schule stehen oder einen Schulwechsel ihres Kindes anstreben, abgegeben werden. Auf diese Weise trägt es zur Information über das örtliche Bildungsangebot bei. Für die Schulaufsicht ist das Schulprogramm eine grundlegende Information über das pädagogische Konzept einer Schule. Es dient der Schulaufsicht als Ausgangspunkt für beratende Gespräche und für Maßnahmen zur Sicherung der landesweiten Vergleichbarkeit der Anforderungen und der schulischen Arbeitsergebnisse." In der Literatur werden Bedenken gegen die Einführung des Instituts Schulprogramm geäußert. Die landesweite schulische Gleichversorgung wird in Gefahr gesehen, denn unterschiedliche Schulprogramme könnten zu Problemen bei einem Wechsel zwischen Schulen derselben Schulform führen (*Friedhelm Hufen*, Verfassungsrechtliche Möglichkeiten und Grenzen schulischer Selbstgestaltung, in: Frank-Rüdiger Jach/Siegfried Jenkner (Hrsg.), Autonomie der staatlichen Schule und freies Schulwesen, 1998, S. 51 (70); *Walter Schmidt*, „Schulprogramm" und pädagogische Eigenverantwortung in der Schule, NVwZ 1997, S. 456 (459)). Das Schulprogramm suggeriere den Zwang zur außergewöhnlichen Profilierung im Wettbewerb mit den anderen Schulen (*Franz Köller*, Rechtliche Rahmenbedingungen und Handlungsspielräume für eine erweiterte Selbständigkeit von Einzelschulen aus der Sicht des Landes Hessen, in: Peter Zedler/Detlef Fickermann, Pädagogik und Recht, 1997, S. 37 (40)). Angeführt wird auch eine von der Entwicklung des Schulprogramms ausgehende Gefahr der Einschränkung der pädagogischen Freiheit der Lehrer (*Hans-Günter Rolff*, Autonomie als Gestaltungs-Aufgabe, in: Peter Daschner/Hans-Günter Rolff/Tom Stryck (Hrsg.), Schulautonomie, 1995, S. 31 (39)).

Ausdruck des pädagogischen Selbstverständnisses aller Lehrer, des Schulleiters, der Schüler und der Eltern erfassen[267]. Durch ein Schulprogramm soll die Schule den Rahmen gestalten, in dem sie ihre pädagogische Verantwortung für die eigene Entwicklung und die Qualität ihrer pädagogischen Arbeit im Rahmen des vorgegebenen Bildungs- und Erziehungsauftrages wahrnimmt[268]. Als Resultat des Schulprogramms soll sich, zusammen mit anderen für die einzelne Schule spezifischen Merkmalen, das Schulprofil der Schule herausbilden und die Identifikation mit der Schule gefördert werden[269]. Die Schule selbst soll die Standards und die Vergleichbarkeit durch schulinterne Evaluation und schulübergreifende Beratungen sichern[270]. Das Schulprogamm wird von Schulaufsichtsbehörden überprüft[271].

II. Aufnahmeauswahl durch die Einzelschule

Durch die Aufnahme des Schülers in die weiterführende Schule wird das konkrete Schulrechtsverhältnis begründet[272]. Über die Aufnahme entscheidet der Schulleiter[273]. Der Schulleiter kann die Aufnahme eines Schülers trotz dessen

---

267 *Bildungskommission NRW*, Zukunft der Bildung-Schule der Zukunft, 1995, S. 143ff, 161; *Hans-Günter Rolff*, Autonomie als Gestaltungs-Aufgabe, in: Peter Daschner/Hans-Günter Rolff/Tom Stryck (Hrsg.), Schulautonomie, 1995, S. 31 (47); *Martin Stock*, Auf dem Weg zur „teilautonomen" Schule?, RdJB 1997, S. 372 (376); *Elmar Philipp/Hans-Günter Rolff*, Schulprogramme und Leitbilder entwickeln, 1998, S. 17.

268 § 127 b II 1 HSchulG, vgl. § 9 I Nr. 1 BremSchulG, § 51 I HmbSchulG.

269 *Elmar Philipp/Hans-Günter Rolff*, Schulprogramme und Leitbilder entwickeln, 1998, S. 18; *Bildungskommission NRW*, Zukunft der Bildung-Schule der Zukunft, 1995, S. 144, 146, 161.

270 § 9 V 2 BremSchulG, § 127 b III HSchulG.

271 § 127 b IV HSchulG, § 51 II HmbSchulG, § 9 I Nr. 1 BremSchulG.

272 § 5 NWASchO.

273 § 5 II NWASchO, § 6 II, IV i.V.m. § 93 BremSchVG i.V.m. § 2 II 1 Verordnung über die Aufnahme in Gymnasien vom 20.3.1995, § 50 I 1 BbgSchulG, § 4 III 1 Verordnung des Sächsischen Staatsministeriums für Kultus über Mittelschulen im Freistaat Sachsen vom 10.9.1993, § 3 I 1 Verordnung des Sächsischen Staatsministeriums für Kultus über Gymnasien im Freistaat Sachsen (Schulordnung Grundschulen-SO-GS) vom 2.5.1994, § 6 I MV Verordnung über die Verfahren zur näheren Ausgestaltung der Schulpflicht an allgemeinbildenden Schulen vom 23.12.1996, § 10 II RP Schulordnung für die öffentlichen Hauptschulen, Realschulen, Gymnasien, Integrierten Gesamtschulen und Kollegs (Übergreifende Schulordnung) vom 4.5.1989, § 88 III 1 Punkt 1 HSchulG, § 2 II Saar Verordnung -Schulordnung- über die Aufnahme in Schulen der Sekundarstufe I vom 22.1.1997, § 122 II 1 Thüringer Schulordnung für die Grundschule, die Regelschule, das Gymnasium und die Gesamtschule vom 20.1.1994.

Eignung ablehnen, weil die Kapazität der Schule erschöpft ist oder die Zahl der Anmeldungen niedriger ist als der für den geordneten Schulbetrieb oder für die Bildung einer Klasse festgelegte notwendige Mindestwert[274]. Maßstab ist, eine erfolgreiche Bildungs- und Erziehungsarbeit der Schule durch Klassenstärken zu gewährleisten, die einen erziehenden Unterricht ermöglichen[275]. Die Anzahl der Schüler eines Jahrgangs, die in eine Schule aufgenommen werden können, hängt zum einem von den von der obersten Schulaufsichtsbehörde durch Rechtsverordnung oder Richtlinien festgelegten Klassenbildungswerten ab[276]. Zum anderen bestimmt sich die Aufnahmekapazität danach, wie viele Eingangsklassen (Züge) an einer Schule gebildet werden können. Dies hängt zunächst davon ab, ob der Schulträger der Schulleitung in einem allgemeinen Rahmen diesbezüglich Vorgaben auferlegt[277]. Sofern dies nicht erfolgt ist, bestimmen die bauliche Kapazität eines Schulgebäudes und die Lehrerausstattung die Anzahl der möglichen Eingangsklassen. Engpässe wegen fehlender Aufnahmekapazität sind leichter zu koordinieren, wenn, wie in manchen Ländern geregelt, Zweit- und Drittwünsche benannt werden können[278].

In einigen Ländern sind - teilweise in unterschiedlicher Rangfolge - Kriterien festgelegt, anhand derer der Schulleiter bei Bewerberüberhang an seiner Schule die Aufnahmeauswahl treffen kann: Bevorzugte Berücksichtigung von Geschwisterkindern, örtliche Nähe - sofern abgewiesenen Bewerbern daraus kein unzumutbarer Nachteil erwächst -, Zugehörigkeit der Bewerber zu gemeinsamen Grundschulklassen, bestimmte Sprachenfolge, ausgewogenes Verhältnis von Jungen und Mädchen, ausgewogener Ausländeranteil oder Losverfahren[279].

---

274 § 50 III 1 BbgSchulG, § 70 II HSchulG, § 13 IV SASchulG, § 2 II, III Saar Verordnung-Schulordnung- über die Aufnahme in Schulen der Sekundarstufe I vom 22.1.1997.

275 Vgl. § 9 I SaarSchOG, § 144a I 2 HSchulG.

276 § 6 II 3 BremSchVG, § 1 II 1, III Bbg Verordnung über die Aufnahme in die Sekundarstufe I der weiterführenden allgemeinbildenden Schulen vom 9.12.1996, § 43 Saar SchulG, § 5 NW Verordnung zur Ausführung des § 5 Schulfinanzgesetz (VO zu § 5 SchFG) vom 22.5.1997.

277 § 5 II NWASchO, § 5 S.1 MV Verordnung über die Verfahren zur näheren Ausgestaltung der Schulpflicht an allgemeinbildenden Schulen vom 23.12.1996, § 1 III 1 Bbg Verordnung über die Aufnahme in die Sekundarstufe I der weiterführenden allgemeinbildenden Schulen vom 9.12.1996, § 4 III 1 Bbg Verordnung über die Bildungsgänge der Sekundarstufe I vom 5.5.1997, § 6 II BremSchVG, § 87 III HmbSchulG.

278 § 2 II 1 MV Verordnung über die Verfahren zur näheren Ausgestaltung der Schulpflicht an allgemeinbildenden Schulen vom 23.12.1996, § 6 II 1 Bbg Verordnung über die Aufnahme in die Sekundarstufe I der weiterführenden allgemeinbildenden Schule vom 9.12.1996, § 42 I 2 HmbSchulG.

279 § 6 IV BremSchVG i.V.m. § 93 BremSchVG i.V.m. § 2 II Verordnung über die Aufnahme in Gymnasien vom 20.3.1995, § 4 IV Ortsgesetz über die Schulstandortzuwei-

Als Kriterien werden auch besondere Härtefälle wie Behinderung, besondere familiäre oder soziale Situationen, Verkehrsverhältnisse und gelegentlich auch die vorrangige Eignung eines Schülers angeführt[280]. Teilweise hat sich der Schulleiter in den Fällen, in denen Schüler aus Kapazitätsgründen nicht aufgenommen werden können, an die zuständige Schulaufsichtsbehörde zu wenden, die gegebenenfalls erforderliche Maßnahmen ergreift[281]. Ein Recht der Eltern bzw. Schüler auf Ausschöpfung der Kapazität besteht grundsätzlich erst dann, wenn andernfalls das Recht, zwischen den bestehenden Schulformen zu wählen, berührt wäre. Dies ist nicht der Fall, wenn dem um die Aufnahme nachsuchenden Schüler auch der Besuch einer anderen Schule der gewählten Schulform in zumutbarer Entfernung offensteht[282]. Können an Schulen der Sekundarstufe I aufgrund einer Übernachfrage Klassen nicht innerhalb der Bandbreiten gebildet werden, so koordiniert die Schulaufsichtsbehörde (ggf. in Ausgleichskonferenzen) die Entscheidungen der Schulleiter über die Aufnahme unter Beteiligung des Schulträgers[283].

Das elterliche Erziehungsrecht aus Art. 6 Abs. 2 S. 1 GG und das Recht des Kindes aus Art. 2 Abs. 1 GG spielen eine wichtige Rolle im schulischen Bereich. Die Eltern bzw. Kinder können zwischen den verschiedenen, vom Staat zur Verfügung gestellten Bildungswegen den von ihrem Kind einzuschlagenden Bildungsweg wählen, sofern die Eignung und Befähigung des Kindes für den Besuch der jeweiligen Schulform dies zuläßt. Es besteht also nach der Grundschule bzw. Orientierungsstufe grundsätzlich die Möglichkeit der Wahl unter

---

sung und Schulstandortwahl in der Stadtgemeinde Bremen vom 7.3.1995, § 70 III HSchulG, § 4 V Saar Verordnung -Schulordnung- über die Aufnahme in Schulen der Sekundarstufe I vom 27.1.1997.

280 § 53 III, IV BbgSchulG, §§ 7 II 1, 8 Bbg Verordnung über die Aufnahme in die Sekundarstufe I der weiterführenden allgemeinbildenden Schule vom 9.12.1996, §§ 4 I 2 u. 5 I, II Saar Verordnung -Schulordnung- über die Aufnahme in Schulen der Sekundarstufe I vom 22.1.1997.

281 § 3 III 2 Verordnung des Sächsischen Staatsministeriums für Kultus über allgemeinbildende Gymnasien im Freistaat Sachsen ((Schulordnung) Gymnasium-SOGG) vom 15.12.1993, § 4 III 2 Verordnung des Sächsischen Staatsministeriums für Kultus über Mittelschulen im Freistaat Sachsen vom 10.9.1993, § 6 II 2, 3 MV Verordnung über die Verfahren zur näheren Ausgestaltung der Schulpflicht an allgemeinbildenden Schulen (Schulpflichtverordnung-SchPflVO-MV) vom 23.12.1996, § 3 II Saar Verordnung-Schulordnung- über die Aufnahme in Schulen der Sekundarstufe I vom 22.1.1997.

282 § 88 IV 2 BWSchulG, § 42 III 1 HmbSchulG, § 31 II 1 SaarSchulG.

283 § 11 Bbg Verordnung über die Aufnahme in die Sekundarstufe I der weiterführenden allgemeinbildenden Schule vom 9.12.1996, § 53 VI BbgSchulG, § 5 VI NW Verordnung zur Ausführung des § 5 Schulfinanzgesetz (VO zu § 5 SchFG) vom 22.5.1997.

verschiedenen Schulformen der weiterführenden öffentlichen Schulen wie z.B. Hauptschule, Realschule oder Gymnasien sowie unter privaten Schulen.

Die Eltern bzw. Kinder sind grundsätzlich auch frei in der Wahl einer Einzelschule der gewählten Schulform in ihrem Gemeindegebiet. Hinsichtlich bestimmter Schulformen der weiterführenden öffentlichen Schulen wie Gymnasien ist es dem Schulträger in einigen Landesgesetzen freigestellt, ob für die jeweilige Schule einer Schulform ein räumlich abgegrenztes Gebiet als Schuleinzugsbereich gebildet wird. Macht der Schulträger davon Gebrauch, hat der Schüler grundsätzlich die Schule der gewählten Schulform zu besuchen, in deren Einzugsbereich er wohnt. Sind keine Schuleinzugsbereiche gebildet worden, so besteht für die Eltern bzw. Kinder die freie Wahl zwischen den im Gemeindegebiet angebotenen Schulen. Auf die Frage der Behandlung dieser administrativen Mehrfachzuständigkeiten wird in Kapitel E II eingegangen. Den Eltern bzw. Schülern wird durch die Wahlfreiheit die Möglichkeit eröffnet, Schulen zu vergleichen. Die Schulen können wiederum durch ihr Angebot die wählenden Eltern bzw. Schüler für ihre Schule gewinnen. An dieser Stelle ergibt sich die Frage des Bestehens eines Wettbewerbs zwischen Schulen.

D. Wettbewerb

Im öffentlichen Schulwesen drängt es sich nicht unbedingt auf, über den Begriff Wettbewerb nachzudenken. Die Erstellung von schulischen Bildungsgütern unterliegt dem staatlichen Reglement und wird weitgehend durch Steuern finanziert. Bildung stellt eine im Grundgesetz verankerte Pflichtaufgabe des Staates dar. Schulen haben die Aufgabe, neuen Generationen das Wissen zu vermitteln, das sie dazu befähigt, sich unter den differenzierten Lebensverhältnissen in der Gesellschaft zurechtzufinden und Zukunftsprobleme zu bewältigen[284]. Diese Aufgabe wird im Rahmen einer engen Zusammenarbeit zwischen dem Land, das für die bildungspolitische Rahmengesetzgebung, also Bildungsinhalte und -angebote, verantwortlich ist, den Lehrern als ausführende und gestaltende Organe sowie den Schulträgern als Sachleistungsträgern erfüllt[285]. Der unmittelbare Bezug zwischen Leistung und Gegenleistung fehlt im öffentlichen Schulwesen[286]. Zum einen herrscht ein Zwang zum Konsum der Bildungsleistungen[287]. Die Schüler sind verpflichtet, zur Schule zu gehen. Zum anderen wird das Angebot an Schulplätzen im Prinzip durch die zentralisierte Planung der Schülernachfrage, die angesichts der Schulpflicht, d.h. des gesetzlich vorgeschriebenen „Verbrauchs" sehr gut vorhergesagt werden kann, angepaßt[288]. Die Schulen sind nicht in der Lage, die Anzahl der verfügbaren Plätze eigenmächtig zu erhöhen. Jeder Schüler findet einen Schulplatz, und die Schulen bekommen grundsätzlich auch genügend Schüler. Da die Lehrer grundsätzlich dem öffentlichen Dienstrecht unterliegen, ist es in der Regel nicht möglich, sich von diesen im Falle

---

284 Vgl. BVerfG, Beschl. v. 24.6.1969, -2 BvR 446/64-, BVerfGE 26, 228 (238); vgl. *Thomas Oppermann*, Elterliches Erziehungsrecht und staatliche Schulerziehung, in: Erich Röper (Hrsg.), Die Schule und ihr Auftrag, 1979, S. 71 (80).

285 *Paul Bischof/Claus Hamacher/Klaus Hebborn*, Sponsoring, SchulVerwaltung NRW 6/7/1999, S. 175 (175); *Claus Offe*, Bildungsökonomie und Motive der Bildungspolitik, in: Mehdi Tohidipur (Hrsg.), Politische Ökonomie des Bildungswesens, 1974, S. 363 (363); *Michael Fritsch/Thomas Wein/Hans-Jürgen Ewers*, Marktversagen und Wirtschaftspolitik, 1999, S. 286f.

286 Vgl. *Hermann Hill*, Qualität in der öffentlichen Verwaltung, in: Hermann Hill/Helmut Klages (Hrsg.), Spitzenverwaltungen im Wettbewerb, 1993, S. 13 (14ff); *Benediktus Hardorp*, Unternehmen Schule, in: Frank-Rüdiger Jach/Siegfried Jenkner (Hrsg.), Autonomie der staatlichen Schule und freies Schulwesen, S. 175 (179).

287 *Hendrik Gröttrup*, Die kommunale Leistungsverwaltung, 1973, S. 81f; *Michael Fritsch/Thomas Wein/Hans-Jürgen Ewers*, Marktversagen und Wirtschaftspolitik, 1999, S. 286f.

288 *OECD*, Freie Schulwahl im internationalen Vergleich, 1996, S. 59.

mangelhafter Leistungen zu lösen[289]. Ein dem ökonomischen Markt in der Privatwirtschaft vergleichbarer Kontrollmechanismus, der fortlaufend Anpassungs- und Modernisierungszwänge erbringt, ist im öffentlichen Schulwesen nicht vorgesehen.

I. Marktwirtschaftliche Steuerungselemente im Schulwesen

Es gibt zahlreiche Vorschläge zur Übertragung ökonomischer Denkansätze und Konzepte auf das öffentliche Schulwesen, von denen einige im weiteren vorgestellt werden.

Es wird die Einführung der Marktsteuerung mit vollständig privatisiertem Bildungsangebot und minimaler staatlicher Kontrolle anstelle des gegenwärtigen staatlich-administrativen Steuerungssystems befürwortet. Da die Bildungsnachfrager mangels Kaufkraft keine verhaltens- und ausgabensteuernden Signale besitzen, es an Sanktionen für leistungsunfähige Bildungsanbieter und an einem Kostenbewußtsein der Bildungseinrichtungen fehlt und die Bildungsanbieter nur um staatliche Mittelzuweisungen konkurrieren, die von ihrer Leistung unabhängig sind, versage das staatliche Bildungssystem[290].

Es existieren daher - u.a. angesichts der finanziellen Engpässe im öffentlichen Bereich - Vorschläge, wie das gesamte Bildungswesen mittels marktwirtschaftlicher Steuerungselemente sowohl unter finanziellen als auch unter pädagogischen Gesichtspunkten effektiver gestaltet werden könnte. Ein Vorschlag ist, die Schule als einen von der öffentlichen Hand betreuten Dienstleistungsbereich aufzufassen. Der Einfluß des Staates soll zurückgedrängt und ein „Bildungsmarkt" geschaffen werden, um in diesem Bereich der Schule und des Un-

---

289 *Axel G.Koetz*, Auf dem Weg zum „Als-Ob"-Wettbewerb, in: Hermann Hill/Helmut Klages (Hrsg.), Qualitäts- und erfolgsorientiertes Verwaltungsmanagement, 1992, S. 145 (156).

290 *Mathias Maurer*, Der Bildungsgutschein, in: Frank-Rüdiger Jach/Siegfried Jenkner (Hrsg.), Autonomie der staatlichen Schule und freies Schulwesen, 1998, S. 189 (218); *Thomas Straubhaar/Manfred Winz*, Reform des Bildungswesens, 1992, S. 18ff. *J.E. Chubb/T.M. Moe*, Politics, Markets and America`s Schools, Washington D.C. 1990: Die Verfasser untersuchten die Leistungswirksamkeit und Organisationseffektivität staatlicher und privater Schulen in den USA. Den festgestellten Erfolg privater Schulen, den sie auf deren größere Autonomie in wichtigen Bereichen (Curricula, Unterrichtsmethoden, Mittelverwendung, Personalangelegenheiten) und die Wirksamkeit des Wettbewerbs zurückführten, sahen die Verfasser als Beweis für die Überlegenheit der Marktsteuerung. Kritisch dazu *Manfred Weiß*, Der Markt als Steuerungssystem im Schulwesen?, Zeitschrift für Pädagogik 1993, S. 71 (78ff).

terrichts mehr Wettbewerb zu ermöglichen[291]. Als positives Beispiel für die Effektivität eines Einsatzes marktwirtschaftlicher Steuerungselemente im Schulwesen wird des öfteren das private Schulwesen angeführt. Im privaten Schulwesen erhalten die Ersatzschulen einen Zuschuß aus öffentlichen Mitteln. Die vom Ersatzschulträger aufzubringende Eigenleistung, die ihrerseits wieder aus dem Schulgeld der Eltern besteht, sorgt dafür, daß eine gewisse Abhängigkeit von Angebot und Nachfrage bestehen bleibt. Besuchen zu wenige Schüler die Schule, dann ist das Schulangebot entweder überflüssig oder unzureichend[292].

Andere Vorschläge beruhen auf der Idee, daß der Staat nicht das Bildungsangebot, sondern die Bildungsnachfrage finanzieren soll. So wird der Vorschlag, das Bildungswesen durch ein Gutscheinsystem, das eine Art zweckgebundene Subvention an den Verbraucher darstellt, und damit auf der Basis verschiedener Angebotsmöglichkeiten neu zu ordnen[293], immer wieder aufgegriffen[294]. Das Gutscheinsystem zielt vor allem darauf ab, die einzelnen (privaten oder staatlichen) Schulen auch finanziell in die Lage zu versetzen, eigene pädagogische Profile zu entwickeln, die sie denjenigen bereitstellen, die sie nachfragen[295].

Die Einführung alternativer Finanzierungsmodelle oder marktwirtschaftlichen Denkens im öffentlichen Schulwesen wird gerne mit den Argumenten einer drohenden Kommerzialisierung der Schulen und Gefährdung der Chancengleichheit der Schüler in Frage gestellt. So könne eine weitgehende finanzielle Selbstverwaltung bereits den staatlichen Auftrag unterminieren, denn es sei zu erwarten, daß bei dem dann einsetzenden Konkurrenzkampf zwischen den Schulen in manchen, vor allem schwach besiedelten Regionen die Wahlmöglichkeit zwischen den Schulformen faktisch entfalle, weil finanzschwächere Schulen aller Erfahrung nach schließen müßten[296]. Hinzu kommt, daß das öko-

---

291 *Nikolaus Severinski*, Schulautonomie und die Schulkrise der Gegenwart, 1992, S. 27.

292 *Johann Peter Vogel*, Schulrecht aus der Sicht guter Schulen - Gute Schulen aus der Sicht des Schulrechts, Zeitschrift für Pädagogik 1988, 23. Beiheft, S. 189 (196).

293 *Milton Friedman*, Kapitalismus und Freiheit, 1976, S. 116 ff.

294 *Ulrich van Lith*, Der Markt als Ordnungsprinzip des Bildungsbereichs, 1985, S. 182 - 254; *Manfred Borchert*, Neue Wege der Bildungsfinanzierung, Pädagogische Führung 3/1999, S. 108 (108ff); *Johann Peter Vogel*, Schulrecht aus der Sicht guter Schulen-Gute Schulen aus der Sicht des Schulrechts, Zeitschrift für Pädagogik 1988, 23. Beiheft, S. 189 (196f).

295 *Mathias Maurer*, Der Bildungsgutschein, in: Frank-Rüdiger Jach/Siegfried Jenkner (Hrsg.), Autonomie der staatlichen Schule und freies Schulwesen, 1998, S. 189 (192 u. 204ff. m.w.N.).

296 *Klaus Stern*, Autonomie der Schule?, in: Detlef Merten/Reiner Schmidt/Rupert Stettner (Hrsg.), Der Verwaltungsstaat im Wandel, 1996, S. 333 (342). Zu den Versuchen einer Einführung des Bildungsgutscheinsystems in den USA, siehe *Manfred Weiß*, Effizienz

nomische System mit Prinzipien wie Markt, Wettbewerb, Eigentumsrechte schwer dem Verwaltungssystem mit seiner öffentlichen Zweckbindung übergestülpt werden kann[297].

Ungeachtet dessen lassen sich immer wieder Gründe dafür anführen, sich im Schulwesen nicht auf eine marktwirtschaftliche Regelung und die Funktionsfähigkeit des Wettbewerbs, wie er sich in ökonomischen Märkten darstellt, zu verlassen, sondern die staatliche Regulierung zu vertreten. Es ist schwierig, Bildung als ein über den ökonomischen Markt verteilbares Gut zu erfassen. Bildung ist ein immaterielles Gut, das im Zusammenwirken von Bildungseinrichtung und Lernenden erstellt wird. Im Bildungswesen liegt also jener Typ von Dienstleistungsproduktion vor, bei dem eine aktive Mitwirkung des externen Produktionsfaktors „Lernender' zur Leistungserstellung notwendig ist[298].

Aus bildungspolitischer Sicht wird darauf verwiesen, daß die soziale Mischung der Schüler und der Prozeß der sozialen Grundnormbildung einer staatlichen Kontrolle bedarf. Verzichtet man auf eine staatliche Trägerschaft der Schulen, wären Wohlfahrtsverluste die Folge. Ein Zusammenleben in einer Gesellschaft gilt durch religiöse und ethnisch-kulturelle Unterschiede als gefährdet, wenn nicht der Staat eine sozial-integrierende Funktion durch die Übernahme der Leistung und Verwaltung insbesondere der Schulen ausübt[299].

Ferner erwachsen nicht nur demjenigen, der Schulbildung erlangt, sondern auch der Umwelt Vorteile[300]. Diese Vorteile lassen sich zum Zeitpunkt des Erlangens der Schulbildung nicht vollständig wertmäßig erfassen. Aus der Sicht der Theorie der politischen Ökonomie kommt hier das Problem der externen Effekte zum Tragen. Externe Effekte sind Entscheidungskonsequenzen, die andere als denjenigen, der die Entscheidung getroffen hat bzw. an ihrem Zustandekommen beteiligt war, in ihrer Bedürfnisbefriedigung positiv oder negativ berühren[301]. Bildung steigert zunächst das Wohl des einzelnen. Sie gilt als „privater Nutzen". Als Ergebnisse der Bildung werden auch „Konsumgewinne" angese-

---

des Ressourceneinsatzes und Marktsteuerung im Schulbereich, ZBV 3/1996, S. 21 (30f).

297 Vgl. *Frieder Naschold*, Ergebnissteuerung, Wettbewerb, Qualitätspolitik, 1995, S. 14.

298 Vgl. *Dieter Sadowski*, Schulen, in: Klaus Chmielewicz/Peter Eichhorn (Hrsg.), Handwörterbuch der Öffentlichen Betriebswirtschaft, 1989, S. 1431 (1431).

299 *Ulf Preuss-Lausitz*, Private und Freie Schulen, Die Deutsche Schule 4/1995, S. 447 (459); vgl. *Manfred Weiß*, Der Markt als Steuerungssystem im Schulwesen?, Zeitschrift für Pädagogik 1993, S. 71 (82).

300 *Manfred Weiß*, Effizienz im Bildungswesen, 1975, S. 29f; *Nikolaus Severinski*, Schulautonomie und die Schulkrise der Gegenwart, 1992, S. 14.

301 *Manfred Weiß*, Effizienz im Bildungswesen, 1975, S. 29f; *Guy Kirsch*, Neue Politische Ökonomie, 1997, S. 24.

hen, nämlich die Freude am Lernen oder der gewisse Status und Lebensstil, der im allgemeinen mit Bildung verbunden ist[302]. Ein weiterer nichtfinanzieller Nutzen besteht darin, daß Menschen mit höherem Bildungsniveau normalerweise die Möglichkeit haben, einen Beruf zu wählen, der angenehme Arbeitsbedingungen und relativ viel Freizeit bietet. Viele Kenntnisse, die jemand in der Schule erworben hat, versetzen ihn in die Lage, Leistungen selbst zu erbringen, die er andernfalls erkaufen müßte[303].

Der Nutzen der Bildung ist aber nicht nur denen vorbehalten, die diese Bildung erwerben, und bringt also nicht nur individuelle Erträge in Form höherer Einkommen oder qualitativeren Konsums, sondern es werden auch andere davon berührt[304]. Dritte können von dem Bildungsnutzen des einzelnen insofern profitieren, als Bildung die Gemeinschaft bzw. das soziale Verhalten fördert. Einige Vorteile der Bildung kommen im allgemeinen den Eltern und Kindern des Schülers zugute. So übernimmt die Schule in den ersten Jahren eine Beschützerrolle, während die Eltern die Möglichkeit haben, ihrem Beruf nachzugehen[305]. Auf die nachfolgende Generation kann sich der Bildungsvorteil der Eltern in verschiedener Form übertragen[306]. Es besteht eine enge Verbindung zwischen dem Bildungsniveau der Eltern und dem Schulerfolg der Kinder. Ein Gewinn, den die Allgemeinheit aus der Bildung des einzelnen zieht, besteht insbesondere darin, daß Erfindungen und Neuerungen vorwiegend von den besser Ausgebildeten ausgehen[307]. Diese Nutzen sind aber allesamt individuell nicht zurechenbare soziale Erträge. Es handelt sich um externe Nutzen, bei denen jemandem durch die Entscheidung eines anderen Handlungsalternativen unentgeltlich eröffnet werden, die er zwecks Wohlfahrtserhöhung freiwillig nutzen kann[308]. Diese externen Effekte haben Auswirkung auf den ökonomischen Marktmechanismus und können dessen Versagen bedeuten. Da sie in der Regel nicht in das

---

302 *Samuel Bowles*, Outputs und Inputs im Bildungsproduktionsprozeß, in: Mehdi Tohidipur (Hrsg.), Politische Ökonomie des Bildungswesens, 1974, S. 115 (115f).

303 *Samuel Bowles*, Outputs und Inputs im Bildungsproduktionsprozeß, in: Mehdi Tohidipur (Hrsg.), Politische Ökonomie des Bildungswesens, 1974, S. 115 (122).

304 *Manfred Weiß*, Effizienz im Bildungswesen, 1975, S. 29f; *Nikolaus Severinski*, Schulautonomie und die Schulkrise der Gegenwart, 1992, S. 14.

305 *Samuel Bowles*, Outputs und Inputs im Bildungsproduktionsprozeß, in: Mehdi Tohidipur (Hrsg.), Politische Ökonomie des Bildungswesens, 1974, S. 115 (122f).

306 *Samuel Bowles*, Outputs und Inputs im Bildungsproduktionsprozeß, in: Mehdi Tohidipur (Hrsg.), Politische Ökonomie des Bildungswesens, 1974, S. 115 (123).

307 *Samuel Bowles*, Outputs und Inputs im Bildungsproduktionsprozeß, in: Mehdi Tohidipur (Hrsg.), Politische Ökonomie des Bildungswesens, 1974, S. 115 (123).

308 *Guy Kirsch*, Neue Politische Ökonomie, 1997, S. 25: Bei externen Kosten wird jemand gegen seinen Willen und in gewisser Weise unter Verletzung seiner individuellen Freiheit zu Wohlfahrtsminderungen gezwungen.

Kosten-Nutzen-Kalkül des die Entscheidung treffenden Individuums eingehen, d.h. die Nutzen und die Kosten fallen nicht bei den Verursachern an, werden die extern tangierten Bedürfnisse vernachlässigt. Folge ist eine Fehlproduktion bzw. fehlerhafte Entscheidung bei der Allokation der Ressourcen. Von einzelnen Gütern und Dienstleistungen wird zu viel, von anderen zu wenig hergestellt[309].

Die staatliche Planung und Lenkung der Bildungsproduktion wird auch damit begründet, daß die Informationslage über Ausbildungsgänge und Berufschancen, über die Güte des Lehrkörpers, über Anforderungen und Voraussetzungen eines Bildungsweges auf dem Gebiet der Bildung meist weit weniger günstig sind als auf anderen Märkten, auf denen man die Ware zuerst prüfen und danach entscheiden kann, ob man sie kaufen möchte. Die Reaktion der Nachfrage und die davon ausgelöste Korrektur des Angebots dauern besonders lange, denn der kommerziell-professionelle Nutzen der Schulbildung liegt in ferner Zukunft[310]. Wegen der nur beschränkt möglichen Qualitätsbeurteilung des Gutes Bildung wären erhebliche Kosten für die Schaffung eindeutiger Marktsignale wie z.B. Gütekriterien zur Qualitätsgarantie erforderlich[311].

Die Bildungsnachfrager wie Eltern, Schüler und Studenten seien nicht in der Lage, den richtigen Gebrauch von ihrer Entscheidungsfreiheit zu machen, wenn man ihnen die Lenkung der Bildungsproduktion als souveräne Nachfrager überläßt[312]. Dies wird darauf zurückgeführt, daß sie weder über hinreichende Informationen über alternative Bildungsgüter verfügen, weil auf dem Bildungsmarkt Informationen über die verschiedenen Bildungsgüter verfälscht werden und die Kosten der Informationsbeschaffung und -verarbeitung für sie zu hoch sind, noch daß sie ein hinreichendes Interesse an der Bildung haben[313]. Die Eltern, die über die Bildungsnachfrage entscheiden, haben insbesondere zu wenig Informationen, um sich ein Bild von der Qualität verschiedener Schulen machen zu können. Die Schulen als Anbieter von Bildungsgütern haben in der Regel ihrerseits wenig Interesse daran, den Eltern und Schülern Informationen über ihr Angebot zu geben, da die Nachfrage durch die Schulpflicht gesichert ist und die

---

309 *Guy Kirsch*, Neue Politische Ökonomie, 1997, S. 25.

310 Vgl. *Manfred Weiß*, Effizienz des Ressourceneinsatzes und Marktsteuerung im Schulbereich, ZBV 3/1996, S. 21 (31); vgl. für Hochschulstudium: *Karl Häuser*, Ist Hochschulbildung ein öffentliches Gut?, in: Michael Zöller (Hrsg.), Bildung als öffentliches Gut?, 1983, S. 15 (24).

311 *Klaus Anderseck*, Staatliche versus private Bereitstellung von Bildung in der ökonomischen Diskussion, Zeitschrift der Pädagogik 1988, 23. Beiheft, S. 84 (85).

312 *Michael Fritsch/Thomas Wein/Hans-Jürgen Ewers*, Marktversagen und Wirtschaftspolitik, 1999, S. 284ff.

313 *Karl Häuser*, Ist Hochschulbildung ein öffentliches Gut?, in: Michael Zöller (Hrsg.), Bildung als öffentliches Gut?, 1983, S. 15 (21ff).

Lehrer durch zusätzliche Schüler kein höheres Einkommen erhalten[314]. Der Staat sieht sich daher gezwungen, die Anforderungen an Bildung zu bestimmen und ihre Aneignung zu kontrollieren[315]. Vor allem sieht sich nur der Staat in der Lage, das schichtspezifische Desinteresse vieler Bildungsnachfrager und die fehlende Einsicht, daß sich der Nutzen der Bildung über lange Zeiträume erstreckt, zu korrigieren[316]. Ein marktwirtschaftlich verfaßtes und geordnetes Schulwesen, in dem jeder nur so viel für Bildungsgüter ausgibt, wie ihm selbst an erwartetem Nutzen aus ihnen zukommt, führe somit zu einer Unterinvestition in Bildung[317]. Vielmehr wird in der primär öffentlichen Finanzierung des Schulwesens eine langfristige Sicherung seiner Funktionsfähigkeit gesehen[318].

Es gibt also verschiedene Gründe, Bildung nicht über den Markt und den damit verbundenen Wettbewerb zu ordnen und zu finanzieren, sondern vom Staat bereitstellen zu lassen.

II. Wettbewerb als Steuerungselement

Da es aus ökonomischer Sicht einen Markt für Bildungsleistungen im öffentlichen Schulwesen nicht gibt, könnte der Schluß naheliegen, daß ein Wettbewerb

---

314 *Michael Fritsch/Thomas Wein/Hans-Jürgen Ewers*, Marktversagen und Wirtschaftspolitik, 1999, S. 286.

315 *Horst Zimmermann/Klaus-Dirk Henke*, Finanzwissenschaft, 1994, S. 48f.

316 Nach der Lehre von den öffentlichen Gütern erfüllt Schulbildung die Kriterien eines meritorischen Gutes. Sie kann durchaus als privatwirtschaftlich regelbar angesehen werden. Aber aus den oben genannten Gründen wie ungleichmäßiger Verteilung wegen finanzieller Unterschiede oder unzulänglicher Information und der daraus entstehenden Gefahr, daß Eltern ihren Kindern keine ordentliche Schulbildung zuteil werden lassen, wird es als zweckmäßig angesehen, sie staatlich anzubieten und anzuordnen (*John Graeme Head*, Über meritorische Güter, in: Horst Claus Recktenwald (Hrsg.), Finanztheorie, 1969, S. 46 (47ff); *Karl Häuser*, Ist Hochschulbildung ein öffentliches Gut?, in: Michael Zöller (Hrsg.), Bildung als öffentliches Gut?, 1983, S. 15 (21ff); *Regina Wiedemann*, Wettbewerb unter Krankenhäusern, 1998, S. 33; *Horst Zimmermann/Klaus-Dirk Henke*, Finanzwissenschaft, 1994, S. 48f). Private Güter zeichnen sich dadurch aus, daß sie von einzelnen gegen Bezahlung in der Weise ausschließlich konsumiert werden können, daß aus dem Konsum anderen (Nichtkonsumenten) keine Nutzen oder Schäden (externe Effekte) erwachsen (*Gunnar Folke Schuppert*, Die Erfüllung öffentlicher Aufgaben durch verselbständigte Verwaltungseinheiten, 1981, S. 158)).

317 Vgl. *Karl Häuser*, Ist Hochschulbildung ein öffentliches Gut?, in: Michael Zöller (Hrsg.), Bildung als öffentliches Gut?, 1983, S. 15 (21f).

318 *Bildungskommission NRW*, Zukunft der Bildung-Schule der Zukunft, 1995, S. XXVII, 155. So auch *Peter Zedler*, Erweiterte Selbstverantwortung von Einzelschulen, in: Peter Zedler/Detlef Fickermann (Hrsg.), Pädagogik und Recht, 1997, S. 7 (9).

ebenfalls nicht besteht. Herrschen jedoch im öffentlichen Schulwesen in einem gewissen Maße marktähnliche Bedingungen, ist nicht auszuschließen, daß Kennzeichen eines Wettbewerbs unter den Bedingungen eines politisch-bürokratischen Steuerungssystems sichtbar werden[319]. Wettbewerb wäre dann im Schulbereich ohne die Einführung der Marktsteuerung mit vollständig privatisiertem Bildungsangebot existent.

Im Schulbereich sind marktähnliche Bedingungen möglich. Sind die weiterführenden Schulen keinen Einzugsbereichen zugeordnet, aus denen sie ihre potentiellen Schüler beziehen müssen, und eröffnet sich dadurch für die Eltern und Schüler die freie Wahl zwischen den einzelnen Schulen, werden die Schulen ein Interesse daran haben, daß sich Schüler als Nachfrager eines Bildungsangebots bei ihnen anmelden und die Schule ausgelastet ist. Eine derartige Situation kann entstehen im Zusammenhang mit Mehrfachzuständigkeiten in der öffentlichen Verwaltung, auf die im Kapitel E unter Punkt II näher eingegangen wird. Eltern haben im einzelnen unterschiedliche Vorstellungen von der Schule, an der ihr Kind unterrichtet werden soll. Das Kind stellt ebenso bestimmte Forderungen an die Schule. Diesen Bedürfnissen wird die eine der zur Wahl stehenden Schulen mehr, die andere weniger gerecht. Es kann vermutet werden, daß der einzelne sich bei der Wahl zwischen zwei oder mehreren Alternativen für jene entscheidet, die seiner Wohlfahrt am förderlichsten ist[320]. Es ist also denkbar, daß im Schulbereich Angebot und Nachfrage von Bildungsleistungen zusammentreffen können, also marktähnliche Strukturen existieren. Ist den Eltern bzw. Schülern eine Schulwahlfreiheit eröffnet, läßt sich vermuten, daß für die Schulen und die Eltern bzw. Schüler marktähnliche Bedingungen entstehen, die zu wettbewerblichem Verhalten führen könnten[321]. Wettbewerb im öffentlichen

319 Vgl. *Manfred Weiß*, Mikroökonomie der Schule, in: Hans-Günter Rolff (Hrsg.), Zukunftsfelder von Schulforschung, 1995, S. 41 (53).

320 Die Neue Politische Ökonomie wendet dieses Instrumentarium der von der Wirtschaftswissenschaft erarbeiteten Theorie der Wahlakte auf politikwissenschaftliche Fragen an und versucht damit Bedingungen und Entscheidungsabläufe in der Demokratie darzustellen und zu erklären. Bei der Analyse des wirtschaftlichen Geschehens hatte sich die Annahme eines persönlichen Nutzenkalküls als ergiebiges Erklärungsinstrument erwiesen. Es lag deshalb nahe, dieses Kalkül auch auf das Verhalten von Wählern, Partei- und Verbandsmitgliedern und Politikern zu übertragen, wenn man davon ausgeht, daß die einzelnen Individuen auch im politischen Bereich ihren persönlichen Nutzenvorstellungen folgen (*Hans-Lothar Fischer*, Praktisches Lehrbuch Wirtschaft und Staat, 1987, S. 119f; vgl. *Rudolf Richter*, Institutionen ökonomisch analysiert, 1992, S. 8f).

321 Vgl. *Manfred Weiß*, Mikroökonomie der Schule, in: Hans-Günter Rolff (Hrsg.), Zukunftsfelder von Schulforschung, 1995, S. 41 (53). *Franz Böhm*, Wettbewerb und Monopolkampf, 1933, S. 93: „Denn seine äußeren Vorbedingungen (des Wettbewerbs) sind jedenfalls immer da schon gegeben, wo auf einer von beiden Seiten mehr als ein

Bildungswesen setzt nicht voraus, daß die Bildungseinrichtungen wie privatwirtschaftlich tätige Unternehmen organisiert werden und die Finanzierung von Bildungsleistungen in Analogie zu den Gütermärkten durch die Nachfrager entsprechend ihrer individuellen Zahlungsbereitschaft erfolgt[322]. Es ist zu vermuten, daß es auch unter den Gegebenheiten des bestehenden öffentlichen Systems des Schulwesens Raum für Wettbewerbselemente gibt[323].

Zusammenfassend kann also gesagt werden, daß von der Annahme ausgegangen wird, daß Wettbewerb nicht an das Vorliegen von ökonomischen Marktbedingungen gebunden ist. Vielmehr ist Wettbewerb zwischen Schulen ebenso unter den Bedingungen eines politisch-bürokratischen Steuerungssystems denkbar, auch wenn er dort im Blick auf die Beachtung übergeordneter Ziele wie Chancengleichheit Einschränkungen durch das politisch-administrative System unterliegen wird[324]. Aus dieser Einschätzung heraus orientieren sich die nachfolgenden Überlegungen zum Wettbewerb zwischen Schulen am bestehenden System öffentlich finanzierter Schulen.

1. Wettbewerbskriterien

Bevor der Frage nachgegangen werden kann, inwieweit Wettbewerb zwischen Schulen existiert, gilt es, die Voraussetzungen für dessen Vorliegen aufzuzeigen. Der Begriff Wettbewerb wird vor allem mit dem wirtschaftlichen Wettbewerb in Verbindung gebracht. Der wirtschaftliche Wettbewerb zeichnet sich u.a. dadurch aus, daß die Anbieter gleichartiger gegenständlicher Leistungen in Rivalität untereinander bestrebt sind, mit dem Kunden zu einem gewinngerichteten Geschäftsabschluß zu gelangen. Das Mittel des Wettbewerbs besteht in dem Anbieten besserer Bedingungen (z.B. Preise, Qualität, Konditionen)[325]. Im politischen Wettbewerb kämpfen die Politiker und Parteien mit ihrem Wahlpro-

---

Tauschwilliger vorhanden ist. Wer die Wahl hat, wird geneigt sein, sich mit demjenigen einzulassen, dessen Tauschleistung ihm am besten zusagt. Aus diesem Grund besteht daher für die mehreren ein Anlaß, sich um die Gunst ihres Gegenüber zu bemühen; jeder wird bestrebt sein, derjenige zu sein, mit dem der Tausch zustande kommt".

322 Vgl. *Hans-Jürgen Block*, Wettbewerb und Differenzierung in den Hochschulen, in: Zentralinstitut für sozialwissenschaftliche Forschung, Aspekte der Hochschuldifferenzierung, 1984, S. 105.

323 *Axel G. Koetz*, Wettbewerbs- und kundenorientiertes Schulmanagement, in: Tagungsbericht zum 27. Mülheimer Kongreß, Autonomie von Schule, 1994, S. 35 (35).

324 Vgl. *Manfred Weiß*, Der Markt als Steuerungssystem im Schulwesen?, Zeitschrift für Pädagogik 1993, S. 71 (78f).

325 *Artur Woll*, Wirtschaftspolitik, 1992, S. 91; *Adolf Baumbach/Wolfgang Hefermehl*, Wettbewerbsrecht, 1999, Allg. Rn. 5.

gramm um die Gunst der Wähler, die mit ihrer Stimme jenes Programm unterstützen, das ihnen den größten Nutzen zu bringen verspricht. Die Politiker und Parteien müssen daher auf die Wünsche der Wähler eingehen, wenn sie überhaupt an die Macht kommen wollen[326]. Zahlreiche andere Lebensbereiche werden durch das Vorhandensein von Wettbewerb mehr oder weniger stark geprägt[327]. Wettbewerb wird daher gerne als ein Phänomen tatsächlicher Art behandelt[328]. Es ist also keinesfalls ungewöhnlich, auch im Schulwesen, obwohl es weitgehend durch öffentlich-rechtliche Normen geregelt und aufgrund des Gesetzesvorbehalts geregelt sein muß, Wettbewerb als faktische Gegebenheit zu akzeptieren, falls die vorliegenden Tatsachen dafür sprechen[329].

Es gibt keine allgemeingültige Definition des Wettbewerbs, die dessen Kriterien festlegt[330]. Es gibt jedoch allgemeine Grundvoraussetzungen, die bei jeder Form des Wettbewerbs, sei es politischer oder wirtschaftlicher Wettbewerb, zu finden sind und immer wieder dem Wettbewerbsbegriff zugeordnet werden[331].

a. Abgrenzung Konkurrenz und Wettbewerb

Eine Abgrenzung zwischen den Begriffen Wettbewerb und Konkurrenz findet nicht immer statt. Sie werden in der Regel synonym verwendet[332], man muß jedoch differenzieren.

Von einem Konkurrenzverhältnis kann dann gesprochen werden, wenn bei der Verteilung eines knappen Gutes materieller oder immaterieller Art die Zu-

---

326 *Charles B. Blankart*, Öffentliche Finanzen in der Demokratie, 1998, S. 116; *Philipp Herder-Dorneich*, Wirtschaftsordnungen, 1974, S. 39f. Mit dieser Ausformung des Wettbewerbsgedankens beschäftigt sich die Theorie der Neuen Politischen Ökonomie.

327 *Klaus König*, Markt und Wettbewerb als Staats- und Verwaltungsprinzipien, DVBl. 1997, S. 239 (246f); *Klaus König*, Zur Kritik eines neuen öffentlichen Managements, Speyer Forschungsberichte 155, 1995, S. 64; *Adolf Baumbach/Wolfgang Hefermehl*, Wettbewerbsrecht, 1999, Allg. Rn. 1; *Kommunale Gemeinschaftsstelle*, Kommune und Wettbewerb, Bericht 8/1996, S. 3. *Peter-Michael Huber* (Konkurrenzschutz im Verwaltungsrecht, 1991, S. 2f) nennt als Beispiel auch das Beamtenrecht, für das Art. 33 II GG mit der ausdrücklichen Anordnung des Leistungsgrundsatzes den Wettbewerb anordnet.

328 *Peter-Michael Huber*, Konkurrenzschutz im Verwaltungsrecht, 1991, S. 31, 43f.

329 *Peter-Michael Huber*, Konkurrenzschutz im Verwaltungsrecht, 1991, S. 44, 333.

330 *Ingo Schmidt*, Wettbewerbspolitik und Kartellrecht, 1999, S. 1; *Klaus Herdzina*, Wettbewerbspolitik, 1999, S. 11; *Franz-Ulrich Willeke*, Grundsätze wettbewerbspolitischer Konzeptionen, 1973, S. 10; *Ulrich Gassner*, Grundzüge des Kartellrechts, 1999, S. 3.

331 Vgl. *Bodo Klein*, Konkurrenz auf dem Markt der geistigen Freiheiten, 1990, S. 42.

332 *Ingo Schmidt*, Wettbewerbspolitik und Kartellrecht, 1999, S. 1; *Leopold v. Wiese*, Wettbewerb, in: Hermann Bente (Hrsg.), Handwörterbuch der Sozialwissenschaften, 1965, S. 25 (28); *Adolf Baumbach/Wolfgang Hefermehl*, Wettbewerbsrecht, 1999, Allg. Rn. 1.

teilung an den einen zwangsläufig den Nachteil des anderen zur Folge hat[333]. Ein Konkurrent ist somit ein Mitbewerber um eine zu vergebende Leistung oder Position, die nur einem unter mehreren Mitbewerbern zukommen kann[334].

Wettbewerb ist in Zusammenhang mit Konkurrenz zu sehen[335]. Der Begriff Wettbewerb beschreibt auch die Beziehungen zwischen Marktteilnehmern, die zur Erreichung eines bestimmten Ziels miteinander konkurrieren[336]. Wettbewerb setzt voraus, daß nicht nur die Mitbewerber auf der Angebots- oder Nachfrageseite berührt sind, sondern auch der Dritte auf der Marktgegenseite, der die konkurrierenden Alternativen, die von den Wettbewerbern angeboten werden, testet, bewertet und wählt oder zurückweist[337]. Das Bestehen von Wahlmöglichkeiten aus der Sicht des Dritten begründet aber allein noch keine Wettbewerbsbeziehung zwischen den Mitbewerbern, solange diese sich nicht auch als Wettbewerber um den Dritten bemühen[338]. Der Mitbewerber muß also versuchen, unter Verdrängung des anderen Angebots seinem Angebot zum Erfolg zu verhelfen[339]. Es wird daher im folgenden der Begriff Wettbewerb im diesem Sinne verwendet.

b. Markt

Wettbewerb wird immer in Verbindung mit Markt genannt. Auf dem Markt treffen Angebot und Nachfrage hinsichtlich eines konkreten Gutes oder einer Dienstleistung innerhalb eines bestimmten Gebietes und Zeitraumes zusammen[340]. Märkte lassen sich in nahezu allen Lebensbereichen beobachten, in denen individuelle oder kollektive Akteure Freiheitsspielräume haben und versu-

---

333 *Peter-Michael Huber*, Konkurrenzschutz im Verwaltungsrecht, 1991, S. 34.

334 *Peter-Michael Huber*, Konkurrenzschutz im Verwaltungsrecht, 1991, S. 34; *Leopold v. Wiese*, Wettbewerb, in: Hermann Bente (Hrsg.), Handwörterbuch der Sozialwissenschaften, 1965, S. 25 (26).

335 *Leopold v. Wiese*, Wettbewerb, Soziologische Einordnung, in: Hermann Bente (Hrsg.), Handwörterbuch der Sozialwissenschaften, 1965, S. 25 (28); *Adolf Baumbach/Wolfgang Hefermehl*, Wettbewerbsrecht, 1999, Rn. 1.

336 *Christoph L. Gleske*, Wettbewerb öffentlicher und privater Kreditinstitute in Deutschland, 1996, S. 56; *Harald Griesel*, Qualitätspolitik im Wettbewerb der Kreditinstitute, 1978, S. 51.

337 *Lawrence Abbott*, Qualität und Wettbewerb, 1958, S. 126.

338 *Adolf Baumbach/Wolfgang Hefermehl*, Wettbewerbsrecht, 1999, Allg. Rn. 9.

339 *Adolf Baumbach/Wolfgang Hefermehl*, Wettbewerbsrecht, 1999, Allg. Rn. 9.

340 *Volker Emmerich*, Kartellrecht, 1999, S. 179; *Regina Wiedemann*, Wettbewerb unter Krankenhäusern, 1998, S. 41; *Franz-Ulrich Willeke*, Grundsätze wettbewerbspolitischer Konzeptionen, 1973, S. 11.

chen, diese zur Realisierung ihrer eigenen Ziele zu nutzen[341]. Von den Elementen gewisser Marktstrukturen können bestimmte Marktverhaltensweisen induziert werden. Auf einem Markt mit nur zwei Anbietern, die ungefähr gleich stark sind, ist einer vom anderen in sehr starken Maße abhängig. Dagegen ist auf einem Markt mit sehr vielen Anbietern zwar jeder abhängig von der Gesamtheit der übrigen Anbieter, nicht aber so sehr von einem einzelnen Wettbewerber. Wenn also von 100 Anbietern einer den Preis senkt, so besteht für die Wettbewerber eine geringere Fühlbarkeit dieser Maßnahme, als wenn von zwei Konkurrenten einer den Preis senkt[342].

Wettbewerb ist nur eine Erscheinungsform unter anderen im Marktgeschehen[343]. Auf einem Markt kann es außer Wettbewerb auch Kooperation zwischen den Teilnehmern geben[344]. Die Kooperation kann im wirtschaftlichen Bereich die Form der Zusammenarbeit zwischen Anbietern (Fusionen, Kartelle) oder zwischen Nachfragern (Konsumentengenossenschaften) nehmen[345]. Wettbewerb und Kooperation schließen sich in dem Sinne gegenseitig aus, daß die Entscheidung jedes Marktteilnehmers bezüglich seiner sozialen Beziehung zu einem anderen Marktteilnehmer entweder den Wettbewerb oder die Kooperation mit ihm zum Gegenstand hat[346]. Existiert eine Kooperationsfreiheit z.B. bezüglich der Kartellbildung, dann begrenzt sich gleichzeitig die Wettbewerbsfreiheit[347].

aa. Marktbestimmung

Der jeweils relevante Markt muß erst ermittelt werden, bevor im Einzelfall die Wettbewerbsbeziehungen festgestellt werden können[348]. Dabei wird der Markt nach räumlichen, zeitlichen und sachlichen Kriterien abgegrenzt[349]. Entscheidend für die Abgrenzung des sachlich relevanten Marktes ist, welche Erzeugnis-

---

341 *Michael Fritsch/Thomas Wein/Hans-Jürgen Ewers*, Marktversagen und Wirtschaftspolitik, 1999, S. 6.

342 *Erhard Kantzenbach/Horst Greiffenberg*, Die Übertragbarkeit des Modells des „funktionsfähigen Wettbewerbs" auf die Presse, in: Siegfried Klaue/Manfred Knoche/Axel Zerdick (Hrsg.), Probleme der Pressekonzentrationsforschung, 1980, S. 189 (191).

343 *Chrysostomos Mantzavinos*, Wettbewerbstheorie, 1994, S. 80 m.w.N.; vgl. *Harald B. Giesel*, Unternehmenswachstum und Wettbewerb, 1975, S. 36.

344 *Chrysostomos Mantzavinos*, Wettbewerbstheorie, 1994, S. 174.

345 *Chrysostomos Mantzavinos*, Wettbewerbstheorie, 1994, S. 173.

346 *Chrysostomos Mantzavinos*, Wettbewerbstheorie, 1994, S. 173.

347 *Chrysostomos Mantzavinos*, Wettbewerbstheorie, 1994, S. 173.

348 *Bodo Klein*, Konkurrenz auf dem Markt der geistigen Freiheiten, 1990, S. 65.

349 *Volker Emmerich*, Kartellrecht, 1999, S. 179; *Peter-Michael Huber*, Konkurrenzschutz im Verwaltungsrecht, 1991, S. 42; *Fritz Rittner*, Wirtschaftsrecht, 1987, § 14 Rn. 39 ff; *Harald Griesel*, Qualitätspolitik im Wettbewerb der Kreditinstitute, 1978, S. 57.

se des Angebots aus der Sicht der Nachfrager funktional austauschbar sind[350]. Danach bilden alle Erzeugnisse oder Leistungen einen sachlich relevanten Markt, die sich nach ihren Eigenschaften, ihrem Verwendungszweck oder ihrer Preislage so nahestehen, daß der verständige Verbraucher sie als für die Dekkung eines bestimmten Bedarfs geeignet und als gegenseitig austauschbar ansieht[351].

bb. Oligopol

Die Marktform des Oligopols zeichnet sich dadurch aus, daß wenige mittelgroße Anbieter vielen kleinen Nachfragern gegenüberstehen. Der Marktanteil eines Unternehmens ist so groß, daß z.B. Veränderungen der Angebotsmengen eines Unternehmens im Absatzbereich der Wettbewerber spürbar werden. Der Oligopolist muß daher nicht nur die Aktionen und Reaktionen der Nachfrager berücksichtigen, sondern auch diejenigen der Wettbewerber[352]. Im Oligopol entwickeln die Marktteilnehmer allein aufgrund der Tatsache, daß sie gemeinsam den gleichen Marktbedingungen gegenüberstehen, gleichförmige Verhaltensweisen[353]. Es ist eine Einheitlichkeit des Auftretens aller Oligopolmitglieder nach außen festzustellen, das in der Berechenbarkeit ihres Verhaltens seine Ursache hat und einen starken Konformitätsdruck auf alle Oligopolmitglieder ausübt[354]. Dritten wird ein Ausweichen unmöglich gemacht[355]. Wenden z.B. alle Anbieter dieselben Geschäftsbedingungen an, so hat kein Vertragspartner der Oligopolmitglieder eine Chance, sich deren Geschäftsbedingungen zu entziehen, mag auch im übrigen zwischen den Oligopolmitgliedern heftiger Wettbewerb herrschen[356].

---

350 *Christoph L. Gleske*, Wettbewerb öffentlicher und privater Kreditinstitute in Deutschland, 1996, S. 56; *Peter-Michael Huber*, Konkurrenzschutz im Verwaltungsrecht, 1991, S. 42; BGH, Beschl. v. 3.7.1976, -KVR 4/75-, BGHZ 67, 104 (113ff).

351 *Peter-Michael Huber*, Konkurrenzschutz im Verwaltungsrecht, 1991, S. 42; *Jürgen Burkhardt*, Kartellrecht, 1995, Rn. 139.

352 *Heribert Meffert*, Marketing, 1998, S. 515f.

353 *Hans-Lothar Fischer*, Oligopoltheoretische Erklärungsansätze für das Verhalten staatlicher Bürokratien, Verwaltungsarchiv 1987, S. 161 (172); *Jürgen Burkhardt*, Kartellrecht, 1995, Rn. 112.

354 *Christian Koenig*, Die öffentlich-rechtliche Verteilungslenkung, 1994, S. 169; *Volker Emmerich*, Kartellrecht, 1999, S. 191; *Hans-Lothar Fischer*, Oligopoltheoretische Erklärungsansätze für das Verhalten staatlicher Bürokratien, Verwaltungsarchiv 1987, S. 161 (172); *Jürgen Burkhardt*, Kartellrecht, 1995, Rn. 118.

355 *Christian Koenig*, Die öffentlich-rechtliche Verteilungslenkung, 1994, S. 169; *Volker Emmerich*, Kartellrecht, 1999, S. 191

356 Vgl. *Volker Emmerich*, Kartellrecht, 1999, S. 193f.

c. Wesentliche Eigenschaften des Wettbewerbs

aa. Wettbewerbsfreiheit und -wille

Wettbewerb erfordert Handlungsfreiheit[357]. Wettbewerb entfaltet sich dort, wo Wettbewerbern das Recht eingeräumt ist, durch Ideen, Dienstleistungen, Güter oder Leistungsversprechen zu anderen in Konkurrenz zu treten und sie je nach den Spielregeln, die für das betreffende Gebiet gelten, „auszukonkurrieren“[358]. Solange andere frei sind, die ihnen bekannten, attraktivsten Gelegenheiten anzubieten, ist niemand von der Notwendigkeit, zu konkurrieren, befreit[359]. Die Nachfrager müssen ebenso in der Lage sein, die ihnen angebotenen Leistungen frei auswählen zu können[360]. Wettbewerb trägt dazu bei, individuelle Freiheitsräume zu erhalten und zu eröffnen, was sich darin äußert, daß den Teilnehmern gerade durch Wettbewerb Wahlmöglichkeiten zwischen verschiedenen Alternativen geschaffen werden[361]. Wettbewerb setzt daneben voraus, daß sich die Teilnehmer des tatsächlichen Wettbewerbs bewußt und geneigt sind, wettbewerblich zu agieren[362].

bb. Gleichheit der Ziele als Grundbedingung des Wettbewerbs

Kennzeichnend für den Wettbewerb ist, daß der eine bestrebt ist, das zu bekommen, was ein anderer zu gleicher Zeit ebenfalls zu erlangen versucht[363]. Aus der Gleichheit des Ziels, das mehrere zu erreichen suchen, etwa die gleiche Ware zu verkaufen, dasselbe Amt zu erlangen, denselben Befähigungsnachweis zu erbringen, ergibt sich zwangsläufig der Wettbewerb[364]. Für eine konkrete Wettbewerbsbeziehung reicht nicht die Gleichheit oder Gleichrangigkeit der ange-

---

357 *Regina Wiedemann*, Wettbewerb unter Krankenhäusern, 1998, S. 55.

358 *Christian Watrin/Stephan Heimbach*, Wettbewerb, in: Görres-Gesellschaft (Hrsg.), Staatslexikon, 1989, S. 973 (973).

359 *Israel Kirzner*, Wettbewerb und Unternehmertum, 1978, S. 79.

360 *Adolf Baumbach/Wolfgang Hefermehl*, Wettbewerbsrecht, 1999, Allg. Rn. 17.

361 *Michael Fritsch/Thomas Wein/Hans-Jürgen Ewers*, Marktversagen und Wirtschaftspolitik, 1999, S. 15.

362 *Klaus Herdzina*, Wettbewerbspolitik, 1999, S. 50.

363 *Adolf Baumbach/Wolfgang Hefermehl*, Wettbewerbsrecht, 1999, Allg. Rn. 1, 18; *Franz Böhm*, Wettbewerb und Monopolkampf, 1933, S. 93.

364 *Adolf Baumbach/Wolfgang Hefermehl*, Wettbewerbsrecht, 1999, Allg. Rn. 1; *Leopold v. Wiese*, Wettbewerb, in: Hermann Bente (Hrsg.), Handwörterbuch der Sozialwissenschaften, 1965, S. 25 (28).

botenen Waren oder Leistungen, sondern es muß auch der gleiche Abnehmerkreis vorliegen[365].

cc. Wettbewerb als Verfahren des Leistungsvergleichs mit Auslesecharakter

Da das erstrebte Ziel nicht von allen Mitbewerbern erreicht werden kann, befinden sich die Beteiligten „in einem wechselseitigen Verhältnis des Sich-Vergleichens und des Sich-Messens“[366]. Jeder Beteiligte muß seine Leistungen im Vergleich zu denen anderer betrachten, aus den Vergleichsergebnissen Optimierungsideen gewinnen und ggf. eigene Handlungsschwerpunkte verlagern[367]. Der Wettbewerber, dessen Leistung sich als überlegen erweist, erreicht das Ziel. Wettbewerb wird daher als ein Verfahren des Leistungsvergleichs mit Auslesecharakter bezeichnet[368].

(1) Wettbewerb als dynamischer Prozeß

Kennzeichnend für den Ablauf des Wettbewerbsprozesses ist das Zusammenspiel wechselseitiger Aktionen der Beteiligten. Der Wettbewerb ist ein dynamischer Prozeß[369]. Unabhängig vom Lebensbereich ist charakteristisch für Wettbewerb der Vorstoß eines Wettbewerbers zur Gewinnung eines Vorsprungs und die Verfolgung durch die anderen Beteiligten des Wettbewerbsprozesses zur Verringerung des Vorsprungs[370]. Einer versucht, die anderen zu übertreffen. Diese geraten in Gefahr, zurückzubleiben und Verluste zu machen, und müssen

---

365 *Adolf Baumbach/Wolfgang Hefermehl*, Wettbewerbsrecht, 1999, Rn. 9; *Franz Böhm*, Wettbewerb und Monopolkampf, 1933, S. 93.

366 *Heribert Krüger*, Allgemeine Staatslehre, 1966, S. 458; *Bodo Klein*, Konkurrenz auf dem Markt der geistigen Freiheiten, 1990, S. 36.

367 *Kommunale Gemeinschaftsstelle*, Kommune und Wettbewerb, Bericht 8/1996, S. 3.

368 *Roland Maaß*, Der Wettbewerb im örtlichen Personenbeförderungswesen, 1998, S. 30; *Lawrence Abbot*, Qualität und Wettbewerb, 1958, S. 120; *Adolf Baumbach/Wolfgang Hefermehl*, Wettbewerbsrecht, 1999, Allg. Rn. 21.

369 *George Turner*, Universitäten in der Konkurrenz, 1986, S. 43f; *Helmut Cox/Harald Hübener*, Wettbewerb, in: Helmut Cox/Uwe Jens/Kurt Markert (Hrsg.), Handbuch des Wettbewerbs, 1981, S. 1 (5); *Harald B. Giesel*, Unternehmenswachstum und Wettbewerb, 1975, S. 34 ff.

370 *Bodo Klein*, Konkurrenz auf dem Markt der geistigen Freiheiten, 1990, S. 37; *George Turner*, Universitäten in der Konkurrenz, 1986, S. 43f; *Helmut Cox/Harald Hübener*, Wettbewerb, in: Helmut Cox/Uwe Jens/Kurt Markert (Hrsg.), Handbuch des Wettbewerbs, 1981, S. 1 (6); *Erich Hoppmann*, Wettbewerb als Norm der Wettbewerbspolitik, ORDO 18 (1967), S. 89f.

sich anpassen bzw. Fortschrittsaktivitäten entfalten[371]. Der Wettbewerber mit der vom Nachfrager besser bewerteten Leistung erlangt also gegenüber seinen Mitbewerbern einen temporären Vorteil. Die Ausnutzung derartiger zeitweiliger Vorteile sind für den Wettbewerb konstitutiv[372]. Die Anbieter sind nämlich gezwungen, neue Wege und Lösungen zu suchen und ihre Leistungen zu optimieren, um ihre Ausgangsposition im Wettbewerb wieder zu verbessern. Der Vorsprung eines Beteiligten setzt demnach Anpassungsprozesse in Gang, die geeignet sind, diesen Vorsprung wieder zu verringern[373]. Können die Wettbewerber auf diese Weise den Vorsprung des Wettbewerbsführers beseitigen, setzt der Prozeß des Vorstoßes und der Verfolgung erneut ein[374].

(2) Außensteuerung des Wettbewerbs

Wettbewerb bedarf der Außensteuerung, da erst der Vorgang der wertenden Beurteilung seine Auslesefunktion aktualisiert[375]. Es ist deshalb ein lenkender Dritter erforderlich, der die einzelnen Leistungen zueinander in Beziehung setzt, bewertet und auf diese Weise zur Erarbeitung des Wettbewerbsereignisses beiträgt. Kennzeichen der Außensteuerung ist, daß der Dritte ausschließlich seine eigenen Bedürfnisse befriedigt. Ein unbeabsichtigter Nebeneffekt ist, daß seine Entscheidung zugleich die Zielerreichung des bevorzugten Wettbewerbers fördert[376]. Die Außensteuerung des Wettbewerbs läßt sich daher als permanenter Auswahlprozeß beschreiben. Indem die Dritten durch ihre Zustimmung oder Ablehnung in ihrer Gesamtheit über Erfolg oder Mißerfolg der Wettbewerber entscheiden, steuern ihre Auswahlentscheidungen den Wettbewerbsprozeß. Das Verhalten der Wettbewerber wird durch die jeweils ausgesprochene Anerkennung oder

---

371 *Harald Griesel*, Qualitätspolitik im Wettbewerb der Kreditinstitute, 1978, S. 51; *Heribert Krüger*, Allgemeine Staatslehre, 1966, S. 459.

372 *Bodo Klein*, Konkurrenz auf dem Markt der geistigen Freiheiten, 1990, S. 37; *George Turner*, Universitäten in der Konkurrenz, 1986, S. 43f.

373 *Bodo Klein*, Konkurrenz auf dem Markt der geistigen Freiheiten, 1990, S. 38; *Erich Hoppmann*, Wettbewerb als Norm der Wettbewerbspolitik, ORDO 18 (1967), S. 90; *Israel Kirzner*, Wettbewerb und Unternehmertum, 1978, S. 10.

374 *Bodo Klein*, Konkurrenz auf dem Markt der geistigen Freiheiten, 1990, S. 38; *Erich Hoppmann*, Wettbewerb als Norm der Wettbewerbspolitik, ORDO 18 (1967), S. 90.

375 *Bodo Klein*, Konkurrenz auf dem Markt der geistigen Freiheiten, 1990, S. 38; *Lawrence Abbot*, Qualität und Wettbewerb, 1958, S. 120.

376 *Bodo Klein*, Konkurrenz auf dem Markt der geistigen Freiheiten, 1990, S. 39.

Ablehnung der Dritten beeinflußt, kontrolliert und ggf. deren Wünschen angepaßt[377].

dd. Aktionsparameter des Wettbewerbs

Die wettbewerbsstrategischen Maßnahmen, die von den Teilnehmern im Wettbewerbsprozeß aus bestimmten Motiven ergriffen werden, stützen sich auf sogenannte Aktionsparameter. Typische Aktionsparameter sind der Preis, aber auch die Qualität der Leistung, Innovationen, Service, Werbung und übrige Konditionen. Die Art und Weise ihres Einsatzes kann dazu dienen, einen Vorsprung vor Mitbewerbern zu erlangen[378]. Dies kann jedoch nur dann funktionieren, wenn die Beteiligten ihre Aktionsparameter frei bestimmen und auf diese Weise die Auswahlentscheidung der das jeweilige Wettbewerbsgeschehen steuernden Dritten zu ihren Gunsten beeinflussen und ihre Ausgangsposition im Wettbewerb damit verbessern können[379]. Hat ein Wettbewerber Erfolg, zwingt er die anderen, neue Wege und Lösungen zu suchen und ihre Aktionsparameter zu variieren, um ihre Ausgangsposition im Wettbewerb wieder zu verbessern[380].

Qualität kann als Wettbewerbsmittel Anwendung finden, indem neue Angebote entwickelt und eingeführt, bereits vorhandene Angebote verbessert oder die Serviceleistungen erweitert oder reduziert werden[381]. Qualität ist im Gegensatz zum Preis viel schwieriger zu beurteilen und meßbar, denn es wird entsprechende Sachkenntnis des Verbrauchers vorausgesetzt[382]. Es muß also bekannt sein, wo qualitativ Gutes angeboten wird. Vor allem aber muß Klarheit darüber bestehen, welche Maßstäbe an die Qualitätsnorm gelegt werden. Es wird deshalb zu fragen sein, wie die Qualität gemessen werden kann. Unterscheiden sich Produkte kaum in der Qualität, so könnte z.B. Werbung zur Erreichung des Ziels, im Wettbewerb zu gewinnen, eingesetzt werden[383].

---

377 *Bodo Klein*, Konkurrenz auf dem Markt der geistigen Freiheiten, 1990, S. 39; vgl. *Philipp Herder-Dorneich*, Wirtschaftsordnungen, 1974, S. 128.

378 *Roland Maaß*, Der Wettbewerb im örtlichen Personenbeförderungswesen, 1998, S. 27; vgl. *Gerd Aberle*, Wettbewerbstheorie und Wettbewerbspolitik, 1992, S. 14; *Ingo Schmidt*, Wettbewerbspolitik und Kartellrecht, 1996, S. 61f; *Franz-Ulrich Willeke*, Grundsätze wettbewerbspolitischer Konzeptionen, 1973, S. 18; *Adolf Baumbach/Wolfgang Hefermehl*, Wettbewerbsrecht, 1999, Allg. Rn. 5.

379 *Bodo Klein*, Konkurrenz auf dem Markt der geistigen Freiheiten, 1990, S. 233; *Adolf Baumbach/Wolfgang Hefermehl*, Wettbewerbsrecht, 1999, Allg. Rn. 17.

380 *Bodo Klein*, Konkurrenz auf dem Markt der geistigen Freiheiten, 1990, S. 233.

381 *Klaus Herdzina*, Wettbewerbspolitik, 1999, S. 62f.

382 *George Turner*, Universitäten in der Konkurrenz, 1986, S. 45.

383 *George Turner*, Universitäten in der Konkurrenz, 1986, S. 44f.

2. Wettbewerbsbeschränkungen

Soll der Wettbewerb seine Aufgaben optimal erfüllen, müssen die Marktteilnehmer möglichst selbständig bestimmen können, wie sie ihre Wettbewerbsparameter wie Qualität, Werbung usw. einsetzen können. Jede Bindung oder Fremdbestimmung, die diese Selbständigkeit aufhebt oder mindert, stellt eine Wettbewerbsbeschränkung dar. Wettbewerbsbeschränkungen liegen demnach stets dann vor, wenn Marktteilnehmer ihre Teilnahme am Wettbewerb überhaupt ausschließen oder den freien Gebrauch einzelner wettbewerblicher Aktionsparameter beschränken[384]. Um sich dem Wettbewerbsdruck zu entziehen, wird durch Vertrag, Beschluß oder abgestimmte Verhaltensweisen die Kooperation mit anderen gesucht, die zu Wettbewerbsbeschränkungen führt. Kooperation bedeutet im marktwirtschaftlichen Sinne die Zusammenlegung einzelner Unternehmensfunktionen zu dem Zweck, die Leistung der beteiligten Unternehmen zu steigern und dadurch deren Wettbewerbsfähigkeit zu verbessern[385]. Wenn z.B. zwei Unternehmen in ihrer wirtschaftlichen Existenz in sehr starkem Maße voneinander abhängen, so bildet dies einen starken Anreiz, durch kooperatives Verhalten das Existenzrisiko zu mildern[386]. Der Rahmen der Kooperation läßt einer breiten Palette von Möglichkeiten und Abstufungen der Zusammenarbeit nach Umfang, Intensität und Richtung Raum. Das Feld reicht vom losen Erfahrungsaustausch über einzelne Marktdaten (z.B. Umsätze) bis zur Zusammenfassung aller Funktionen in einem Syndikat, das sich vom Vertragskonzern nur noch durch die Art der Entscheidungsbildung unterscheidet[387].

Eine wichtige horizontale Kooperationsform sind Kartelle. Das „Wesen" eines Kartells besteht darin, daß Marktteilnehmer durch Vereinbarungen, Beschlüsse oder aufeinander abgestimmte Verhaltensweisen ihr Verhalten auf dem Markt koordinieren oder ihren Gebrauch von Aktionsparametern im Wettbewerb beschränken, um dadurch den Wettbewerb untereinander zu verhindern, zu verfälschen oder zumindest einzuschränken[388]. „Klassische" Beispiele in der Markt-

384 *Ulrich Gassner*, Grundzüge des Kartellrechts, 1999, S. 28.

385 *Werner Benisch*, Kooperationserleichterungen und Wettbewerb, in: Helmut Cox/Uwe Jens/Kurt Markert (Hrsg.), Handbuch des Wettbewerbs, 1981, S. 401 (417).

386 *Erhard Kantzenbach/Horst Greiffenberg*, Die Übertragbarkeit des Modells des „funktionsfähigen Wettbewerbs" auf die Presse, in: Siegfried Klaue/Manfred Knoche/Axel Zerdick (Hrsg.), Probleme der Pressekonzentrationsforschung, 1980, S. 189 (192).

387 *Werner Benisch*, Kooperationserleichterungen und Wettbewerb, in: Helmut Cox/Uwe Jens/Kurt Markert (Hrsg.), Handbuch des Wettbewerbs, 1981, S. 401 (417).

388 *Volker Emmerich*, Kartellrecht, 1999, S. 27f; *Jürgen Burkhardt*, Kartellrecht, 1995, Rn. 110; *Ulrich Gassner*, Grundzüge des Kartellrechts, 1999, S. 24.

wirtschaft sind Vereinbarungen der Unternehmen über den Preis, den sie fortan gemeinsam fordern wollen, über die Menge, die jedes Unternehmen in Zukunft nur noch anbieten darf, sowie über das Gebiet, das jedem von ihnen reserviert werden soll[389]. Die Folge ist in jedem Fall, daß der Marktgegenseite Alternativen verlorengehen, wodurch ihre Position verschlechtert wird[390].

Dasselbe Ziel wird durch aufeinander abgestimmte Verhaltensweisen erreicht, indem sich mehrere Beteiligte in Koordinierungsabsicht ohne rechtliche Verpflichtung gegenseitig über das künftige Marktverhalten verständigen[391]. Schwierig ist die Frage, wann ein Parallelverhalten der Marktteilnehmer abgestimmt ist oder nicht, denn oligopolistisch strukturierte Märkte zeichnen sich ebenfalls durch gleichförmige Verhaltensweisen aus[392]. Die Grenze zu einem verbotenen abgestimmten Verhalten gilt bei einer Fühlungnahme zwischen Anbietern oder Nachfragern als überschritten, sofern sie darauf zielt, die Ungewißheit über das Verhalten der Wettbewerber auszuräumen[393]. Angesichts der Beweisschwierigkeiten ist anerkannt, daß gleichförmige Verhaltensweisen zumindest dann ein Indiz für das Vorliegen eines aufeinander abgestimmten Verhaltens bilden, wenn sie nicht den normalen Wettbewerbsbedingungen entsprechen und auch nicht durch marktspezifische Zwänge plausibel erklärt werden können[394].

3. Erwartungen an Wettbewerb

Vom Wettbewerb wird erwartet, daß er in fast allen Bereichen des Gemeinschaftslebens die größtmögliche Annäherung an allgemein erwünschte Zielvorhaben leistet[395]. Konkret gefaßt sind diese Erwartungen in den Funktionen, die man durch den wirtschaftlichen Wettbewerb erfüllt sehen will. Vorrangige Bedeutung hat die sog. Steuerungs- und Ordnungsfunktion des Wettbewerbs[396]. Der Wettbewerb sorgt dafür, daß das Angebot am Markt nach den Präferenzen der Nachfrager gestaltet wird. Der Wettbewerb sichert damit unter Umständen

---

389 *Volker Emmerich*, Kartellrecht, 1999, S. 27f; *Jürgen Burkhardt*, Kartellrecht, 1995, Rn. 110.

390 *Jürgen Burkhardt*, Kartellrecht, 1995, Rn. 110.

391 *Ulrich Gassner*, Grundzüge des Kartellrechts, 1999, S. 25.

392 *Ulrich Gassner*, Grundzüge des Kartellrechts, 1999, S. 25.

393 *Ulrich Gassner*, Grundzüge des Kartellrechts, 1999, S. 26; Volker Emmerich, Kartellrecht, 1999, S. 38.

394 *Ulrich Gassner*, Grundzüge des Kartellrechts, 1999, S. 26; Volker Emmerich, Kartellrecht, 1999, S. 38.

395 *Bodo Klein*, Konkurrenz auf dem Markt der geistigen Freiheiten, 1990, S. 39.

396 *Volker Emmerich*, Kartellrecht, 1999, S. 2.

eine optimale Befriedigung individueller Bedürfnisse[397]. Der Wettbewerb zwingt die Beteiligten, sich ständig an die sich ändernden Marktdaten anzupassen, also flexibel zu bleiben, Innovationen und technischen Fortschritt zuzulassen und sich um den wirtschaftlichsten Einsatz ihrer Leistungsmittel zwecks Kostensenkung zu bemühen[398]. Indem Wettbewerb die Produktionsfaktoren in ihre produktivsten Einsatzmöglichkeiten lenkt, begrenzt sich das Ausmaß der Fehlinvestitionen[399].

Wettbewerb hat neben diesen wirtschaftspolitischen Funktionen auch die gesellschaftspolitische Funktion, den Aufbau ständiger Machtpositionen wie Monopole zu verhindern und zu einer gleichmäßigen Machtverteilung zu führen[400].

---

397 *Volker Emmerich*, Kartellrecht, 1999, S. 2.

398 *Volker Emmerich*, Kartellrecht, 1999, S. 2; *Helmut Cox/Harald Hübener*, Wettbewerb, in: Helmut Cox/Uwe Jens/Kurt Markert (Hrsg.), Handbuch des Wettbewerbs, 1981, S. 1 (4).

399 *Jürgen Burkhardt*, Kartellrecht, 1995, Rn. 12.

400 *Roland Maaß*, Der Wettbewerb im örtlichen Personenbeförderungswesen, 1998, S. 30; *Helmut Cox/Harald Hübener*, Wettbewerb, in: Helmut Cox/Uwe Jens/Kurt Markert (Hrsg.), Handbuch des Wettbewerbs, 1981, S. 1 (4); *Volker Emmerich*, Kartellrecht, 1999, S. 3.

E. Schulen und Wettbewerb

In der Einleitung wurde bereits angedeutet, daß die Existenz von Wettbewerb im öffentlichen Schulwesen nicht ohne weiteres ein naheliegender Gedanke ist. Das mag insbesondere daran liegen, daß das öffentliche Schulwesen in die Strukturen der allgemeinen öffentlichen Verwaltung eingebunden ist.

I. Grundprinzipien der öffentlichen Verwaltung

Die öffentliche Verwaltung ist gem. Art. 20 Abs. 3 GG an Recht und Gesetz gebunden. Ihre Entscheidungen müssen bestimmt, vorhersehbar und verhältnismäßig sein und sich an den Entscheidungen der unabhängigen Gerichte ausrichten[401]. Jeder Eingriff in eine Grundrechtsposition eines Bürgers ist nur aufgrund eines Gesetzes oder durch ein Gesetz erlaubt[402]. Der Bürger muß anhand der Rechtsordnung ersehen können, ob und inwieweit die Verwaltung in seinen Rechtskreis eingreifen kann, bzw. ob und mit welchen staatlichen Leistungen er rechnen kann[403]. Der Staat ist dazu angehalten, den Bürger an der Willensbildung zu beteiligen, insbesondere durch Mitwirkungsrechte im Verwaltungsverfahren und allgemeinen Anhörungspflichten, und seine Entscheidungen transparent zu gestalten[404].

Die öffentliche Verwaltung muß häufig Leistungen erbringen, welche die private Wirtschaft unterläßt oder aus wirtschaftlichen Gründen nicht erbringt. Grund dafür ist die aus dem Sozialstaatsprinzip resultierende Pflicht, für ein

---

401 *Hermann Hill*, Qualität in der öffentlichen Verwaltung, in: Hermann Hill/Helmut Klages (Hrsg.), Spitzenverwaltungen im Wettbewerb, 1993, S. 13 (14ff); *Wolfgang Bott*, Schule und Schulaufsicht im Rechtsstaat, LKV 1992, S. 221 (221); *Maximilian Wallerath*, Allgemeines Verwaltungsrecht, 1992, § 3 II 1 b; *Franz Mayer/Ferdinand Kopp*, Allgemeines Verwaltungsrecht, 1985, § 8 III 1.

402 *Wolfgang Bott*, Schule und Schulaufsicht im Rechtsstaat, LKV 1992, S. 221 (221); *Roman Herzog*, in: Theodor Maunz/Günter Dürig, Grundgesetz, Art. 20 (VI.) Rn. 33, 55.

403 *Franz Mayer/Ferdinand Kopp*, Allgemeines Verwaltungsrecht, 1985, § 8 I 2.

404 *Hartmut Maurer*, Allgemeines Verwaltungsrecht, 1999, § 2 Rn. 16, § 19 Rn. 9; *Hermann Hill*, Qualität in der öffentlichen Verwaltung, in: Hermann Hill/Helmut Klages (Hrsg.), Spitzenverwaltungen im Wettbewerb, 1993, S. 13 (21f); Maximilian Wallerath, Allgemeines Verwaltungsrecht, 1992, § 3 II 1 b.

menschenwürdiges Existenzminimum unter Beachtung des Gleichheitsgrundsatzes zu sorgen[405].

Dem Staat stehen zur Durchführung von Verwaltungsaufgaben alle Möglichkeiten des Verwaltungshandelns und der Verwaltungsorganisation offen. Unter diesen Mitteln kann der Gesetzgeber die zur Bewältigung der Aufgabe effektivste Organisationsform sowohl im Hinblick auf die Durchführung der Verwaltungsaufgabe als auch zu deren organisatorischer Bewältigung wählen[406]. Dies geht jedoch nur im Rahmen der grundrechtlichen Bedingungen und der Kompetenzvorschriften[407]. Die staatliche Kompetenzordnung führt zu einem vielfältig ausdifferenzierten Geflecht von Zuständigkeiten. Entscheidungen sollen möglichst von den Organen getroffen werden, die dafür nach ihrer Organisation, Zusammensetzung, Funktion und Verfahrensweise über die besten Voraussetzungen verfügen. Sowohl innerhalb von Verwaltungsbehörden als auch im Rahmen des Zusammenwirkens verschiedener Behörden entsteht dadurch eine vielfältig geteilte Verantwortung[408].

II. Konkurrierende Zuständigkeiten bzw. Mehrfachzuständigkeiten

In der öffentlichen Verwaltung gibt es jenen Bereich öffentlicher Güter und Aufgaben, bei denen die Bürger Wahlmöglichkeiten haben zwischen verschiedenen öffentlichen Leistungsträgern, die zuständig sind. Die Zuständigkeiten dieser öffentlichen Leistungsträger konkurrieren. Eine solche Konkurrenz tritt besonders auf in Politik- und Aufgabenfeldern, die nicht den Kernbereich der öffentlichen Verwaltung betreffen. So kann auf dem Gebiet der Kultur zwischen verschiedenen Museen, Theatern, Bibliotheken, im Bereich der Wirtschaft an einigen Orten zwischen Sparkassen, auf dem Gebiet des Sozialen zwischen Altersheimen, Kindergärten, Sozialstationen und auf dem Gebiet der Bildung zwischen Universitäten und Volkshochschulen gewählt werden[409]. Im öffentlichen

405 *Hermann Hill*, Qualität in der öffentlichen Verwaltung, in: Hermann Hill/Helmut Klages (Hrsg.), Spitzenverwaltungen im Wettbewerb, 1993, S. 13 (14ff); *Maximilian Wallerath*, Allgemeines Verwaltungsrecht, 1992, § 3 II 1 b.

406 *Thomas Langer*, Monopole als Handlungsinstrumente der öffentlichen Hand, 1998, S. 51 m.w.N..

407 *Thomas Langer*, Monopole als Handlungsinstrumente der öffentlichen Hand, 1998, S. 51 m.w.N..

408 *Hermann Hill*, Qualität in der öffentlichen Verwaltung, in: Hermann Hill/Helmut Klages (Hrsg.), Spitzenverwaltungen im Wettbewerb, 1993, S. 13 (14ff).

409 *Klaus König*, Markt und Wettbewerb als Staats- und Verwaltungsprinzipien, DVBl. 1997, S. 239 (246f); weitere Fallgruppen siehe *Janbernd Oebbecke*, Mehrfachzustän-

Schulwesen können in den Fällen, in denen die weiterführenden Schulen keinem Schuleinzugsbereich zugeordnet sind, die Eltern bei der Anmeldung ihrer Kinder zwischen verschiedenen Schulen wählen[410]. Die weiterführenden Schulen sind damit gleichermaßen zuständig für die im Gemeindegebiet lebenden schulpflichtigen Kinder und Jugendlichen. Folge ist auch hier, daß die Zuständigkeiten der weiterführenden Schulen konkurrieren. Die Mehrfachzuständigkeiten und die daraus folgenden Wahlmöglichkeiten für die Eltern und Schüler entstehen dabei ohne eine Beeinträchtigung der Strukturen klassischer Verwaltung.

1. Prinzip der ausschließlichen Zuständigkeitsordnung

In der öffentlichen Verwaltung gilt das organisatorische Prinzip der ausschließlichen Zuständigkeitsordnung. Zuständigkeit bedeutet die Verpflichtung und Berechtigung, bestimmte Angelegenheiten einer Organisationseinheit wahrzunehmen[411]. Nur die zuständige Behörde ist vom Gesetzgeber beauftragt, die betreffenden Entscheidungen zu fällen[412]. Mehrfachzuständigkeiten oder konkurrierende Zuständigkeiten sollen vermieden werden[413]. Sie sind dem Verwaltungsrecht jedoch keineswegs unbekannt, wie bereits im vorherigen Abschnitt aufgezeigt wurde. Konkurrierende Zuständigkeiten treten auf, weil nicht alle Regelungssachverhalte von vornherein abstrakt erdacht und voneinander abgegrenzt werden können[414]. Konkurrierende Zuständigkeiten liegen dann vor, wenn sich verschiedene Zuständigkeitsträger in zeitlicher, örtlicher und sachlicher Hinsicht mit derselben Aufgabe befassen und dabei mindestens auch dieselben unmittelbaren Ziele verfolgen[415]. Ihre Tätigkeit richtet sich auf denselben Erfolg[416].

---

digkeiten in der Verwaltung als Verfassungsproblem, in: Wilfried Küper (Hrsg.), Beiträge zur Rechtswissenschaft, 1993, S. 1119 (1121ff).

410 Siehe S. 61 ff.

411 *Hans Peter Bull*, Allgemeines Verwaltungsrecht, 2000, Rn. 146.

412 *Ernst Rasch*, Die staatliche Verwaltungsorganisation, 1967, S. 132.

413 *Heinrich Reinermann*, Marktwirtschaftliches Verhalten in der öffentlichen Verwaltung, DÖV 1992, S. 133 (139).

414 *Winfried Brohm*, Kompetenzüberschneidungen im Bundesstaat, DÖV 1983, S. 525 (528).

415 *Janbernd Oebbecke*, Mehrfachzuständigkeiten in der Verwaltung als Verfassungsproblem, in: Wilfried Küper (Hrsg.), Beiträge zur Rechtswissenschaft, 1993, S. 1119 (1120f.).

416 *Janbernd Oebbecke*, Mehrfachzuständigkeiten in der Verwaltung als Verfassungsproblem, in: Wilfried Küper (Hrsg.), Beiträge zur Rechtswissenschaft, 1993, S. 1119 (1120f). Siehe dazu die dort aufgeführten Beispiele.

Die öffentliche Verwaltung hat Regeln, um Rivalitäten zu vermeiden[417]. Kommt es zu einer Mehrfachzuständigkeit, dann handelt diejenige Behörde, die zuerst mit der Sache befaßt worden ist[418]. Zuständigkeitskonflikte werden aber auch derart gelöst, daß der Vorrang angeordnet ist[419] oder die Aufsichtsbehörde den Zuständigen bestimmt[420].

2. Zulässigkeit der konkurrierenden Zuständigkeiten bzw. Mehrfachzuständigkeiten im öffentlichen Schulwesen

Die Festlegung der ausschließlichen Behördenzuständigkeit bezweckt die optimale Erledigung der Verwaltungsaufgaben durch die Vermeidung von Doppelarbeit[421]. Ferner soll damit die sachliche und personelle Spezialisierung der Verwaltung und ihre Abschirmung gegen unkontrollierbare externe Einflußnahme gewährleistet werden[422]. Es wird davon ausgegangen, daß die zuständige Behörde durch ihre Sachkompetenz und Erfahrung immer zugleich auch eine gewisse Gewähr für eine in der Sache richtige Entscheidung bietet[423]. Das Demokratieprinzip verlangt klare Verantwortlichkeiten, d.h. Fehler und Versäumnisse müssen auf einen einzelnen Zuständigkeitsträger zurechenbar sein, anders lassen sich etwa die parlamentarischen Funktionen nicht erfüllen[424]. Schließlich soll durch die Zuständigkeitsnormen gewährleistet werden, daß die Entscheidung einer Behörde nicht durch die gegenteilige Entscheidung einer anderen Behörde

---

417 *Klaus König*, Der Verwaltungsstaat in Deutschland, Verwaltungsarchiv 1997, S. 545 (565 f).

418 § 3 II 1 VwVfG (bei örtlicher Zuständigkeit).

419 Beispiele siehe *Janbernd Oebbecke*, Mehrfachzuständigkeiten in der Verwaltung als Verfassungsproblem, in: Wilfried Küper (Hrsg.), Beiträge zur Rechtswissenschaft, 1993, S. 1119 (1129).

420 *Klaus König*, Zur Kritik eines neuen öffentlichen Managements, Speyer Forschungsberichte 155, 1995, S. 65f; *Ernst Rasch*, Die staatliche Verwaltungsorganisation, 1967, S. 135 mit Beispielen; weitere Beispiele siehe *Janbernd Oebbecke*, Mehrfachzuständigkeiten in der Verwaltung als Verfassungsproblem, in: Wilfried Küper (Hrsg.), Beiträge zur Rechtswissenschaft, 1993, S. 1119 (1129).

421 *Hans Peter Bull*, Allgemeines Verwaltungsrecht, 2000, Rn. 146; *Ernst Rasch*, Die staatliche Verwaltungsorganisation, 1967, S. 96; *Maximilian Wallerath*, Allgemeines Verwaltungsrecht, 1992, § 5 IV.

422 *Ulrich Battis*, Allgemeines Verwaltungsrecht, 1997, S. 76; *Maximilian Wallerath*, Allgemeines Verwaltungsrecht, 1992, § 5 IV.

423 *Franz Mayer/Ferdinand Kopp*, Allgemeines Verwaltungsrecht, 1985, § 12 II.

424 *Winfried Brohm*, Kompetenzüberschneidungen im Bundesstaat, DÖV 1983, S. 525 (525).

durchkreuzt wird, denn dies widerspricht dem Gebot des Vertrauensschutzes[425]. Aus dem in Art. 20 Abs. 3 und 28 Abs. 1 GG niedergelegten Rechtsstaatsprinzip, dem Bürger Rechtssicherheit und Schutz vor der Staatsgewalt zu gewährleisten, ergibt sich die Notwendigkeit, durch die Regelung der Zuständigkeit für den Bürger verbindlich festzulegen und erkennbar zu machen, wer berechtigt ist, in seinen Angelegenheiten zu entscheiden[426]. Die vom Gesetz bestimmte Behörde soll die vom Gesetz vorgesehene Maßnahme treffen[427]. Dies dient sowohl dem Interesse an der optimalen Entscheidung wie auch dem Rechtsschutz[428]. Wenn der Gesetzgeber eine Behörde mit einer bestimmten Aufgabe beauftragt, so geht er davon aus, daß dieses Amt das notwendige Personal besitzt, welches erforderlich ist, um eine technisch richtige Entscheidung zu treffen. Durch eine derartige Zuständigkeitsregelung hat der Bürger die Gewähr, daß Fachleute entscheiden. Der Bürger kann daher verlangen, daß diese gesetzgeberische Entscheidung respektiert wird[429].

Trotz dieser berechtigten Einwände gegen konkurrierende Zuständigkeiten gilt es zu differenzieren und ist ein generelles Verbot administrativer Mehrfachzuständigkeiten nicht anzuerkennen[430]. Die Bedenken, daß eine konkurrierende Zuständigkeit zu unterschiedlichem und damit divergierendem Handeln der Zuständigkeitsträger führt, gelten nur für bestimmte Gruppen von Verwaltungshandlungen. Die Durchhaltung des Prinzips der ausschließlichen Zuständigkeit ist für die Eingriffsverwaltung einsichtig, da es um den Schutz der Rechtssphäre des Bürgers geht[431]. Bei der Leistungsverwaltung ist jedoch bei bestimmten Fallgruppen wie der Entgegennahme von Meldungen oder den Serviceleistungen gegenüber dem Bürger eine ausschließliche Zuständigkeit nicht zwingend[432]. Dies gilt auch für die Mehrfachzuständigkeit der weiterführenden öffentlichen Schulen im Falle der freien Wahl der Einzelschule durch die Eltern.

---

425 *Ernst Rasch*, Die staatliche Verwaltungsorganisation, 1967, S. 132; *Roman Herzog*, in: Theodor Maunz/Günter Dürig, Grundgesetz, Art. 20 (VII.) Rn. 57ff.

426 *Ulrich Battis*, Allgemeines Verwaltungsrecht, 1997, S. 76.

427 *Ernst Rasch*, Die staatliche Verwaltungsorganisation, 1967, S. 132.

428 *Ulrich Battis*, Allgemeines Verwaltungsrecht, 1997, S. 76.

429 *Ernst Rasch*, Die staatliche Verwaltungsorganisation, 1967, S. 132.

430 Siehe Argumente im allgemeinen: *Janbernd Oebbecke*, Mehrfachzuständigkeiten in der Verwaltung als Verfassungsproblem, in: Wilfried Küper (Hrsg.), Beiträge zur Rechtswissenschaft, 1993, S. 1119 (1134).

431 *Klaus König*, Modernisierung von Staat und Verwaltung, 1997, S. 129; *Klaus König*, Rekonstruktion der Staatsfunktionen in der Staatswirtschaft und im Wohlfahrtsstaat, ZfV 1996, S. 665 (671).

432 *Janbernd Oebbecke*, Mehrfachzuständigkeiten in der Verwaltung als Verfassungsproblem, in: Wilfried Küper (Hrsg.), Beiträge zur Rechtswissenschaft, 1993, S. 1119 (1128f.).

Im öffentlichen Schulwesen finden sich keine Regelungen zur Behandlung konkurrierender Zuständigkeiten, die sich dann ergeben, wenn weiterführende Schulen keinen Schuleinzugsbereichen zugeordnet sind. Einige Länder haben die Einrichtung von Schuleinzugsbereichen im Belieben des Schulträgers gelassen[433]. Hier werden also Mehrfachzuständigkeiten akzeptiert. Dies widerspricht nicht den unter Punkt E II 1 genannten Gründen, die für die Notwendigkeit der ausschließlichen Zuständigkeitordnung angeführt werden. Doppelarbeit entsteht nicht, denn alle Schulen müssen sich ohnehin mit den neu aufzunehmenden Schülern beschäftigen. Durch die Beratung, die die Eltern im Rahmen der Anmeldung von einem Schulleiter erhalten, wird eine andere Schule entlastet. Schüler wird die jeweilige Schule auf jeden Fall aufnehmen, so daß sie sich nicht umsonst bemüht hat. Außerdem erweitern die Mehrfachzuständigkeiten der Schulen die Wahlfreiheit der Eltern und Schüler, die in den Art. 6 Abs. 2 S. 1, 2 Abs. 1 und 12 Abs. 1 S. 1 GG garantiert wird. Die Mehrfachzuständigkeiten müssen keineswegs unwirtschaftlich sein. Es ist nicht ohne weiteres auszuschließen, daß sie für eine kostenoptimale und nachfrageorientierte Leistungserstellung sorgen und den konkurrierenden Schulen ständigen Anreiz zur Verbesserung ihrer Leistungen bieten. Auch besteht der Sinn der Festlegung von Schuleinzugsbereichen nicht darin, daß sich die dann ausschließlich zuständige Schule z.B. auf Schüler aus dem bestimmten Schuleinzugsbereich spezialisiert. Vorrangiges Ziel der Festlegung von Schuleinzugsbereichen ist vielmehr, eine effektive Auslastung der Schulen zu gewährleisten[434]. Bedenken aus dem Rechtsstaatsprinzip, wonach die Zuständigkeitsnormen ebenso wie andere Vorschriften hinreichend klar gefaßt sein müssen[435], sind hier unbegründet, da die Zuständigkeiten der Schulen trotz Konkurrenz für die Eltern bzw. Kinder transparent sind. Die Eltern wissen, zwischen welchen zuständigen Schulen sie in ihrem Gemeindegebiet wählen können. Sie werden vom Schulträger informiert.

433 Siehe dazu S. 61 ff.

434 Der vorher lediglich Schulbezirke für Grund-, Haupt- und Berufsschulen vorsehende § 9 NWSchVG wurde mit den Argumenten um die Möglichkeit der Schulträger, Schuleinzugsbereiche für die anderen öffentlichen Schulen zu schaffen, erweitert, daß ein Bedürfnis nach Rechtssicherheit besteht, Schuleinzugsbereiche eine Ordnungsfunktion haben und Schulträger wiederholt den Wunsch äußerten, die Schülerströme zu den verschiedenen Schulen innerhalb der gleichen Schulform so besser lenken zu können (Landtag Nordrhein-Westfalen, 7. Wahlperiode, Plenarprotokolle Band 6, 124. Sitzung am 27.02.1975, S. 5257 (A); Landtag Nordrhein-Westfalen, 7. Wahlperiode, Drucksachen Band 21, Drks. 7/3844, S. 14).

435 *Klaus Stern*, Das Staatsrecht der Bundesrepublik Deutschland, Band I, 1984, § 20 IV 4 d; *Roman Herzog*, in: Theodor Maunz/Günter Dürig, Grundgesetz, Art. 20 (VII.) Rn. 63.

Die Eltern sind durch die Schulpflicht ihres Kindes gezwungen, eine unter den zuständigen Schulen zu wählen, und mit dieser Wahl ergibt sich die Verantwortlichkeit einer Schule. Dieser Schule kann im Sinne des Demokratieprinzips ihr Handeln zugerechnet werden. Für ein fehlerhaftes Unterlassen sind bei konkurrierenden Zuständigkeiten jeweils alle Zuständigkeitsträger verantwortlich, wenn sie trotz Möglichkeit zum Handeln untätig geblieben sind[436], also alle zuständigen Schulen. Bedenken, die gegen administrative Mehrfachzuständigkeiten angeführt werden, sind im Falle der konkurrierenden Zuständigkeiten der weiterführenden Schulen unbegründet.

III. Wettbewerb zwischen Schulen

In Kapitel D II wurde die Vermutung aufgestellt, die durch die konkurrierenden Zuständigkeiten der Schulen bedingte Schulwahlfreiheit rufe marktähnliche Bedingungen hervor, die einen Wettbewerb bewirken könnten. Die Frage ist, was für diese Hypothese spricht. Um diesen Überlegungen eine Struktur zu geben, wurde auf die in Kapitel D II 1 herausgearbeiteten Kriterien für Wettbewerb zurückgegriffen.

1. Markt

Im öffentlichen Schulwesen sind unterschiedliche Wettbewerbsbeziehungen vorstellbar. Da sich die jeweilige Schule durch ihre Eigenart und ihr Image im Gemeindegebiet auszeichnet, ist ein Wettbewerb der Schüler bzw. Eltern untereinander um einen Schulplatz bei einer begehrten Schule denkbar. Möglich ist ebenso ein Wettbewerb unter Lehrkräften um Anstellung an einer bestimmten Schule. Im Falle der freien Wahl zwischen einzelnen weiterführenden Schulen stellt sich die Frage, ob zwischen öffentlichen Schulen ein Wettbewerb besteht. Letzteres soll hier untersucht werden. Hilfreich zur Bestimmung einer Wettbewerbsbeziehung ist der Marktbegriff. Auf dem Markt treffen Angebot und Nachfrage hinsichtlich eines konkreten Gutes oder einer Dienstleistung innerhalb eines bestimmten Gebietes und Zeitraumes zusammen[437]. Der relevante Markt, auf dem also ein möglicher Wettbewerb zwischen den öffentlichen Schulen stattfinden könnte, ist nach räumlichen, sachlichen und ggf. zeitlichen Krite-

---

436 *Janbernd Oebbecke*, Mehrfachzuständigkeiten in der Verwaltung als Verfassungsproblem, in: Wilfried Küper (Hrsg.), Beiträge zur Rechtswissenschaft, 1993, S. 1119 (1126).

437 *Volker Emmerich*, Kartellrecht, 1999, S. 179.

rien abzugrenzen. Räumlich relevant ist in erster Linie das Gemeindegebiet, in dem die Eltern bzw. Schüler wohnen. Es ist davon auszugehen, daß letztere in diesem Gemeindegebiet ihrer Schulpflicht nachkommen wollen. Der sachlich relevante Markt ist anhand der getauschten Güter festzumachen, d.h., welche Erzeugnisse des Angebots aus der Sicht der Eltern bzw. Schüler funktional austauschbar sind. Zu demselben Markt gehören alle Güter und Leistungen, die nach dem Urteil des durchschnittlichen, vernünftigen Verbrauchers für ihn ohne weiteres denselben Verwendungszweck zu befriedigen geeignet sind, vorausgesetzt, daß der Verbraucher von dieser Wahlmöglichkeit tatsächlich Gebrauch macht[438]. Hauptschule, Realschule, Gesamtschule und Gymnasium stehen sich in ihrem Bildungsziel und -angebot nicht so nahe, daß sie ohne weiteres als gegenseitig austauschbar angesehen werden könnten. Aus der Sicht der Eltern, die sich jedoch keine explizite Vorstellung von der schulischen Ausbildung ihres Kindes gemacht haben, könnten diese Schulformen unter dem Gesichtspunkt funktional austauschbar sein, daß es sich um weiterführende Schulformen handelt. Auch die Eltern, die für ihr Kind das Abitur als Schulabschluß wünschen, könnten zwischen Gesamtschule oder Gymnasium angesichts der unterschiedlichen Bildungsstruktur schwanken. Die unterschiedlichen weiterführenden Schulformen sind also als geeignete Alternativen denkbar. Auf einen Wettbewerb der Schulformen untereinander um die Gunst der Eltern soll hier jedoch nicht näher eingegangen werden[439].

Die einzelnen Schulen der gleichen Schulform in einem Gemeindegebiet, zwischen denen die Eltern zum Zeitpunkt des Wechsels der Grundschüler zu den weiterführenden Schulen wählen können, sofern ihnen diese Wahlfreiheit nicht durch festgelegte Schuleinzugsbereiche versagt ist, sind angesichts ihrer festgelegten einheitlichen Grundstruktur aus der Sicht der Eltern für den weiteren Bildungsweg ihrer Kinder grundsätzlich geeignet und gegenseitig austauschbar. Den Schülern bzw. Eltern erscheint letztendlich die Schule, die sie gewählt haben, mehr geeignet als die andere. Sie bevorzugen jeweils aus unterschiedlichen Gründen eine Schule unter den im Gebiet angebotenen Schulen der gleichen Schulform. Die Schulen gleicher Schulform stehen somit auf dem Markt der Schulangebote in Beziehung zueinander. Die Schulen sind bestrebt, ihre Schulplätze mit Schülern aus dem Gemeindegebiet, um die sich alle Schulen bemühen, zu besetzen. Einem Angebot von Schulplätzen steht eine Nachfrage nach Bildungsmöglichkeiten entgegen. Die tatsächlichen Austauschbedingungen

---

438 *Peter-Michael Huber*, Konkurrenzschutz im Verwaltungsrecht, 1991, S. 42; *Volker Emmerich,* Kartellrecht, 1999, S. 179f.

439 Hier sei auf mehrere, unter Fn. 568 aufgeführte Untersuchungen, insbesondere im Hinblick auf das Verhältnis Gymnasium und Gesamtschule, verwiesen.

sind hier allerdings nicht wie in der Wirtschaft durch einen Gleichgewichtspreis bestimmt, sondern eben durch eine Reihe von institutionellen Bedingungen wie die allgemeine Schulpflicht. Die Kosten des Angebots werden im allgemeinen nicht aus den für frühere Leistungen erzielten Preisen, sondern aus öffentlichen Haushalten finanziert[440]. Es gilt nun anhand der in Kapitel D II 1 c angeführten Kriterien zu prüfen, inwieweit auf dem Markt der Schulangebote zwischen den Schulen Wettbewerb denkbar ist.

2. Gleichheit der Ziele

Wettbewerb setzt die Gleichheit des Ziels voraus, das erreicht werden will. Der eine muß das zu gewinnen streben, was ein anderer zu gleicher Zeit zu gewinnen erzielt. Schulen in Gemeinden, in denen die freie Schulwahl gewährleistet ist, werden alljährlich zu dem Zeitpunkt des Wechsels der Schüler von der Grundschule in die weiterführenden Schulen das Ziel haben, eine ausreichende Anzahl an Anmeldungen zu verzeichnen. Sind Schuleinzugsbereiche festgelegt worden, ist die Zusammensetzung der Schülerschaft lediglich von der örtlichen Sozialstruktur und der Bevölkerungsentwicklung abhängig. Durch die freie Schulwahl steht der Schüler im Mittelpunkt des Interesses. Eine ausreichende Schülerzahl gewährleistet eine ausgelastete Schule - sowohl bezüglich Schulgebäude als auch bezüglich Lehrpersonal - und sichert die an Schülerzahlen festgemachte Finanzausstattung der Schule[441]. Dem könnte entgegenstehen, daß weder das Einkommen der Lehrer noch die finanzielle Absicherung der Schulen an sich von der Höhe der Schülerzahlen abhängig sind[442]. Die Höhe der Anmeldezahlen müßte gerade dann, wenn an jeder Schule mehr als genug Schüler aufgenommen werden könnten, von nachrangigem Interesse sein.

Es spricht jedoch einiges für die Vermutung, daß Schulen im Falle der freien Schulwahl der Eltern das gleiche Ziel anstreben, nämlich genügend Schüler für ihre Schule zu gewinnen[443]. Geringe Anmeldezahlen sind nur solange unbe-

---

440 *Claus Offe*, Bildungsökonomie und Motive der Bildungspolitik, in: Mehdi Tohidipur (Hrsg.), Politische Ökonomie des Bildungswesens, 1974, S. 363 (363).

441 *Helmut Lang*, Zukunftsorientiertes Schulkonzept der Städtischen Wirtschaftsschule Ansbach, in: Hermann Hill/Helmut Klages (Hrsg.), Spitzenverwaltungen im Wettbewerb, 1993, S. 61 (62). Davon geht auch die *Bildungskommission NRW* (Zukunft der Bildung-Schule der Zukunft, 1995, S. 142) aus.

442 *Wolfram Engels*, Bildung ohne Leistung und Wettbewerb, Mitteilungen des Hochschulverbandes, Jahrg. 22, Heft 3, Juni 1974, S. 347 (351).

443 Laut Bericht des *OECD* (Freie Schulwahl im internationalen Vergleich, 1996, S. 25) konnte dies im Rahmen eines internationalen Vergleichs festgestellt werden, wenn freie Schulwahl bestand. Auch wird dies angenommen, wenn das staatliche Schulmonopol

denklich, wie die Schule tragfähig bleibt[444]. Ausschlaggebend für die Tragfähigkeit von Bildungseinrichtungen des allgemeinbildenden Schulwesens kann die Anzahl der Kinder und Jugendlichen sein, die in erreichbarer Nähe des Schulstandortes wohnen. Diese ist gefährdet, wenn im näheren Einzugsgebiet ein konkurrierendes Schulangebot besteht oder wenn traditionelle Bildungspendlerwege, etwa zu Gymnasien in Nachbarorten, bestehen[445]. Im Rahmen eines internationalen Vergleichs wurde festgestellt, daß angesichts der freien Schulwahl beliebte Schulen mit immer größerer Nachfrage konfrontiert werden. Sie erhalten dann mehr Ressourcen und werden dadurch noch beliebter. Weniger populäre Schulen hingegen verlieren Schüler und geraten in Gefahr des Infragestellens ihrer Tragfähigkeit[446]. Weniger Anmeldungen könnten angesichts der Kürzung der damit zusammenhängenden Lehrerzahl bzw. Versetzung der Lehrer eine Einschränkung des pädagogischen Angebots bedeuten[447]. Mit stabilen Schülerzahlen kann der Status quo der Schule erhalten bleiben.

Stabile Anmeldezahlen haben aber auch einen ideellen Wert. Sie können als Bestätigung des Schulangebots und der schulischen Leistungen gesehen werden. Der Schulleiter und die Lehrer stehen hinter dem Angebot und den Werten ihrer Schule, so daß sie bei einer hohen Resonanz ihre pädagogische Arbeit positiv bewertet sehen. Stabile oder erhöhte Anmeldezahlen bewirken ein positives Image und einen gefestigten Ruf der Schule, was angesichts der Tatsache, daß die interessierte Öffentlichkeit meist rasch nach dem Image der Bildungseinrichtungen urteilt[448], von Bedeutung ist. Das schlägt sich kurzfristig in den Schüler-

---

aufgelöst wird. Es würden „gute" und „schlechte" Schulen entstehen. Die Schulen könnten nur überleben, wenn sie entsprechenden Zulauf hätten; Schüler und Eltern würden diejenigen Schulen bevorzugen, die ihren Bedürfnissen und Überzeugungen entsprechen und die geforderten Leistungen erbringen (so *Roland Glaser*, Schule im freien Wettbewerb, ZBV 1/94, S. 5 (10)); *Axel G. Koetz*, Wettbewerbs- und kundenorientiertes Schulmanagement, in: Tagungsbericht zum 27. Mühlheimer Kongreß, Autonomie von Schule, S. 35 (35)). Die *Bildungskommission NRW* (Zukunft der Bildung-Schule der Zukunft, 1995, S. 142) bestätigt dies, insbesondere für die Zeit sinkender Schülerzahlen.

444 Siehe dazu S. 27 ff.

445 *Tino Bargel/Manfred Kuthe/Klaus Reinhardt*, Gesamtschule und Region, in: Horst Weishaupt (Hrsg.), Sozialraumanalyse und regionale Bildungsplanung, 1983, S. 91 (124).

446 *OECD*, Freie Schulwahl im internationalen Vergleich, 1996, S. 69.

447 *OECD*, Freie Schulwahl im internationalen Vergleich, 1996, S. 53.

448 *Helmut Lang*, Zukunftsorientiertes Schulkonzept der Städtischen Wirtschaftsschule Ansbach, in: Hermann Hill/Helmut Klages (Hrsg.), Spitzenverwaltungen im Wettbewerb, 1993, S. 61 (61); *Lutz Dietze*, Zur Reform der Schulstrukturen im Lichte der Rechtsprechung, NVwZ 1984, S. 72 (76).

zahlen und langfristig in der Akzeptanz der Schule nieder, was wieder Einfluß auf das Schulwahlverhalten und die Anmeldezahlen hat.

Neben diesem ideellen Anreiz ist auch ein finanzieller Anreiz zu vermuten. Die Schulen können vom Schulträger zusätzliche Ressourcen nur durch die Steigerung der Schülerzahlen innerhalb der ihnen zur Verfügung stehenden räumlichen Kapazitäten erhalten. Es gibt also Gründe und Zusammenhänge, die dafür sprechen, daß die Schulen das gleiche Ziel, nämlich Schüler für ihre Schule zu gewinnen, anstreben.

3. Wettbewerb als Verfahren des Leistungsvergleichs mit Auslesecharakter

a. Wettbewerb als dynamischer Prozeß

Wettbewerb zeichnet sich durch das wechselseitige Vergleichen aus, wobei jeder Wettbewerber versucht, aus den Vergleichsergebnissen Optimierungsideen zu gewinnen. Der Wettbewerber, dessen Leistung sich als überlegen erweist, erreicht das Ziel. Meist sind in einer Gemeinde mehrere Schulen des gleichen Typs vertreten, die räumlich und personell gut ausgestattet sind. In dieser Situation ist es für die einzelne Schule keine leichte Aufgabe, vor den pädagogischen Mitbewerbern zu bestehen. Dabei sehen sich viele Schulen einem gestiegenen Anspruchsdenken von Schülern, Eltern und gesellschaftlichem Umfeld gegenüber[449]. Es ist anzunehmen, daß die jeweilige Schule sich gezwungen sieht, ihre Position im Schulumfeld in jedem neuen Schuljahr zu erarbeiten und zu entwikkeln. Für die Beziehungen der Schulen untereinander erfährt die Angebotssituation anderer Schulen und die allgemeine Anerkennung der Schule im Umfeld an Wichtigkeit. Die „schulorganisatorischen" Bedingungen, wie vor allem das Aufnahmeverfahren, das „schulpolitische" Handeln der Lehrer und Kollegien und das allgemeine soziale und politische Klima im Ort oder Ortsteil rücken für die Schulen in den Vordergrund[450]. Schulspezifische Gegebenheiten wie die schulische Leistung und der schulische Erfolg, die bauliche Ausstattung, die zur Verfügung stehenden Mittel und die Art der schulischen und außerschulischen Angebote sind häufig wichtig im Verhältnis der Schulen untereinander[451]. Es ist da-

449 *Helmut Lang*, Zukunftsorientiertes Schulkonzept der Städtischen Wirtschaftsschule Ansbach, in: Hermann Hill/Helmut Klages (Hrsg.), Spitzenverwaltungen im Wettbewerb, 1993, S. 61 (62).

450 *Tino Bargel/Manfred Kuthe/Klaus Reinhardt*, Gesamtschule und Region, in: Horst Weishaupt (Hrsg.), Sozialraumanalyse und regionale Bildungsplanung, 1983, S. 91 (106).

451 *Tino Bargel/Manfred Kuthe/Klaus Reinhardt*, Gesamtschule und Region, in: Horst Weishaupt (Hrsg.), Sozialraumanalyse und regionale Bildungsplanung, 1983, S. 91 (107).

her zu vermuten, daß die Schulen im Fall der freien Schulwahl mit dem Ziel einer Positionsverbesserung gegenüber den anderen Schulen einem Prozeß des Sich-Vergleichens und des Sich-Entwickelns unterworfen sind. Die Schule schafft sich günstige Voraussetzungen gegenüber den anderen Schulen, wenn sie initiativ wird und für ihr Umfeld wichtige ständige Einrichtungen wie Nachmittagsbetreuung oder einen Sportverein begründet[452]. Die Akzeptanz der Schule kann in dem Maße gesteigert werden, in dem es ihr gelingt, für den Ort soziale und kulturelle Funktionen im Sinne eines lokalen Zentrums wahrzunehmen[453]. Es hat sich gezeigt, daß schulische Veranstaltungen dann nicht nur öffentlich angekündigt, sondern durchweg wohlwollend in der Lokalpresse rezensiert werden. Die Akzeptanz geht verloren, wenn die Schule Gegenstand öffentlicher Konflikte wird oder ein „instabiles“ Bild für die Bevölkerung abgibt[454].

Die öffentliche Schule scheint trotz ihrer Einbindung in einen engen rechtlichen Rahmen in der Lage zu sein, dynamisch auf Veränderungen im Umfeld zu agieren und sich dem Vergleich mit anderen Schulen zu stellen. Als positive Folge der Dynamik des Wettbewerbs wird der Leistungsansporn gesehen. Es wird vertreten, daß die Dynamik eines Wettbewerbs um Schüler in der Regel einige Eigenschaften von Schulen verstärkt, die mit ihrer Leistungsfähigkeit in Zusammenhang gebracht werden, wie etwa eine starke Schulführung[455]. Zudem steigere die aktive Entscheidung für eine Schule eigener Wahl die Zufriedenheit der Eltern und Kinder, was dann zur Leistungsfähigkeit der Schule beitrage, da diese Eltern und Schüler ihre Schule unterstützten[456].

Andere wiederum sehen die Marktlogik, wonach das Marktsignal „Klientenverlust“ die Schule zu besonderen Anstrengungen veranlasse, um gegenüber

---

452 *Tino Bargel/Manfred Kuthe/Klaus Reinhardt*, Gesamtschule und Region, in: Horst Weishaupt (Hrsg.), Sozialraumanalyse und regionale Bildungsplanung, 1983, S. 91 (123).

453 *Tino Bargel/Manfred Kuthe/Klaus Reinhardt*, Gesamtschule und Region, in: Horst Weishaupt (Hrsg.), Sozialraumanalyse und regionale Bildungsplanung, 1983, S. 91 (123).

454 *Tino Bargel/Manfred Kuthe/Klaus Reinhardt*, Gesamtschule und Region, in: Horst Weishaupt (Hrsg.), Sozialraumanalyse und regionale Bildungsplanung, 1983, S. 91 (123).

455 *OECD*, Freie Schulwahl im internationalen Vergleich, 1996, S. 9; *Kurt Spiess*, Qualität und Qualitätsentwicklung, 1997, S. 34f: „Bei der Effizienz geht es um das Verhältnis von Aufwand und Nutzen. Derartige Überlegungen haben bisher eher wenig Bedeutung in der Schule erlangt. Die konkreten Wirkungen in der Schule lassen sich oft nicht einfach feststellen oder gar messen. Schulleitungen und Lehrpersonal, die am nächsten bei der Schule sind, haben heute kaum Möglichkeiten, den Einsatz der Mittel zu bestimmen und damit Verantwortung für die Effizienz zu übernehmen.“

456 *OECD*, Freie Schulwahl im internationalen Vergleich, 1996, S. 9.

den anderen Schulen bestehen zu können, als kontraproduktiv geführt. Der Attraktivitätsverlust einer Schule könne nämlich auch eine Abwanderung engagierter Eltern bedeuten, was gerade die Problemlösungs- und Leistungsfähigkeit der Schule erheblich mindere[457]. Inwiefern Wettbewerb die Schulen zu innovativem Verhalten zwingt und pädagogisch erwünschten Neuerungen auf breiter Basis zur Durchsetzung verhilft, wird ebenfalls in Frage gestellt[458]. Im Rahmen einer Untersuchung mit privaten Schulen zeigte sich, daß sich gerade die Mehrzahl der unter Wettbewerbsbedingungen stehenden privaten Schulen - insbesondere Schulen mit kirchlichen Trägern - eher durch eine konservative Sichtweise in der pädagogischen Praxis auszeichnen[459]. Es sprechen also einige Erkenntnisse und Argumente für die Vermutung, daß sich Schulen untereinander mit dem Ziel vergleichen, ihre Position unter den anderen Schulen bestimmen und durch das Sammeln von Optimierungsideen ggf. verbessern zu können.

b. Außensteuerung des Wettbewerbs

Die Mechanik des Wettbewerbs setzt einen lenkenden Dritten voraus, der die einzelnen Leistungen zueinander in Beziehung setzt, bewertet und auf diese Weise zur Erarbeitung des Wettbewerbsergebnisses beiträgt. Die Eltern können zumindest dann als lenkende Dritte bezeichnet werden, wenn ihre Kinder von der Grundschule auf die weiterführende Schule wechseln sollen und sie zwischen verschiedenen potentiellen Schulen wählen können.

Eltern und Schüler wählen eine Schule heute bewußter. Da den Eltern von den Medien, den Politikern und dem Zeitgeist zunehmend vermittelt wird, daß Bildung die Lebenschancen eines Kindes bestimmt, wächst der Druck auf sie, die „beste" verfügbare Schule auszuwählen[460]. Allerdings haben die Eltern nur wenig Möglichkeiten, sich Informationen darüber zu beschaffen, welche Schule die „beste" ist. Es fehlt an einer zentralen informationellen Infrastruktur. Das liegt mitunter auch daran, daß die Bildungsleistung zu dem Zeitpunkt, an dem die Schulwahlentscheidung getroffen werden muß, nicht zuverlässig beurteilt werden kann, sondern erst während des Bildungsprozesses und nach dessen Ab-

---

457 *Manfred Weiß*, Der Markt als Steuerungssystem im Schulwesen?, Zeitschrift für Pädagogik 1993, S. 71 (80).

458 *Manfred Weiß*, Effizienz des Ressourceneinsatzes und Marktsteuerung im Schulbereich, ZBV 3/1996, S. 21 (31).

459 *Ulf Preuss-Lausitz*, Private und Freie Schulen, Die Deutsche Schule 4/1995, S. 447 (457f).

460 *OECD*, Freie Schulwahl im internationalen Vergleich, 1996, S. 29, 53.

schluß[461]. Die Eltern werden durch die freie Schulwahl dazu angehalten, sich selbst aufschlußreiche Informationen zu verschaffen und die Leistungen von Schulen gegenüber denen von anderen zu vergleichen und abzuwägen. Den Wertvorstellungen der Eltern wird dadurch ein größerer Einfluß eingeräumt. Das Ergebnis eines Vergleichs zwischen den angebotenen Schulen wird in den Anmeldezahlen der weiterführenden Schulen nach dem Wechsel von der Grundschule deutlich. Es ist zu vermuten, daß die Anmeldungen der Kinder als eine Form der Akzeptanz und positiven Einstellung der wählenden Eltern bzw. Kinder gegenüber der Schule anzusehen ist[462]. Eltern und Schüler werden in der Regel diejenige Schule bevorzugen, die ihren Bedürfnissen und Überzeugungen entspricht und die geforderten Leistungen erbringt. In Anbetracht dessen ist davon auszugehen, daß die Anzahl der Anmeldungen Signalwirkung sowohl für die Schule und ihre Mitglieder als auch für die Nachfrager von Schulleistungen hat[463].

Im Gegensatz zu einem Wettbewerb um ein industrielles Produkt, bei dem der Preis den Ausschlag für den Erfolg geben kann, sofern nicht ein offensichtlicher Qualitätsunterschied vorliegt, können bei einem vorstellbaren Wettbewerb um Schüler die Merkmale für die Entscheidung des Betroffenen und damit für den Erfolg im Wettbewerb vielschichtig sein[464]. Es handelt sich um eine subjektive Entscheidung. Andere Motive, die vielleicht weniger mit verglichenen Leistungen der Schule zu tun haben, können ausschlaggebend für die Wahl gewesen sein. Das führt gerade im Hinblick auf die erhofften Wirkungen, die einige Bildungsökonomen in den Wettbewerb setzen, zu der Befürchtung, daß Eltern nicht die „idealen Konsumenten" seien, von denen die Befürworter einer Privatisierung des Bildungsangebots stets ausgehen, wenn sie die Leistungswirksamkeit als dominantes Schulwahlmotiv herausstellen[465].

Es bestehen verschiedene Vorstellungen über die Kriterien, die das Schulwahlverhalten der Eltern ausmachen. Es wird vermutet, daß sich Eltern mit ihren Schulwahlentscheidungen keineswegs immer an qualitativen Aspekten wie z.B. Schulprogramm oder an der Leistungswirksamkeit einer Schule orientieren,

---

461 *Manfred Weiß*, Effizienz des Ressourceneinsatzes und Marktsteuerung im Schulbereich, ZBV 3/1996, S. 21 (31).

462 Vgl. *Erika Risse*, Kann eine „normale" Schule autonom sein?, Pädagogik 11/1993, S. 17 (17).

463 Vgl. *Erika Risse*, Kann eine „normale" Schule autonom sein?, Pädagogik 11/1993, S. 17 (17).

464 So ausgeführt für den Wettbewerb unter Universitäten in: *George Turner*, Universitäten in der Konkurrenz, 1986, S. 57.

465 *Manfred Weiß*, Effizienz des Ressourceneinsatzes und Marktsteuerung im Schulbereich, ZBV 3/1996, S. 21 (31) m.w.N..

vielmehr bestehen ausgeprägte Präferenzen für wohnortnahe Schulangebote[466]. Je besser eine Schule erreichbar ist und je schlechter Schulangebote der gleichen Schulform zu erreichen sind, um so häufiger wird diese Schule gewählt[467]. Selbst für die Gruppe der aktiv wählenden Eltern, die sich eingehend über das „Marktangebot“ informieren und sich oftmals für eine Schule außerhalb ihres Wohngebiets entscheiden, scheinen Leistungskriterien für die Schulwahl eher von nachrangiger Bedeutung zu sein[468]. Daneben existieren aber auch andere Kriterien, die bestimmend für eine Entscheidung sein können. So ist die Wahl der Schule einerseits durch bereits klar vorgefaßte Einstellungen und Präferenzen der Eltern determiniert, wonach die Eltern nur auf einer solchen Basis die dazu passende Schule aussuchen[469]. Andererseits kann auch die Anziehung durch bestimmte Kennzeichen der Schule eine Rolle spielen. Erst dadurch kommen sie auf die Idee, ihr Kind in eine bestimmte öffentliche Schule zu schikken[470]. Ebenso wird hervorgehoben, daß die Eltern davon ausgehen, daß die Wahl einer Schule entscheidende Auswirkungen für ihr Kind haben kann, so daß die Wahl für die Eltern häufig eine emotionale Handlung oder ein Akt der Selbstdefinition darstellt[471]. In kleineren Städten ist es von auffallendem Gewicht für die Wahlentscheidung, wer sein Kind auf welche Schule schickt.

Dafür ist wohl maßgeblich, daß solche Entscheidungen in den Kleinstädten eher Thema von Gesprächen im Ort sind. Es wird ziemlich genau registriert, wer sein Kind an welcher Schule anmeldet[472]. In den allermeisten Fällen ist nicht nur ein Motiv ausschlaggebend, sondern das Zusammenspiel von Motiven, welche für die Schulwahl entscheidend sind[473].

---

466 *Manfred Weiß*, Der Markt als Steuerungssystem im Schulwesen?, Zeitschrift für Pädagogik 1993, S. 71 (81).

467 *Rolf Hansen*, Quantitative Entwicklungen und strukturelle Veränderungen der Schule in der BRD, 1993, S. 77f.

468 *Manfred Weiß*, Der Markt als Steuerungssystem im Schulwesen?, Zeitschrift für Pädagogik 1993, S. 71 (81).

469 *Gerhard Stumm*, Ergebnisse der Direktorenbefragung, in: Irmfried Speiser (Hrsg.), Determinanten der Schulwahl, 1993, S. 73 (73f). Erkenntnisse beruhen auf einer Studie in Österreich.

470 *Gerhard Stumm*, Ergebnisse der Direktorenbefragung, in: Irmfried Speiser (Hrsg.), Determinanten der Schulwahl, 1993, S. 73 (73f).

471 *OECD*, Freie Schulwahl im internationalen Vergleich, 1996, S. 15.

472 *Tino Bargel/Manfred Kuthe/Klaus Reinhardt*, Gesamtschule und Region, in: Horst Weishaupt (Hrsg.), Sozialraumanalyse und regionale Bildungsplanung, 1983, S. 91 (105).

473 *Gerhard Stumm*, Ergebnisse der Direktorenbefragung, in: Irmfried Speiser (Hrsg.), Determinanten der Schulwahl, 1993, S. 73 (74).

Die Schulen wiederum haben die Präferenzen der Eltern bezüglich des Fächerangebots oder der Unterrichtsgestaltung im Blick. Sie versuchen die Eltern der Schüler dadurch zu überzeugen. Nach Einschätzung der Bildungskommission NRW widmet die Schule insbesondere in der Zeit sinkender Schülerzahlen der Ausbildung eines individuellen Profils verstärkte Aufmerksamkeit, um in Konkurrenz zu anderen Schulen der gleichen Schulform ausreichend Schüler anzuziehen und den Bestand der Schule zu sichern[474]. Die Bildungskommission NRW geht davon aus, daß inzwischen das Profil einer Schule einen vorrangig pädagogischen Stellenwert erhält, bedingt durch das verstärkte Bedürfnis der Schulen danach, nicht nur zufällige Standortvor- oder -nachteile dem Schulprofil zurechnen zu lassen, sondern dieses aktiv zu planen und zu gestalten[475]. So ist jede Schule zwar mehr oder weniger auf ihr eigenes Profil stolz, sie konzentriert sich aber auch auf die Möglichkeiten, die ihr ein „Ansehen" verleihen können[476].

4. Wettbewerbsfreiheit und -wille

Wettbewerb erfordert Handlungsspielräume. Auch wenn die Entschlußfreiheit der Handelnden durch Vorschriften, Aufsicht oder andere Maßnahmen des Staates oder seiner Organe eingeengt ist, kann noch Freiraum für Wettbewerb gegeben sein, sofern nicht die staatliche Lenkung den Wettbewerb völlig ausgeschlossen hat[477]. Das öffentliche Schulwesen unterliegt einem engen Rahmen[478]. Schule und Unterricht werden durch die pädagogisch-psychologischen Gesetzmäßigkeiten, Schulrecht, Lehrpläne und Stundentafeln ebenso geprägt wie durch die finanziellen Einschränkungen und die begrenzte Zuweisung von Lehrerstellen[479]. Der öffentlich-rechtliche Bildungsauftrag und die damit verbundene Leistungsorientierung und Beurteilungssystematik verbieten eine schrankenlose

474 *Bildungskommission NRW*, Zukunft der Bildung-Schule der Zukunft, 1995, S. 142.

475 *Bildungskommission NRW*, Zukunft der Bildung-Schule der Zukunft, 1995, S. 142.

476 *Gerhard Stumm*, Ergebnisse der Direktorenbefragung, in: Irmfried Speiser (Hrsg.), Determinanten der Schulwahl, 1993, S. 73 (74).

477 *George Turner*, Universitäten in der Konkurrenz, 1986, S. 43.

478 *Jörg Engelmann*, Zusammenarbeit zwischen Schule und Wirtschaft, Pädagogische Führung 3/1999, S. 112 (113): „Der Anspruch des Bildungs- und Erziehungsauftrages der Schule wurde wie ein Schirm über die Schule gehalten und schwebte gleichzeitig wie ein Damoklesschwert über allen Vorstößen, die aus dem Ideenreichtum einzelner Schulen, engagierter Lehrer und Unternehmen erwachsen sind."

479 *Helmut Lang*, Zukunftsorientiertes Schulkonzept der Städtischen Wirtschaftsschule Ansbach, in: Hermann Hill/Helmut Klages (Hrsg.), Spitzenverwaltungen im Wettbewerb, 1993, S. 61 (62); *Bildungskommission NRW*, Zukunft der Bildung-Schule der Zukunft, 1995, S. 151f.

Ausweitung der Schülerzahlen. Alle Schulformen und Schulen haben vielmehr die gemeinsame Aufgabe, dafür zu sorgen, daß jede Schule diejenigen Schüler aufnimmt, die für die jeweilige Schulform und eine bestimmte lokale Schule geeignet sind[480]. Der Schulträger bestimmt mit der Ausstattung der Schulgebäude und ggf. der Festlegung der Zügigkeit jeder Schule die Grenzen der Aufnahmekapazität der Schulen. Die Anzahl der Schulen wird kontrolliert, so daß für andere Anbieter von Schulen jeder Schulform kein freier bzw. ungehinderter Zugang zum Gemeindegebiet besteht.

Trotz der vorgegebenen formalen Rahmenbedingungen finden die Schulen genügend Handlungsspielräume, die ihnen erhebliche Leistungsdifferenzen untereinander ermöglichen. So sind öffentliche Schulen, die der gleichen Schulform angehören, aus verschiedenen Gründen ungleich: Nicht nur räumliche Gesichtspunkte, sondern die inhaltlich verschiedenen Angebote spielen eine Rolle (z.B. Engagement des Lehrkörpers, Teilnahme an Schulversuchen, Publikationen, Festschriften, öffentliche Veranstaltungen, Tage der offenen Tür oder Darstellung von Projekten)[481]. Fraglich ist, ob die Schulen die Initiative zur eigenen Schulgestaltung auch in dem Bewußtsein ergreifen, mit ihrem Angebot neben konkurrierenden alternativen Angeboten anderer Schulen bestehen zu müssen.

5. Aktionsparameter des Wettbewerbs

Die Schule ist in ihrer Gestaltung und Leistungsfähigkeit nicht unerheblich von der Einstellung der tatsächlichen und potentiellen Schüler und Eltern abhängig. Die Positionierung der Schule im Präferenzfeld und in der Wahrnehmung der Eltern und die Schülerselektion werden einige der wichtigsten „Marktstrategien" der Schulen bilden[482]. Es ist anzunehmen, daß die Schule mit nachfrageorientierten Maßnahmen reagiert, wenn ihr der Rückgang der Schülerzahlen bewußt wird. Schulspezifische Planungsinstrumente könnten dann die Schüler- und El-

480 *Helmut Lang*, Zukunftsorientiertes Schulkonzept der Städtischen Wirtschaftsschule Ansbach, in: Hermann Hill/ Helmut Klages (Hrsg.), Spitzenverwaltungen im Wettbewerb, 1993, S. 61 (62).

481 *Helmut Fend*, Was ist eine gute Schule?, Westermanns Pädagogische Beiträge 7/8/1986, S. 8 (10f); *Hans-Günter Rolff*, Wandel durch Selbstorganisation, 1995, S. 106; *Thüringer Institut für Lehrerfortbildung, Lehrplanentwicklung und Medien*, Materialien, Heft 18, Gymnasien in Thüringen, S. 19ff; *Irmfried Speiser*, Konzept der qualitativen Untersuchungsteile, in: Irmfried Speiser, Determinanten der Schulwahl, 1993, S. 53 (53); *Hans Haenisch*, Gute und schlechte Schulen im Spiegel der empirischen Schulforschung, Westermanns Pädagogische Beiträge 7/8/1986, S. 18 (19).

482 *Dieter Sadowski*, Schulen, in: Klaus Chmielewicz/Peter Eichhorn (Hrsg.), Handwörterbuch der Öffentlichen Betriebswirtschaft, 1989, S. 1431 (1433f).

ternbefragung, die Öffentlichkeits- und Elternarbeit, verstärkte Profilbildung (zusätzliche Unterrichtsangebote, außerunterrichtliche Veranstaltungen), Schule als Veranstalter, Schwerpunktsetzung in der Ausstattung und schülergerechtere Ausstattung des Schulumfeldes sein[483]. Aber auch gezieltes Werben um eine leistungsfähige Klientel z.B. mit Zusatzangeboten wie Ganztagsbetreuung oder mit dem Rückzug in die Nische eines bestimmten Bildungsangebots wie Berufsvorbereitung ist vorstellbar[484]. Inwieweit der Einsatz der Aktionsparameter Qualität und Öffentlichkeitsarbeit den Schulen zu einer Positionsverbesserung im Vergleich zu den anderen Schulen verhelfen kann, soll im weiteren näher betrachtet werden.

a. Qualität

Der Besuch der öffentlichen Schulen ist kostenlos. Die Schulen müssen also auf Qualitätsbasis um die Schüler kämpfen. Der Begriff der Qualität ist im Schulwesen als Vergleichskriterium noch nicht so etabliert wie in der Wirtschaft[485]. Das Ministerium für Schule und Weiterbildung, Wissenschaft und Forschung des Landes Nordrhein-Westfalen hat sich in den letzten Jahren die Qualitätsentwicklung und Qualitätssicherung in Schulen zur Aufgabe gemacht und versucht, Kriterien zu bestimmen, an denen sich die Schulqualität feststellen und positiv beeinflussen läßt[486]. Eine Maßnahme, die mit bildungspolitischem Anspruch an die

---

483 *Cay Süberkrüb/Dieter Peters*, „Betrieb Schule", SchulVerwaltung NRW 2/1996, S. 40 (44).

484 Vgl. *Dieter Sadowski*, Schulen, in: Klaus Chmielewicz/Peter Eichhorn (Hrsg.), Handwörterbuch der Öffentlichen Betriebswirtschaft, 1989, S. 1431 (1433).

485 *Jörg Engelmann*, Zusammenarbeit zwischen Schule und Wirtschaft, Pädagogische Führung 3/1999, S. 112 (113); *Kurt Spiess*, Qualität und Qualitätsentwicklung, 1997, S. 12 (siehe zu bestimmten Qualitätsmodellen und Qualitätsmanagement, S. 50ff): „Qualitätssicherung sorgt dafür, daß definierte Qualitätsanforderungen erfüllt werden. Dazu werden Kriterien von „Qualität" festgelegt und Indikatoren als Meßgrößen bestimmt. Standards definieren die Mindestanforderungen, die Grenzwerte. Regelmäßige Messungen überprüfen die Erfüllung der Qualitätsstandards. Qualitätssicherung ist statisch und normierend. Bei der Qualitätsentwicklung geht es um einen dauernden Verbesserungsprozeß. Regelmäßig werden die notwendigen Informationen beschafft und aufgearbeitet, um Stärken, Schwächen und Potentiale festzustellen, um sich eine auf Fakten begründete Meinung zu bilden und um Maßnahmen zur Verbesserung treffen zu können".

486 Siehe dazu die Initiativen des *Ministeriums für Schule und Weiterbildung, Wissenschaft und Forschung des Landes Nordrhein-Westfalen* zur Qualitätsentwicklung und Qualitätssicherung in selbständigeren Schulen: Entwicklungskonzept „Stärkung der Schule", Bericht der Ministerin für Schule und Weiterbildung, Wissenschaft und Forschung zur „Entwicklung und Sicherung der Qualität schulischer Arbeit" an den Landtag vom März 1998; „Qualität als gemeinsame Aufgabe", Rahmenkonzept „Qualitätsentwicklung und

Gewährleistung eines qualitativen Schulwesens an die Schulen herangetragen wurde, ist die Schaffung von Vergleichsstandards innerhalb der Schule durch Austausch der Arbeiten unter den Parallelklassen[487].

Obwohl die Kriterien zur Bemessung der Qualität einer Schule im einzelnen noch weitgehend unklar sind, besteht über einige Anforderungen an eine „gute" Schule Einigkeit. Es ist zu vermuten, daß Schulen zur Verbesserung ihrer Situation vor Ort verstärkt an deren Erfüllung arbeiten. Die erfolgreiche Arbeit einer Schule geht über die bloße Vermittlung der Unterrichtsinhalte hinaus. Die Qualität eines Bildungsangebots wird durch die tägliche Erziehungs- und Unterrichtsarbeit im Rahmen der Pflicht- und Wahlfächer geprägt[488]. Hier zählt die Qualität der Lehrer. Lehr- und Lerneffizienz gehören zu den wichtigen Anliegen der Eltern, wenn es um Erwartungshaltungen gegenüber Schulen geht. Die Qualität des Unterrichts wird am Lernerfolg des Kindes gemessen und zu einem wesentlichen Teil auf die Qualifikation der Lehrkräfte zurückgeführt[489]. Die Kompetenz der Lehrer und ihre Routine prägen das Bild der Schule. Das mag an der

---

Qualitätssicherung schulischer Arbeit", Schriftenreihe Schule in NRW Nr. 9029, Frechen 1998; Schulentwicklung, Evaluation in der Schulpraxis, Beiträge zur Qualitätsentwicklung und Qualitätssicherung von Schule, Dokumentation einer landesweiten Fachtagung im Rahmen des Dialogs über die Denkschrift der Bildungskommission NRW „Zukunft der Bildung – Schule der Zukunft" vom 18. bis 19. September 1997 im Landesinstitut für Schule und Weiterbildung, Soest, Schriftenreihe Schule in NRW Nr. 9023, Frechen 1998; Schulentwicklung, „... und sie bewegt sich doch!", Entwicklungskonzept „Stärkung der Schule", Schriftenreihe Schule in NRW Nr. 9014, Frechen 1997. Weitere Nachweise siehe bei *Gerhard Orth*, Qualitätsentwicklung und Qualitätssicherung als gemeinsame Aufgabe, SchulVerwaltung NRW 8/1999, S. 202 (204).

487 Ministerium für Schule und Weiterbildung, Wissenschaft und Forschung, Qualitätsentwicklung und Qualitätssicherung durch Parallelarbeiten und Aufgabenbeispiele, Runderlaß vom 1.12.1998, ABl. NRW 1 Nr. 1/99, S. 2f; Ministerium für Schule und Weiterbildung, Wissenschaft und Forschung, Abiturprüfung 1999: 1. Zweitkorrektur durch Lehrkräfte anderer Schulen, 2. Fremdvorsitz im vierten Fach der Abiturprüfung, Runderlaß vom 21.12.1998, ABl. NRW. 1 Nr. 1/99, S. 3; Ministerium für Schule und Weiterbildung, Wissenschaft und Forschung, Abiturprüfung 2000, Maßnahmen zur Qualitätsentwicklung und Qualitätssicherung, Runderlaß vom 31.11.1999, ABl. NRW. 1 Nr. 12/99, S. 228; *Elmar Schulz-Vanheyden*, Rede zum Abschluß der Fachtagung „Evaluation in der Schulpraxis", in: Ministerium für Schule und Weiterbildung Nordrhein-Westfalen (Hrsg.), Evaluation in der Schulpraxis, 1998, S. 127 (129).

488 *Helmut Lang*, Zukunftsorientiertes Schulkonzept der Städtischen Wirtschaftsschule Ansbach, in: Hermann Hill/Helmut Klages (Hrsg.), Spitzenverwaltungen im Wettbewerb, 1993, S. 61 (63f); *Kurt Spiess*, Qualität und Qualitätsentwicklung, 1997, S. 36.

489 *Fessl* & GFK-Institut, Durchführung und Ergebnisse der Gruppendiskussion, in: Irmfried Speiser (Hrsg.), Determinanten der Schulwahl, 1993, S. 57 (63); *Elmar Schulz-Vanheyden*, Noten für Lehrerinnen und Lehrer?, SchulVerwaltung NRW 1/2000, S. 4 (4).

den Lehrern zuerkannten und geschützten pädagogischen Freiheit liegen. Genausogut kann diese Bedeutung der Lehrer auch zum Grund werden, einer bestimmten Schule auszuweichen bzw. das Kind aus einer Klasse herauszunehmen[490]. Die Schule und insbesondere der Schulleiter haben nur insoweit positiven Einfluß, als sie die Lehrer zur Leistung motivieren können. Lehrkräfte mit bestimmten Fächerkonstellationen können neue Angebote an der Schule schaffen. Engagierte Lehrer sorgen z.B. für die Einführung von interessanten Arbeitsgemeinschaften. Für die Schule stellt sich das Problem, daß sie grundsätzlich keine, auf ihre Bedürfnisse bezogene Personaleinstellung vornehmen kann[491]. In Nordrhein-Westfalen wird durch das „Geld statt Stellen"-Programm, das Geldmittel zur Beschäftigung von Aushilfskräften oder zur Vergütung von nebenamtlichen Tätigkeiten oder von Mehrarbeit bereitstellt, ein Versuch unternommen, Flexibilität im Personalbereich zu unterstützen[492]. Der Schulleiter soll auch mehr Verantwortung für die Personalentwicklung im Rahmen der „schulscharfen" Ausschreibung von Lehrerstellen erhalten. Dies bedeutet, daß eine Stelle dem konkreten Bedarf der Schule entsprechend unter Mitwirkung der Schule besetzt wird. Der Schulleiter führt den Vorsitz in der Auswahlkommission[493]. Zur Leistungssteigerung der Lehrer kann mittlerweile auf materielle Leistungsanreize zurückgegriffen werden. In Nordrhein-Westfalen können für Lehrer an öffentlichen Schulen anstelle von Leistungsprämien Entlastungsstunden

---

490 *Gerhard Stumm*, Ergebnisse der Direktorenbefragung, in: Irmfried Speiser (Hrsg.), Determinanten der Schulwahl, 1993, S. 73 (90).

491 Die Auswahl der Lehrer erfolgt in Nordrhein-Westfalen durch die Bezirksregierung in Form einer spezifischen Ausgestaltung des beamtenrechtlichen Prinzips der Bestenauslese, das sich aus Art. 33 GG herleitet. Es werden dabei auf Bezirksebene Ranglisten auf der Grundlage der Noten des Ersten und des Zweiten Staatsexamens erstellt und die Bewerber entsprechend ihrem Rangplatz eingestellt (*Bildungskommission NRW*, Zukunft der Bildung-Schule der Zukunft, 1995, S. 328).

492 *Bildungskommission NRW*, Zukunft der Bildung-Schule der Zukunft, 1995, S. 209. Die Bezirksregierung hat dazu folgende Auskunft gegeben: „Das Konzept ´Geld statt Stellen´ zielt darauf, die Finanzierung von Personalmaßnahmen zu ermöglichen, die zur Deckung eines vorübergehend auftretenden Unterrichtsbedarfs einzelner Schulen erforderlich sind. In erster Linie geht es darum, daß der nach dem Stundenplan vorgesehene Unterricht auch bei Ausfall von Lehrkräften erteilt werden kann (Vertretungsunterricht). (...) Haushaltstechnisch beschreibt das Konzept ´Geld statt Stellen´ die Besonderheit, daß zur Abdeckung von Personalkosten für aktiv Beschäftigte im Haushaltsplan nicht - wie üblich - Stellen ausgebracht, sondern konkret bezifferte Geldbeträge bereitgestellt werden".

493 *Ministerium für Schule und Weiterbildung des Landes Nordrhein-Westfalen (Hrsg.)*, Zukunft der Bildung-Schule der Zukunft, Zweieinhalb Jahre Dialog um die Denkschrift, 1998, S. 27.

zur Honorierung besonderer Leistungen vergeben werden[494]. Durch das Gesetz zur Reform des öffentlichen Dienstrechts geschieht das bisherige Aufsteigen in den Besoldungsstufen nicht mehr automatisch durch Zeitablauf, sondern ist leistungsabhängig[495].

Die pädagogische Qualität einer Schule hängt auch davon ab, in welchem Grade sich die Schüler, das Kollegium, die Eltern und eine interessierte Öffentlichkeit mit ihr identifizieren und als ihre Schule wahrnehmen und mitgestalten[496]. Insbesondere wird von guten Schulen immer dann gesprochen, wenn sie sich durch ein pädagogisches Grundkonzept auszeichnen, das von allen Beteiligten der Schule mitgetragen und durchgesetzt wird[497]. Aus der Sicht der Schule kann dies aber auch heißen, daß die Qualität und Reputation der Schule davon abhängt, wer ihre Klienten sind. Die Schule erbringt personale Dienstleistungen, was bedeutet, daß Klienten gleichsam zu Organisationsmitgliedern und die Klientenselektion zu einer erfolgsbestimmenden Organisationsaufgabe werden können[498]. Es ist anzunehmen, daß zur Wahrnehmung dieser Aufgabe unter konkreten Rahmenbedingungen bei den einzelnen Schulen eine Auswahl und Auslese geeigneter Schüler stattfindet[499].

Die Qualität eines Bildungsangebots wird aber auch durch das außerunterrichtliche Angebot, das schulische Leben und die Öffnung der Schule in das lokale und regionale Umfeld geprägt[500]. Die Einzelschule versucht, in ihrer Arbeit

---

494 *Elmar Schulz-Vanheyden*, Noten für Lehrerinnen und Lehrer?, SchulVerwaltung NRW 1/2000, S. 4 (5); Ministerium für Schule und Weiterbildung, Wissenschaft und Forschung, Gewährung von Entlastungsstunden für besondere Leistungen anstelle von Leistungsprämien im Schulbereich, Runderlaß vom 13.12.1999, ABl. NRW 1 Nr. 12/99, S. 229.

495 Gesetz zur Reform des öffentlichen Dienstrechts (Reformgesetz) vom 24.2.1997, BGBl. Jahrg. 1997, Teil I, S. 322: Die Landesregierungen sind durch das Reformgesetz auch ermächtigt worden, per Rechtsverordnung die Vergabe der leistungsbezogenen Sonderzahlungen neben der „Normalbesoldung" zu regeln. In Nordrhein-Westfalen gibt es seit März 1998 eine Leistungsstufenverordnung und eine Leistungsprämien- und -zulagenverordnung (Dienstrechtsänderungsgesetz vom 20.4.1999, GVBl.NRW, S. 148).

496 *Tom Stryck*, Autonomie und Schulträger, in: Peter Daschner/Hans-Günter Rolff/Tom Stryck (Hrsg.), Schulautonomie, 1995, S. 109 (121).

497 *Helmut Schorlemmer*, Sponsoring, SchulVewaltung NRW 4/1999, S. 114 (114).

498 *Dieter Sadowski*, Schulen, in: Klaus Chmielewicz/Peter Eichhorn (Hrsg.), Handwörterbuch der Öffentlichen Betriebswirtschaft, 1989, S. 1431 (1433).

499 *Manfred Weiß*, Mikroökonomie der Schule, in: Hans-Günter Rolff (Hrsg.), Zukunftsfelder von Schulforschung, 1995, S. 41 (53).

500 *Helmut Lang*, Zukunftsorientiertes Schulkonzept der Städtischen Wirtschaftsschule Ansbach, in: Hermann Hill/Helmut Klages (Hrsg.), Spitzenverwaltungen im Wettbewerb, 1993, S. 61 (63f); *Ministerium für Schule und Weiterbildung des Landes Nord-*

einen besonderen Schwerpunkt zu setzen und für sich und andere wahrnehmbare charakteristische Akzente auszuprägen[501]. Durch ein ausgeprägtes Profil macht sich die Schule für Schüler, Eltern und Lehrkräfte pädagogisch attraktiv, um gegenüber den anderen Schulangeboten zu bestehen[502]. Das Bildungsangebot wird durch Teilnahme der Schüler an Wettbewerben, Preisausschreiben, sportlichen und sonstigen kulturellen Veranstaltungen, Umweltaktionstagen u.a. noch abgerundet, da diese Betätigungsbereiche in der Regel im Rahmen der Öffentlichkeitsarbeit gut vermarktet werden können[503]. Im internationalen Vergleich zeigte sich, daß Schulen, die mit etwas Besonderem wie einer konkreten Spezialisierung aufwarten können, attraktiver zu wirken scheinen, nahezu unabhängig davon, wie stark sie sich von anderen Schulen unterscheiden und welcher Art diese Unterschiede sind[504]. In manchen Fällen bedeutet die Ankündigung eines speziellen Angebots keine tatsächliche Veränderung, sondern ist nicht mehr als ein Marketingtrick, mit dem die Aufmerksamkeit der Öffentlichkeit auf eine bereits vorhandene Stärke der Schule gelenkt werden soll[505]. Mit einer gut ausgestatteten, im Zentrum der öffentlichen Aufmerksamkeit stehenden Schule verbindet man hohe schulische Standards[506]. In den letzten Jahren haben sich Profilierungen herausgebildet, die einer Gestaltung des Schullebens vorwiegend im außerunterrichtlichen Bereich gelten, wie Übermittag- und Nachmittagbetreuung, ganztägige Angebote, Schulfeste und Schulbands oder Musik-, Literatur-, Theater- und Tanzveranstaltungen[507]. Die Schulen streben immer intensiver eine Öffnung nach außen an, indem sie den Kontakt zu außerschulischen Lernorten und Experten und die Kooperation mit außerschulischen Partnern suchen, stadtteil- und gemeinwesenorientierte Unterrichtsinhalte einbeziehen, Mehrfachnutzung der Schulgebäude und -gelände anbieten und sich am Kultur- und Freizeitange-

---

rhein-Westfalen (Hrsg.), Zukunft der Bildung-Schule der Zukunft, Zweieinhalb Jahre Dialog um die Denkschrift, 1998, S. 24.

501 *Tom Stryck*, Autonomie und Schulträger, in: Peter Daschner/Hans-Günter Rolff/Tom Stryck (Hrsg.), Schulautonomie, 1995, S. 109 (121).

502 *Marion Hüchtermann/Susanne Nowak/Gudrun Ramthun*, Schulmanagement, 1995, S. 35. A.A. *Tom Stryck*, Autonomie und Schulträger, in: Peter Daschner/Hans-Günter Rolff/Tom Stryck (Hrsg.), Schulautonomie, 1995, S. 109 (121): „Es geht in der Regel nicht um eine Profilierung von Schulen als Konkurrenz untereinander 'am Markt'“.

503 *Helmut Lang*, Zukunftsorientiertes Schulkonzept der Städtischen Wirtschaftsschule Ansbach, in: Hermann Hill/Helmut Klages (Hrsg.), Spitzenverwaltungen im Wettbewerb, 1993, S. 61 (63f).

504 *OECD*, Freie Schulwahl im internationalen Vergleich, 1996, S. 40.

505 *OECD*, Freie Schulwahl im internationalen Vergleich, 1996, S. 40.

506 *OECD*, Freie Schulwahl im internationalen Vergleich, 1996, S. 40.

507 *Tom Stryck*, Gute Schulen brauchen Freiheit, ZBV 1/1996, S. 33 (40).

bot des Stadtteils beteiligen[508]. Das Phänomen wird in Nordrhein-Westfalen besonders durch die dort geforderte Schulprogrammentwicklung begünstigt[509]. Das Schulprogramm ist die publizierte Form der Bildungsarbeit der jeweiligen Schule. Ein Schulprogramm soll die Individualität jeder einzelnen Schule dokumentieren. Bei der Entwicklung des Schulprogramms gehen die Schulen unterschiedliche Wege. Die einen beschränken sich bewußt und willentlich auf das, was sie im Spektrum ihrer pädagogischen und organisatorischen Ressourcen für realisierbar ansehen. Andere setzen sich weitergehende Ziele, zu deren Erreichen sie sich selbst einen Entwicklungsauftrag geben und bei der Verwaltung um Unterstützung und zusätzliche Ressourcen nachsuchen[510].

b. Öffentlichkeitsarbeit

Es liegt im Ermessen der einzelnen Schule, ihre Leistungen einer breiten Öffentlichkeit nahezubringen[511]. Angesichts der vielfältigen Verflechtungen in der Gesellschaft, ihrer Abhängigkeit von Meinungen, Wünschen und Zeitströmungen erleichtert sich die Schule ihre eigene Arbeit dadurch, daß die Öffentlichkeit einen Einblick in ihre Arbeitsbedingungen erhält[512]. Die Arbeit der Schulen wird für die Bürger möglichst durchschaubar gemacht, die Vorstellungen und Wünsche der Eltern werden erfaßt und sich mit ihnen offen und öffentlich auseinander gesetzt[513].

Öffentlichkeitsarbeit läßt sich definieren als bewußtes, geplantes und dauerndes Bemühen, gegenseitiges Verständnis und Vertrauen in der Öffentlichkeit aufzubauen und zu pflegen, um das Ansehen der Einrichtung in der Öffentlichkeit zu stärken[514]. Auf die öffentliche Verwaltung übertragen heißt dies, daß die Öffentlichkeitsarbeit alles umfaßt, was sie gezielt und konstant in der Absicht

---

508 *Tom Stryck*, Gute Schulen brauchen Freiheit, ZBV 1/1996, S. 33 (39ff); *Helmut Schorlemmer*, Sponsoring, SchulVerwaltung NRW 4/1999, S. 114 (114).

509 Siehe S. 61 ff.

510 *Tom Stryck*, Gute Schulen brauchen Freiheit, ZBV 1/1996, S. 33 (39ff).

511 *Helmut Lang*, Zukunftsorientiertes Schulkonzept der Städtischen Wirtschaftsschule Ansbach, in: Hermann Hill/Helmut Klages (Hrsg.), Spitzenverwaltungen im Wettbewerb, 1993, S. 61 (63).

512 Vgl. hierzu *Heinz Schirp*, Öffnung und Gestaltung von Schule, in: Alfred Müller/Harald Gampe/Gerald Rieger/Erika Risse, Leitung und Verwaltung einer Schule, 1997, S. 130 - 153.

513 *OECD*, Freie Schulwahl im internationalen Vergleich, 1996, S. 49.

514 *Gernot Joerger/Manfred Geppert*, Grundzüge der Verwaltungslehre, 1976, S. 196; *Albert Oeckl*, Handbuch der Public Relations, 1964, S. 36.

unternimmt oder unterläßt, damit sich Bürger und Verwaltung verstehen und die Öffentlichkeit der Verwaltung vertraut[515].

Die Schule verschafft sich durch dauernde aktive Öffentlichkeitsarbeit einen Vertrauensvorschuß bei der Bevölkerung. Vorurteilen, wie z.B. das des faulen Lehrers, kann entgegengetreten und Leistungen, die in den Augen der Schule für deren Qualität sprechen, können der Öffentlichkeit präsentiert werden[516]. Ist die Schule des öfteren mit Berichten in der Zeitung, spricht das für eine aktive Lernatmosphäre[517]. Auch Schulen, die sich durch ein spezielles Profil auszeichnen, sind durch intensive Vermarktung ihrer „Bildungsnische" in der Lage, sich im Präferenzfeld der Nachfrager zu positionieren und sich gegenüber den anderen Schulen zu behaupten[518]. Zur Öffentlichkeit zählen in erster Linie die Eltern. Intensive Öffentlichkeitsarbeit wird gezielt von Schulen genutzt, um mittels Imageverbesserung Einfluß auf das Schulwahlverhalten der Eltern zu nehmen[519]. Negativen Einstellungen der Grundschullehrer gegenüber einer weiterführenden Schule, was entscheidenden Einfluß auf das Schulwahlverhalten der Eltern haben kann[520], wird durch intensive Öffentlichkeitsarbeit begegnet. Es ist eine Möglichkeit für die weiterführenden Schulen, den fest eingespielten Traditionen der Bildungswanderung zu bestimmten Schulen, die in der Lage sind, die Entwicklung einer Schule wesentlich zu hemmen[521], entgegenzuwirken. Die Schulen versuchen sich so darzustellen, wie sie glauben, daß die Eltern als Kunden sie gerne sähen. Sie beziehen die Eltern und ihre Interessen in die Gestaltung des Schullebens ein. Die Eltern beteiligen sich direkt am schulischen Alltag, die Schulen nehmen ihre Vorschläge auf und ermutigen sie dazu, zu Part-

---

515 *Gernot Joerger/Manfred Geppert*, Grundzüge der Verwaltungslehre, 1976, S. 196.

516 *Helmut Lang*, Zukunftsorientiertes Schulkonzept der Städtischen Wirtschaftsschule Ansbach, in: Hermann Hill/Helmut Klages (Hrsg.), Spitzenverwaltungen im Wettbewerb, 1993, S. 61 (63).

517 *Erika Risse*, Kann eine „normale" Schule autonom sein?, Pädagogik 11/1993, S. 17 (17).

518 *Manfred Weiß*, Mikroökonomie der Schule, in: Hans-Günter Rolff (Hrsg.), Zukunftsfelder von Schulforschung, 1995, S. 41 (54).

519 *Rolf Hansen*, Quantitative Entwicklungen und strukturelle Veränderungen der Schule in der BRD, 1993, S. 78.

520 *Tino Bargel/Manfred Kuthe/Klaus Reinhardt*, Gesamtschule und Region, in: Horst Weishaupt (Hrsg.), Sozialraumanalyse und regionale Bildungsplanung, 1983, S. 91 (127); *Gerhard Stumm*, Ergebnisse der Direktorenbefragung, in: Irmfried Speiser (Hrsg.), Determinanten der Schulwahl, 1993, S. 73 (74).

521 *Tino Bargel/Manfred Kuthe/Klaus Reinhardt*, Gesamtschule und Region, in: Horst Weishaupt (Hrsg.), Sozialraumanalyse und regionale Bildungsplanung, 1983, S. 91 (127).

nern bei der Bildung ihrer Kinder zu werden[522]. Um die Verbundenheit zwischen Schule und Eltern zu festigen, werden Elternabende oder kulturelle Veranstaltungen ausgerichtet und den Eltern über die Schulzeitung oder Elternbriefe Informationsmöglichkeiten geboten[523]. Die Schulen zeichnen sich durch das Bemühen aus, unterrichtsergänzende Angebote anzubieten und „identitätsstiftende" Veranstaltungen durchzuführen. Daneben haben die Schulen weitere Fixpunkte im Schuljahr, die die Schulgemeinden zusammenführen[524]. Im Rahmen eines internationalen Vergleichs ist festgestellt worden, daß in Ländern, in denen der Wettbewerb zwischen den Schulen stärker geworden ist, allein schon diese Entwicklung für die Schulen einen starken Anreiz geschaffen hat, interessierten Eltern Informationen zur Verfügung zu stellen[525]. Der Umgang mit den Eltern gewinnt im Hinblick darauf an Bedeutung, da diese die beste Reklame für zukünftige Schüler machen[526].

Besonderen Wert wird von den weiterführenden Schulen auf die Zusammenarbeit mit den Grundschulen gelegt. Im Vordergrund steht, den Grundschülern den Übergang von der 4. in die 5. Klasse zu erleichtern und den Lehrern zu ermöglichen, sich pädagogisch auf die zu erwartenden neuen Schüler vorzubereiten. Daß dabei gleichzeitig möglichst viele Schüler für die eigene Schule geworben werden, ist nicht auszuschließen[527]. Zu diesen Bemühungen gehört, daß Schulleiter und Lehrer an Elternabenden der Grundschulen teilnehmen, zukünftige Lehrer der 5. Klasse die Kinder in der Grundschule besuchen, um sich bekannt zu machen, Lehrer pädagogische Gespräche mit Grundschullehrern führen oder Handreichungen für die Lehrer erarbeiten, die ihnen u.a. Hilfen für die unterrichtliche Kommunikation in der 5. Klasse bieten. An einigen aufnehmenden Schulen gibt es zu Beginn des Schuljahres „Kennenlerntage" oder den sog. Unterricht „ohne Plan"[528].

---

522 *OECD*, Freie Schulwahl im internationalen Vergleich, 1996, S. 49.

523 *Erika Risse*, Schulphilosophie, in: Alfred Müller/Harald Gampe/Gerald Rieger/Erika Risse, Leitung und Verwaltung einer Schule, 1997, S. 89 (101f).

524 *Ilona Böttcher/Monika Plath/Horst Weishaupt*, Schulstruktur und Schulgestaltung, Zeitschrift für Pädagogik, 37. Beiheft, S. 161 (178): Grundlage war eine schriftliche Befragung von Lehrern und Schülern Thüringer Regelschulen und Gymnasien sowie von Eltern der Schüler zur Einschätzung des schulstrukturellen Wandels.

525 *OECD*, Freie Schulwahl im internationalen Vergleich, 1996, S. 44.

526 *OECD*, Freie Schulwahl im internationalen Vergleich, 1996, S. 49.

527 *Ilona Böttcher/Monika Plath/Horst Weishaupt*, Schulstruktur und Schulgestaltung, Zeitschrift für Pädagogik, 37. Beiheft, S. 161 (177).

528 *Ilona Böttcher/Monika Plath/Horst Weishaupt*, Schulstruktur und Schulgestaltung, Zeitschrift für Pädagogik, 37. Beiheft, S. 161 (177f).

Öffentlichkeitsarbeit wird von den Schulen auf die eine oder andere Art betrieben. Offen ist, wie sich die Öffentlichkeitsarbeit im Falle eines Wettbewerbs unter den Schulen gestaltet. Schulen haben mittlerweile ein stärkeres Interesse daran, ihren Auftrag selbst zu definieren. Strategien aus der wirtschaftlichen Praxis wie Corporate Identity werden herangezogen. Corporate Identity ist die geplante und operativ eingesetzte Selbstdarstellung und Verhaltensweise eines Unternehmens nach innen und außen auf Basis einer festgelegten Unternehmensphilosophie, einer langfristigen Unternehmenszielsetzung und eines definierten (Soll-)Images mit dem Willen, alle Handlungsinstrumente des Unternehmens in einheitlichem Rahmen nach innen und außen zur Darstellung zu bringen[529]. Auf das öffentliche Schulwesen übertragen stellt Corporate Identity dann die „Verbindung aller Einzelmaßnahmen der Öffentlichkeitsarbeit zu einer einheitlichen Identität der Schule entsprechend ihrer spezifischen Schulphilosophie“ dar und wird den Schulleitern in Fortbildungsseminaren als Mittel zur Verbesserung der Innen- und Außenstruktur von Schulen nahegelegt[530]. In der Formulierung von Schulprogrammen und -profilen hat dies schon viel früher an den Schulen Einzug gehalten[531].

Öffentlichkeitsarbeit der Schulen will auch die „außerschulische Öffentlichkeit“ erreichen. Stärkere Orientierung der Arbeit der Schulen an den Interessen der „Abnehmer“, mit dem Ziel, die Attraktivität für diese Abnehmer zu steigern, kann die Chance eröffnen, außerhalb der staatlichen Finanzierung zusätzliche Ressourcen für die Arbeit an der Bildungseinrichtung zu gewinnen, z.B. durch ehrenamtliche Elternmitarbeit in den Bereichen Erziehung und Betreuung bis hin zur Mobilisierung von Sponsorengeldern[532].

Doch werden aus Erfahrungen in anderen Staaten auch negative Folgen, die der Wettbewerb auf die Unterrichtseffektivität von Schulen haben kann, angemahnt. Danach sei von Schulen immer wieder geäußert worden, Wettbewerb lenke die Schulen von ihrem Bildungsauftrag ab, da die wirksamste Methode des Wettbewerbs um zusätzliche Schüler in relativ oberflächlichen Maßnahmen bestehe, wie etwa der wirkungsvollen Darstellung der Schule gegenüber den

529 *Klaus Birkigt/Marinus M. Stadler/Hans Joachim Funck*, Corporate Identity, 1998, S. 18.

530 *Studienkreis Schule/Wirtschaft Nordrhein-Westfalen*, Seminarmaterialien, Corporate Identity für Schulen, 1995.

531 *Renate Hendricks*, Das Ende der klassischen Schulformen und Schulabschlüsse, in: Winfried Schlaffke/Klaus Westphalen (Hrsg.), Denkschrift NRW - Hat Bildung in Schule Zukunft?, 1996, S. 90 (92).

532 *Manfred Weiß*, Mikroökonomie der Schule, in: Hans-Günter Rolff (Hrsg.), Zukunftsfelder von Schulforschung, 1995, S. 41 (45f).

Eltern oder der Schaffung einer sauberen und ordentlichen Umgebung[533]. Es würden Energien in öffentlichkeitswirksame Aktionen gesteckt, anstatt sie in den Unterricht zu investieren[534].

Die Grenze zwischen Öffentlichkeitsarbeit der Schulen und Werbung in eigener Sache ist nicht immer deutlich zu erkennen, wenn weiterführende Schulen die Informationsveranstaltungen nutzen, um Grundschulkinder durch ansprechende Präsentationen oder Geschenke für ihre Schule zu interessieren. Werbung läßt sich beschreiben als planmäßiges, einseitiges Beeinflussen von Personen und Personengruppen mit dem Ziel, zu einem bestimmten Verhalten anzuregen[535]. Im Interesse des Unterrichts- und Schulbetriebs soll der Schulbereich frei von Beeinträchtigungen durch Werbung sein. Von der Mehrzahl der Landesgesetzgeber wird daher insbesondere Werbung für Produkte und Dienstleistungen von Unternehmen nicht erlaubt, um eine gezielte Beeinflussung der Schüler zu verhindern[536]. Daß Schulen vermehrt mit dem Ziel einer effektiven Außendarstellung mittlerweile selbst zu beeinflussenden Mitteln greifen, die bereits die Kriterien der Werbung erfüllen, wird bisher nur als „ehrenrührig" bezeichnet[537].

IV. Verfassungsrechtliche Grenzen

Daß gegen die Existenz konkurrierender Zuständigkeiten im öffentlichen Schulwesen keine verfassungsrechtlichen Einwände greifen, wurde unter Kapitel E II 1 dargelegt. Fraglich ist aber, ob ein möglicher Wettbewerb zwischen weiterführenden Schulen verfassungsrechtlich bedenklich ist.

Es gibt weder einfachgesetzliche Regelungen noch verfassungsrechtlich ableitbare Grundsätze, wonach Wettbewerb zwischen Schulen nicht rechtmäßig ist. Vielmehr werden aus den Verfassungsnormen und -prinzipien Grundsätze abgeleitet, die das öffentliche Schulwesen als solches und als Teil der öffentlichen Verwaltung beachten muß.

Das Grundgesetz enthält in Art. 20 Abs. 1 GG die Feststellung, daß die Bundesrepublik ein demokratischer und sozialer Staat ist. Die öffentliche Schule

533 *OECD*, Freie Schulwahl im internationalen Vergleich, 1996, S. 48.
534 *OECD*, Freie Schulwahl im internationalen Vergleich, 1996, S. 20.
535 *Gernot Joerger/Manfred Geppert*, Grundzüge der Verwaltungslehre, 1976, S. 197.
536 *Manfred Bruhn/Rudolf Mehlinger*, Rechtliche Gestaltung des Sponsoring, 1999, S. 108.
537 *Erika Risse*, Schulphilosophie, in: Alfred Müller/Harald Gampe/Gerald Rieger/Erika Risse, Leitung und Verwaltung einer Schule, 1997, S. 89 (95).

als eine in staatlicher Verantwortung geführte Schule soll damit auch demokratisch und sozial verfaßt sein. Sofern dieser Rahmen eingehalten wird, dürfte die Verfassung einem Wettbewerb zwischen Schulen nicht entgegenstehen.

1. Schulaufsicht

Art. 7 Abs. 1 GG fordert nicht staatliche Gestaltung bis ins Detail, die schon vom Ansatz her pädagogische Gestaltungs- und Entscheidungsräume ausschließt, soweit die staatliche Schulaufsicht im Sinne von Rechts-, Fach- und Dienstaufsicht gewährleistet bleibt. Die Verantwortung des Staates muß nicht durch staatliche Kontrolle originär wahrgenommen, darf aber auch nicht abschließend delegiert werden[538]. Es darf keine Verlagerung der wesentlichen schulischen Entscheidungs- und Aufsichtsbefugnisse auf nichtstaatliche Gremien erfolgen[539]. Das heißt dann aber für die Frage des Wettbewerbs unter Schulen auch, daß diesem keine Bedenken aus Art. 7 Abs. 1 GG entgegenstehen, solange die Schulen unter der Kontrolle der Schulaufsicht bleiben und nicht aus dem Einflußbereich des Staates entlassen sind.

Der Staat ist im Rahmen seiner rechtlichen und tatsächlichen Möglichkeiten verpflichtet, seine Verantwortung für das Schulwesen so einzusetzen, daß die Qualität von Unterricht und Erziehung an allen Schulen je nach Schulform möglichst gleich ist. Das bedeutet nicht, daß diese Schulen sämtlich nach demselben Schema handeln müßten. Doch müssen sie eine pädagogische „Grundversorgung" gewährleisten, so daß die Schüler überall ein Mindestmaß an Kenntnissen, Fähigkeiten und Fertigkeiten erwerben[540]. Sofern die Schule sich an staatliche und rechtliche Vorgaben zur Sicherung der Chancengleichheit aller Schüler hält und sich ideologischer Einseitigkeiten enthält, kann sie ein eigenes pädagogisches Profil entwickeln[541]. Pädagogisch begründete Selbstgestaltung ist damit nicht nach Art. 7 Abs. 1 GG ausgeschlossen, sofern ihre Ergebnisse letzt-

---

538 *Friedhelm Hufen*, Verfassungsrechtliche Möglichkeiten und Grenzen schulischer Selbstgestaltung, in: Frank-Rüdiger Jach/Siegfried Jenkner (Hrsg.), Autonomie der staatlichen Schulen und freies Schulwesen, 1998, S. 51 (56); *Norbert Niehues*, Schul- und Prüfungsrecht, 2000, Rn. 71.

539 *Klaus Stern*, Autonomie der Schule?, in: Detlef Merten/Reiner Schmidt/Rupert Stettner (Hrsg.), Der Verwaltungsstaat im Wandel, 1996, S. 333 (341).

540 *Hermann Avenarius*, Verfassungsrechtliche Möglichkeiten und Grenzen schulischer Selbstverwaltung, in: Peter Zedler/Detlef Fickermann (Hrsg.), Pädagogik und Recht, 1997, S. 13 (20).

541 *Hermann Avenarius*, Verfassungsrechtliche Grenzen und Möglichkeiten schulischer Selbstverwaltung, in: Peter Daschner/Hans-Günter Rolff/Tom Stryck (Hrsg.), Schulautonomie, 1995, S. 253 (267).

lich immer staatlich verantwortet und – im Falle von Fehlentwicklungen – staatlich korrigiert werden können[542]. Das bedeutet auch, daß das Ausmaß der Entwicklung des Profils und die Handlungsweisen der Schule im Zusammenhang mit Wettbewerb in der Gewährleistung der Chancengleichheit für alle Schüler und der Rechtsstaatlichkeit ihre Grenzen finden. Lehrplanveränderungen oder außerschulische Angebote im Zuge einer Positionsverbesserung der Schule im Wettbewerb, die nicht mehr mit Art. 7 Abs. 1 GG vereinbar sind, bleiben auch weiterhin für die Schulaufsicht ersichtlich und können korrigiert werden. Solange das Bildungsangebot einer Schule die vom Staat gem. Art. 7 Abs. 1 GG zu gewährleistende Grundversorgung vorweist, kann in einem wettbewerblichen Verhalten kein Verstoß gegen Art. 7 Abs. 1 GG gesehen werden.

2. Demokratieprinzip

Die staatliche Schule ist ungeachtet aller Unterschiede in der Organisationsform keine ausgegliederte Verwaltungs- oder Selbstverwaltungseinheit, sondern sie bleibt eine in den allgemeinen Staatsaufbau eingegliederte Form hoheitlichen Handelns des Staates[543]. In diesem Rahmen bedürfen alle Handlungen mit Entscheidungscharakter demokratischer Legitimation, d.h. sie müssen sich auf durch das Volk ausgeübte demokratische Gewalt zurückführen lassen[544]. Für den Schulbereich bedeutet dies konkret die Rückführbarkeit aller Entscheidungen auf die legitimen Träger der Schulhoheit; Entscheidungen innerhalb der Schule müssen damit auch auf die pädagogisch verantwortlichen Lehrer und Schulleiter als Glieder der Legitimationskette zurückführbar sein[545]. Wettbewerb darf nicht dazu führen, daß sich der Staat, der seine Verantwortung für das Schulwesen im Interesse der Gesamtheit der Bürger, auch soweit sie schulisch nicht "betroffen" sind, wahrzunehmen hat, in politisch nicht mehr beeinflußbare

---

542 *Friedhelm Hufen*, Verfassungsrechtliche Möglichkeiten und Grenzen schulischer Selbstgestaltung, in: Frank-Rüdiger Jach/Siegfried Jenkner (Hrsg.), Autonomie der staatlichen Schulen und freies Schulwesen, 1998, S. 51 (56).

543 *Friedhelm Hufen*, Verfassungsrechtliche Möglichkeiten und Grenzen schulischer Selbstgestaltung, in: Frank-Rüdiger Jach/Siegfried Jenkner (Hrsg.), Autonomie der staatlichen Schulen und freies Schulwesen, 1998, S. 51 (57); *Norbert Niehues*, Schul- und Prüfungsrecht, 2000, Rn. 62.

544 *Roman Herzog*, in: Theodor Maunz/Günter Dürig, Grundgesetz, Art. 20 (II.) Rn. 46f, 53.

545 *Friedhelm Hufen*, Verfassungsrechtliche Möglichkeiten und Grenzen schulischer Selbstgestaltung, in: Frank-Rüdiger Jach/Siegfried Jenkner (Hrsg.), Autonomie der staatlichen Schulen und freies Schulwesen, 1998, S. 51 (58).

Subsysteme auflöst und dadurch handlungsunfähig wird[546]. Wesentliche Fragen der Schulgestaltung können daher vom Staat nicht auf Selbstverwaltungsgremien der Schule delegiert werden[547]. Wettbewerb darf also nicht dazu führen, daß sich eine Unternehmensstruktur in die Schulen einschleicht und andere Gremien über das Profil der Schule entscheiden. Die Gefahr besteht an der öffentlichen Schule aber insoweit nicht, da die Mitwirkungsrechte derjenigen, die die Institution Schule nutzen, wie die Eltern der Schüler, diese Möglichkeit nicht zulassen. Die Mitwirkungsgremien haben nur einen beschränkten Einfluß auf die innere und äußere Gestaltung der Schule.

Ein Wettbewerb zwischen den Schulen hätte also keinen Einfluß auf die demokratische Legitimation. In den Schulgremien könnten die eigentlichen Verantwortlichen, nämlich Lehrer und Schulleiter, von Schülern oder Eltern nicht überstimmt werden, und es bliebe bei dem Zugriffsbereich der staatlichen Schulaufsicht sowie einem Beanstandungs- und Kontrollrecht des Schulleiters und der Schulverwaltung[548].

3. Rechtsstaatsprinzip

Das Rechtsstaatsprinzip umfaßt das Postulat staatlicher Gemeinwohlbindung, das nicht nur den Staat im engeren Sinne, sondern alle Träger öffentlicher Gewalt bindet[549]. Die gesellschaftliche Maxime des individuellen Interesses fördert naturgemäß die Ungleichheit. In einer Ausgleichsfunktion tritt daher der „Staat" auf, der selbst nicht an den gesellschaftlichen Interessengegensätzen teilhat, sondern sie integrierend steuert[550]. Wenn der Staat selbst Subjekt der gesellschaftlichen Gegensätze wird und nur dort bestimmte Leistungen anbietet, wo er hohe Gewinne erzielen kann, verliert er diese integrative Funktion[551].

---

546 *Hermann Avenarius*, Schulische Selbstverwaltung und Demokratieprinzip, in: Der Hessische Ministerpräsident (Hrsg.), 50 Jahre Verfassung des Landes Hessen, 1997, S. 178 (180).

547 BayVerfGH, Entsch. v. 17.11.1994, -Vf.96 u. 97-IX-94-, DVBl. 1995, S. 419 (420).

548 Vgl. *Friedhelm Hufen*, Verfassungsrechtliche Möglichkeiten und Grenzen schulischer Selbstgestaltung, in: Frank-Rüdiger Jach/Siegfried Jenkner (Hrsg.), Autonomie der staatlichen Schulen und freies Schulwesen, 1998, S. 51 (58); *Wolfram Höfling*, Demokratiewidrige Schulautonomie?, RdJB 1997, S. 361 (365).

549 *Christoph L. Gleske*, Wettbewerb öffentlicher und privater Kreditinstitute in Deutschland, 1996, S. 64.

550 *Christoph L. Gleske*, Wettbewerb öffentlicher und privater Kreditinstitute in Deutschland, 1996, S. 56; *Josef Isensee*, Gemeinwohl und Staatsaufgaben, in: Josef Isensee/Paul Kirchhof, Handbuch des Staatsrechts III, § 57, Rn. 78.

551 *Christoph L. Gleske*, Wettbewerb öffentlicher und privater Kreditinstitute in Deutschland, 1996, S. 64.

Die Schule hat sich als Teil der öffentlichen Verwaltung am Gemeinwohl zu orientieren[552]. Gerade im Wettbewerb drückt sich aber die gesellschaftliche Maxime des individuellen Interesses aus. In der Privatwirtschaft hat dies teilweise existentielle Konsequenzen. Wenn Schulen untereinander in einen Wettbewerb treten, verliert das öffentliche Schulwesen nicht an seiner Gemeinwohlbindung, solange es bei der staatlichen Letztverantwortlichkeit und Unterhaltung des Schulwesens bleibt und nicht die Marktsteuerung über das schulische Angebot entscheidet.

4. Gleichheitsgebot

Das Recht des Kindes auf gleiche Chancen bei der freien Entfaltung seiner Persönlichkeit und der freien Wahl der Ausbildungsstätte gem. Art. 2 Abs. 1 bzw. Art. 12 Abs. 1 i.V.m. Art. 3 Abs. 1 GG beinhaltet die Verpflichtung des Staates, allen bildungsfähigen jungen Menschen die gleichen Chancen auf Zugang zu den öffentlichen Bildungseinrichtungen und auf Bildung innerhalb dieser Einrichtungen einzuräumen[553]. Die Schulen müssen hinsichtlich der Abschlüsse, die eine herausragende Rolle für den weiteren Bildungs- und Berufsweg spielen, ein Mindestmaß an gleicher Qualität aufweisen. Alle Schulen müssen zu einem schulformspezifischen Abschluß führen, der erkennen läßt, daß der Schüler in den verschiedenen Unterrichtsfächern über ein bestimmtes Niveau an Kenntnissen und Fähigkeiten verfügt[554]. Ein Wettbewerb zwischen Schulen stünde dem nicht entgegen. Unabhängig von einem Wettbewerb können die Bildungschancen durch die Zahl der an verschiedenen Schulen verfügbaren Plätze, durch die den Schülern und ihren Eltern zugänglich gemachten Informationen und durch die Entfernungen zwischen der Schule und den Wohnungen der Schüler begrenzt sein[555].

Die Gleichheit der Abschlüsse ist durch Regelungen unter den Ländern gewährleistet. Außerdem verlangt der Gleichheitssatz bei den Bildungsabschlüssen nicht prinzipielle Gleichartigkeit, sondern allenfalls die Gleichwertigkeit der Bildungsangebote sowie die gegenseitige Anerkennung der Abschlüsse inner-

552 *Hans Heckel/Hermann Avenarius*, Schulrechtskunde, 2000, Rn. 190.

553 *Ekkehart Stein/Monika Roell*, Handbuch des Schulrechts, 1992, S. 161; BVerfG, Urt. v. 3.5.1972,-1BvL 32/70 u. 27/71-, BVerfGE 33, 303 (331f); BayVerfGH, Entsch. v. 17.11.1994, -Vf.96 u. 97-IX-94-, DVBl. 1995, S. 419 (420).

554 *Hermann Avenarius*, Schulische Selbstverwaltung-Grenzen und Möglichkeiten, RdJB 1994, S. 256 (263).

555 *OECD*, Freie Schulwahl im internationalen Vergleich, 1996, S. 69.

halb eines Landes und länderübergreifend[556]. Durch einen Wettbewerb zwischen Schulen im Gemeindegebiet würden die Anforderungen an einen Schulabschluß nicht geändert, da diese gesetzlich festgelegt sind.

Daß Wettbewerbsdruck Schulen dazu zwingen könnte, Bewertungsmaßstäbe nicht zu hoch anzusetzen, kann nicht ausgeschlossen werden. Das ist besonders eine Frage der Grenzen der pädagogischen Freiheit der Lehrer. Die Gefahr, daß sich die Schulen im Wettbewerb veranlaßt sähen, ihre Schülerklientel nach guten Schulleistungen auszuwählen, um ihren Ruf zu sichern, läßt sich im Einzelfall nicht vermeiden. Die Frage, inwieweit die Chance aller Schüler auf freien Zugang zu Bildungseinrichtungen dadurch beeinträchtigt sein könnte, stellt sich nicht, da die Schüler ohnehin die für die jeweilige Schulform gesetzlich festgelegten Eingangsvoraussetzungen erfüllen müssen. In einigen Ländern werden sogar angemessene Leistungen der Schüler vorausgesetzt. Im übrigen entscheidet der Schulleiter über die Aufnahme des Schülers im Rahmen des vom Schulträger festgesetzten Rahmens. Ihm steht hier ein Spielraum zu, der gerichtlich überprüft werden kann.

Schulische Selbstgestaltung und Profilbildung, die im Zusammenhang mit Wettbewerb an Bedeutung gewinnen können, führen schon definitionsgemäß zu Unterschieden zwischen einzelnen Schulen. Eine gewisse Einheitlichkeit des Schul- und Bildungsprogramms ist aber zur Vermeidung einer Beeinträchtigung der gleichen Chancen der Schüler gleicher Schulform (durch „gute“ und „schlechte“ Schulen) unerläßlich[557]. Durch ein vielfältiges und auf geringe geographische Räume konzentriertes schulisches Angebot kann es zu weitgehenden Abweichungen kommen, was ein Mobilitäts- und Gleichheitsproblem darstellen könnte. Es bestünde die Gefahr, daß Schüler bestimmte Fächerkombinationen, die sie an ihrer mit bestimmtem Profil ausgewiesenen Schule gewählt haben, bei einem Wechsel innerhalb eines Landes nicht mehr vorfinden und angefangene Ausbildungsabschnitte nicht mehr zu feststehenden und verläßlichen Bedingungen fortführen könnten[558]. Der Gleichheitssatz des Art. 3 Abs. 1 GG ist für alle Staatsorgane in ihrem gesamten Tätigkeitsbereich einschlägig und erfaßt damit

---

556 *Friedhelm Hufen*, Verfassungsrechtliche Möglichkeiten und Grenzen schulischer Selbstgestaltung, in: Frank-Rüdiger Jach/Siegfried Jenkner (Hrsg.), Autonomie der staatlichen Schulen und freies Schulwesen, 1998, S. 51 (61).

557 BayVerfGH, Entsch. v. 17.11.1994, -Vf.96 u. 97-IX-94-, DVBl. 1995, S. 419 (420); *Hermann Avenarius*, Verfassungsrechtliche Spielräume und Grenzen erweiterter schulischer Selbstverantwortung, SchulVerwaltung NRW 11/1999, S. 294 (295).

558 *Friedhelm Hufen*, Verfassungsrechtliche Möglichkeiten und Grenzen schulischer Selbstgestaltung, in: Frank-Rüdiger Jach/Siegfried Jenkner (Hrsg.), Autonomie der staatlichen Schulen und freies Schulwesen, 1998, S. 51 (71).

jedes Handeln eines Hoheitsträgers[559]. Er verbietet nur die Ungleichbehandlung wesentlich gleicher Sachverhalte und die Gleichbehandlung ungleicher Sachverhalte[560]. Der Gleichheitssatz des Art. 3 Abs. 1 GG schützt grundsätzlich die rechtliche Gleichheit, und nicht - oder nicht primär - die tatsächliche bzw. chancenmäßige Gleichheit[561]. Für pädagogisch begründete Abweichungen von einheitlichen Zielen und Inhalten stellt dieser Verfassungsgrundsatz eine sehr weite Schranke dar, zumal die Gründe schulischer Profilbildung - Steigerung der Motivation, Beteiligung von Betroffenen - auch vor dem Hintergrund des Gleichheitssatzes alles andere als willkürlich sind[562]. Die Einheitlichkeit des Bildungs(pflicht)programms wird durch die gesetzlich festgelegten Lehrpläne und Stundentafeln gesichert. Jede Schule bleibt daher prinzipiell für alle Eltern und Schüler interessant und ihr Angebot verläßlich einschätzbar für Eltern und Schüler. Gerade die individuelle Lernsituation in den einzelnen Schulen läßt sich nicht schematisch vereinheitlichen, da sie insbesondere von der Qualität der einzelnen Lehrer und der Unterrichtsarbeit abhängig ist[563]. Solange das staatlich festgelegte Bildungsangebot an den Schulen gewährleistet ist, kann das, was darüber hinausgeht und individuellen Gegebenheiten unterliegt, nicht gegen das Gleichheitsgebot verstoßen.

Verschiedene Schulen sind für Sponsoren unterschiedlich attraktiv. Das könnte in Zukunft bedeuten, daß die Schule, die sich künftig gegenüber den anderen Schulen durchsetzt und Sponsoren gewinnt, durch z.B. eine moderne Computerausstattung mehr Bildungsmöglichkeiten für Schüler bietet als eine nicht gesponsorte Schule. Unterschiedliche Sponsorenleistungen lassen eine Ungleichheit der Bildungschancen für Schüler befürchten. Schulen in sozial schwierigen Umfeldern könnten dadurch Nachteile erleiden. Grundschulen, Hauptschulen und Sonderschulen könnten es im Vergleich zu Gymnasien, Gesamtschulen und Realschulen schwerer haben, Drittmittel zu akquirieren. Das Image einer Schule könnte durch die Aktivitäten eines namenhaften Sponsors in

559 *Peter-Michael Huber*, Konkurrenzschutz im Verwaltungsrecht, S. 520.

560 *Christian Koenig*, Die öffentlich-rechtliche Verteilungslenkung, 1994, S. 337 m.w.N.; BVerfG, Beschl. v. 18.11.1986, -1BvL 29, 30, 33, 34, 36/86-, BVerfGE 74, 9 (24); BVerfG, Beschl. v. 6.11.1985, -1BvL 47/83-, BVerfGE 71, 146 (154f).

561 *Rupert Scholz*, in: Theodor Maunz/Günter Dürig, Grundgesetz, Art. 12 Rn. 153.

562 *Friedhelm Hufen*, Verfassungsrechtliche Möglichkeiten und Grenzen schulischer Selbstgestaltung, in: Frank-Rüdiger Jach/Siegfried Jenkner (Hrsg.), Autonomie der staatlichen Schulen und freies Schulwesen, 1998, S. 51 (61).

563 Vgl. *Friedhelm Hufen*, Verfassungsrechtliche Möglichkeiten und Grenzen schulischer Selbstgestaltung, in: Frank-Rüdiger Jach/Siegfried Jenkner (Hrsg.), Autonomie der staatlichen Schulen und freies Schulwesen, 1998, S. 51 (71).

der Öffentlichkeit gewinnen[564]. Es wird bereits über Kooperationsprojekte mehrerer Schulen mit Sponsoren nachgedacht, indem durch die Zuweisung eines bestimmten Teils der Sponsoreneinnahmen in einen Ausgleichsfond, der allen Schulen des Schulträgers zugutekommt, eine angemessene Ausgleichswirkung zwischen den Schulen erzielt werden soll[565].

5. Sozialstaatsprinzip

Der Staat ist in der Pflicht, für ein leistungsfähiges und sozial gerechtes Schulwesen zu sorgen. Diese Verpflichtung ergibt sich aus dem Sozialstaatsprinzip gem. Art. 20 Abs. 1, 28 Abs. 1 GG sowie aus dem Recht des Kindes auf gleiche Chancen bei der freien Entfaltung seiner Persönlichkeit und der freien Wahl der Ausbildungsstätte gem. Art. 2 Abs. 1 bzw. Art. 12 Abs. 1 i.V.m. Art. 3 Abs. 1 GG. Soziale Gerechtigkeit „ist jenes Verteilungsprinzip, das jeder Schicht oder Gruppe in der Bevölkerung die ihr zukommenden Rechte einräumt, insbesondere die wirtschaftliche und kulturelle Lebensfähigkeit auf einem angemessenen Niveau“[566]. Das Sozialstaatsprinzip und der Gleichheitssatz gebieten es, der Ungleichheit der Lebenschancen als Folge der unterschiedlichen sozialen Herkunft auch durch erzieherische Anstrengungen entgegenzuwirken[567]. Nicht durch einen Wettbewerb zwischen Schulen, sondern nur, wenn ein relevanter Teil des Bildungsangebots davon abhängig wird, ob es den Bildungseinrichtungen gelingt, eigenverantwortlich Mittel für diese Arbeit „einzuwerben“, besteht die Gefahr, daß Bildung erneut zum sozialen Privileg wird[568].

Verfassungsrechtliche Bedenken gegen einen Wettbewerb zwischen Schulen lassen sich nicht anführen. Die Schulen sind in einen engen rechtlichen Rahmen eingebunden und auch im Falle eines Wettbewerbsverhältnisses jederzeit über die Schulaufsicht und den Schulträger einer Kontrolle ausgesetzt.

---

564 *Helmut Schorlemmer*, Sponsoring, SchulVerwaltung NRW 4/1999, S. 114 (115).

565 *Paul Bischof/Claus Hamacher/Klaus Hebborn*, Sponsoring, SchulVerwaltung NRW 6/7/1999, S. 175 (177).

566 *Christoph L. Gleske*, Wettbewerb öffentlicher und privater Kreditinstitute in Deutschland, 1996, S. 102; *Theodor Maunz/Reinhold Zippelius*, Deutsches Staatsrecht, 1998, S. 102.

567 *Ekkehart Stein/Monika Roell*, Handbuch des Schulrechts, 1992, S. 21.

568 *Heilke von der Ahe/Klaus Müller/Hartwig Schröder*, Einleitung, in: Heilke von der Ahe (Hrsg.), Arbeitgeber Staat – Bildung als öffentliche Dienstleistung, 1995, S. 5 (12).

F. Wettbewerb zwischen Schulen am Beispiel von Gymnasien

Die Frage eines Wettbewerbs zwischen öffentlichen Schulen gleicher Schulform ist bisher noch nicht Gegenstand einer Untersuchung gewesen. Die Erkenntnis, daß die Schulform Gesamtschule - gerade angesichts schulpolitischer Diskussionen - Schwierigkeiten hat, sich insbesondere gegenüber der Schulform Gymnasium durchzusetzen, ist empirisch gesichert[569]. Auch ist bereits das Verhältnis zwischen privater und öffentlicher Schule beleuchtet worden[570]. Es existieren ebenso Befragungen zum Schulwahlverhalten der Eltern und Schüler in Bezug auf Gesamtschulen und Gymnasien, staatliche und private Schulen[571]. Diese Untersuchungen und Befragungen wurden als Basis für die Auswahl von Annahmen und Bildung von Hypothesen vergleichend herangezogen. Die in diesen Untersuchungen angenommene Konkurrenz sowohl zwischen öffentlichen als

569 *Tino Bargel/Manfred Kuthe/Klaus Reinhardt*, Gesamtschule und Region, in: Horst Weishaupt (Hrsg.), Sozialraumanalyse und regionale Bildungsplanung, 1983, S. 91 - 128; *Rolf Hansen/Hans-Günter Rolff*, Abgeschwächte Auslese und verschärfter Wettbewerb, Jahrbuch der Schulentwicklung Band 6, S. 45 (63ff); *Hans Haenisch*, Schulleistungsvergleich zwischen Gesamtschulen und Schularten des gegliederten Schulsystems in Nordrhein-Westfalen am Ende des 6. Schuljahres, in: Hans Haenisch/Helmut Lukesch/Richard Klaghofer/Elsa-Maria Krüger-Haenisch, Gesamtschule und dreigliedriges Schulsystem in Nordrhein-Westfalen, 1979, S. 1 - 226.

570 *Irmfried Speiser* (Hrsg.), Determinanten der Schulwahl, 1993 (in Österreich); *Ulf Preuss-Lausitz*, Private und Freie Schulen, Die Deutsche Schule 4/1995, S. 447 - 462. Das Bundesverfassungsgericht spricht im Zusammenhang mit den Maßstäben für die Zulassung privater Grundschulen davon, daß zwischen dem privaten und öffentlichen Schulwesen ein in seinen Einzelheiten nicht vorhersehbarer „Prozeß dauernder gegenseitiger Anregungen" bestehe, „der beide Seiten durch lebendige Konkurrenz zu fortdauernden Anstrengungen um pädagogische Fortentwicklung veranlaßt" (BVerfG, Beschl. v. 16.12.1992, -1 BvR 167/87-, BVerfGE 88, 40 (54)).

571 *Hans-Günter Rolff*, Wandel durch Selbstorganisation, 1995, S. 106; *Thüringer Institut für Lehrerfortbildung, Lehrplanentwicklung und Medien*, Materialien, Heft 18, Gymnasien in Thüringen, S. 19ff. Als Beispiele seien angeführt: *Hans-Dieter Göldner*, Elternmeinung, Elternwille und ihr Einfluß auf die Schule, 1978; *Rolf Hansen/Hans-Günter Rolff*, Abgeschwächte Auslese und verschärfter Wettbewerb, Jahrbuch der Schulentwicklung Band 6, S. 45; *Rolf Hansen*, Quantitative Entwicklungen und strukturelle Veränderungen der Schule in der BRD, 1993; *Irmfried Speiser (Hrsg.)*, Determinanten der Schulwahl, 1993; *Ellen Bülow*, Einstellungen und Schulwahl am Ende der Grundschule, in: Forschungsgruppe Schulstrukturwandel in Thüringen, Pädagogische Hochschule Erfurt, Schulstrukturwandel in Thüringen, 1993, S. 73 - 89; *Jürgen Bofinger*, Neuere Entwicklungen des Schullaufbahnverhaltens in Bayern, 1990; *Dieter Fröhlich*, Arbeitserfahrung und Bildungsverhalten, 1978.

auch zwischen öffentlichen und privaten Schulen begründet sich vorrangig aus der Tatsache, daß es sich um unterschiedliche Schulformen und alternative Bildungsgänge handelt, die zur Auswahl stehen. Daher bot es sich an, die Frage des Bestehens eines Wettbewerbs zwischen Schulen anhand der öffentlichen allgemeinbildenden Schulen gleicher Schulform zu untersuchen[572].

Vordringliches Ziel der Untersuchung war es, Erkenntnisse über ein tatsächliches Vorliegen von Wettbewerb zwischen Schulen zu gewinnen. Hierfür wurden qualitative Daten mit Hilfe von mündlichen Interviews der Schulleiter und der Schulleiterinnen der Gymnasien in Münster und in Gelsenkirchen zum Thema Wettbewerb zwischen Schulen erhoben. Im folgenden wird diese mündliche Befragung dargestellt.

In Anlehnung an die Methoden der empirischen Sozialforschung galt es zunächst, Hypothesen zu bilden. In den Hypothesen werden vorläufige Erklärungen des Forschungsproblems oder begründete Schätzungen bzw. Vermutungen über das Forschungsresultat erfaßt[573], die empirisch überprüft werden sollen. Anhand der Befunde der Untersuchung werden sie entweder bestätigt oder verworfen oder sind zumindest neu zu betrachten[574]. Die dieser Untersuchung zugrundeliegenden Hypothesen werden unter Punkt I erläutert. Danach wird die Durchführung der Befragung unter Punkt II beschrieben. Hierauf folgt dann die Darstellung der Ergebnisse mit anschließender Diskussion unter Punkt III.

I. Hypothesen

Im Kapitel E wurden die in Kapitel D dargestellten Kriterien für das Vorliegen von Wettbewerb in Beziehung zum Schulwesen gesetzt. Die im folgenden aufgeführten Hypothesen, die im Rahmen der Untersuchung überprüft werden sollen, sind auf der Grundlage der in Kapitel E herausgearbeiteten theoretischen Überlegungen gebildet worden. Die Hypothesen sind gegliedert in eine Haupthypothese und 5 Unterhypothesen. Letztere sind im einzelnen an die Kriterien für das Vorliegen von Wettbewerb angelehnt.

---

572 Im weiteren wird von Schulen im Sinne von allgemeinbildenden weiterführenden Schulen gesprochen, sofern sie nicht anders gekennzeichnet sind.

573 *Volker Dreier*, Empirische Politikforschung, 1997, S. 360f.

574 Wörtlich übersetzt bedeutet Hypothese eine „Unterstellung" oder unbewiesene Erklärung. Mit einer Hypothese soll versuchsweise eine mögliche Antwort auf eine Frage bzw. einen problematischen Sachverhalt gegeben werden (*Kurt Heller/Bernhard Rosemann*, Planung und Auswertung empirischer Untersuchungen, 1981, S. 65).

1. Haupthypothese

Schulen gleicher Schulform werden entsprechend den landesgesetzlichen Regelungen innerhalb des Gebietes des Schulträgers jeweils bestimmten Schulbezirken zugeordnet. Für den schulpflichtigen Schüler ist die Schule zuständig, in deren Schulbezirk er wohnt. Steht es dem Schulträger frei, Schulbezirke zu bilden und verzichtet er darauf, sind alle Schulen der jeweiligen Schulform für den Schüler zuständig. Den Eltern bleibt es überlassen, zu entscheiden, an welcher Einzelschule unter den im Gemeindegebiet zur Wahl stehenden Schulen einer Schulform ihr Kind angemeldet werden soll. Die Zuständigkeiten der Schulen gleicher Schulform konkurrieren. Dies widerspricht nicht, wie bereits unter Kapitel E II dargelegt, den Gründen, die für die Notwendigkeit der ausschließlichen Zuständigkeitsordnung im Verwaltungsrecht sprechen. Viel interessanter ist, daß den Schulen durch die Wahlmöglichkeit der Eltern und Schüler Freiräume geschaffen werden, die wettbewerbliches Verhalten zulassen. Die Schulen unterliegen zwar demselben Schul- und Dienstrecht und müssen dieselben Stundentafeln und Lehrpläne beachten. Auch müssen sie aufgrund der Schulpflicht nicht um nachfragende Schüler bangen. Die Schüler bzw. Eltern sind jedoch im Falle freier Schulwahl in der Lage, die Schulen zu vergleichen und aus unterschiedlichen Gründen eine Schule unter den im Gebiet konkurrierenden Schulen der gleichen Schulform zu bevorzugen. Es ist daher zu vermuten, daß die Schulen versuchen, ihre Position im Schulangebot der Gemeinde im Vergleich zu den anderen Schulen zu verbessern oder zu festigen.

Haupthypothese: Im Falle der freien Schulwahl besteht Wettbewerb zwischen Schulen gleicher Schulform.

2. Unterhypothesen

Im Kapitel E wurden mit den schulspezifischen Überlegungen zu den Wettbewerbskriterien die Grundlagen für die Herleitung der Unterhypothesen geleistet, so daß darauf zurückgegriffen werden kann.

a. Unterhypothese 1

Im Kapitel E III 2 wurde bereits dargelegt, unter welchen Gesichtspunkten von der Vermutung ausgegangen werden kann, daß die Schulen ein gleiches Ziel anstreben, nämlich genug Schüler für ihre Schule zu gewinnen. Es spielen Interessen wie die Auslastung des Schulgebäudes und des Lehrerpersonals, der gute Ruf, die Bestätigung der schulischen Arbeit und finanzielle Vorteile eine Rolle.

Unterhypothese 1: Schulen gleicher Schulform sind bestrebt, Schüler für ihre Schule zu gewinnen.

b. Unterhypothese 2

Angesichts der Überlegungen im Kapitel E III 3 läßt sich annehmen, daß sich Schulen mit dem Angebot und den Konzepten anderer Schulen auseinander setzen, um daraus Verbesserungsmöglichkeiten für die eigene Schule zu gewinnen. Die Schulen befinden sich in einem stetigen Vergleich mit den anderen Schulen. Es ist zu vermuten, daß der Leistungsvergleich aber nicht nur der Suche nach pädagogischen Verbesserungsmöglichkeiten dient. Die Schulen sind vielmehr bestrebt, im allgemeinen Schulangebot ihre Position zu den anderen Schulen zu verbessern, um somit für die Bildungsnachfrager attraktiver zu sein.

Unterhypothese 2: Schulen gleicher Schulform vergleichen sich gegenseitig mit dem Ziel, ihre Position gegenüber den anderen im Bemühen um neue Schüler zu verbessern.

c. Unterhypothese 3

Die Schulen sehen die Eltern bzw. Schüler, wie bereits im Kapitel E III 3b dargelegt, als potentielle Nachfrager ihres Bildungsangebots. Die Eltern entscheiden mit der Wahl einer Schule darüber, welche Schule ihrer Meinung nach für ihr Kind die qualitativ bestmögliche Erfüllung des Erziehungs- und Bildungsauftrages gewährleistet. Es ist zu vermuten, daß die Anmeldung der Kinder durch die Eltern von der Öffentlichkeit und von der betreffenden Schule als Erfolg für ihr Bildungsangebot bewertet wird.

Unterhypothese 3: Die Wahl einer Schule durch die Eltern wird als Indikator für den Erfolg dieser Schule im Vergleich zu den anderen Schulen angesehen.

d. Unterhypothese 4

Es ist zu vermuten, daß sich die Schulen bewußt sind, wegen der Möglichkeit der freien Schulwahl mit ihrem Angebot neben konkurrierenden alternativen Angeboten anderer Schulen bestehen zu müssen. Denn auch bei Vorliegen gleicher formaler Rahmenbedingungen sind erhebliche Leistungsdifferenzen möglich. Die Schulen haben, wie bereits in Kapitel B dargelegt, trotz des engen rechtlichen Rahmens als Teil der öffentlichen Verwaltung Handlungsfreiheiten und -möglichkeiten, die sie individuell unterschiedlich nutzen können. Wie bereits im Kapitel E III 4 angedeutet wurde, liegt die Vermutung nahe, daß sie diese Freiräume auch im Wettbewerb untereinander bewußt ausschöpfen.

Unterhypothese 4: Schulen gleicher Schulform nutzen bewußt Freiräume, um wettbewerblich agieren zu können.

e. Unterhypothese 5

Die Wahlentscheidungen der nachfragenden Eltern haben aus der Sicht der Schule Einfluß auf ihre Position im Schulangebot einer Gemeinde. Die Vorstellungen der Eltern werden, wie in Kapitel E III 5 dargestellt, von den Schulen in die Entwicklung des Bildungsangebots der Schule einbezogen. Es ist zu vermuten, daß die Schulen darum bemüht sind, dem Bildungsanspruch der Eltern gerecht zu werden. Um die Eltern von ihrer Schule überzeugen und ihre Position in den Augen der nachfragenden Eltern bzw. Schüler verbessern zu können, ist anzunehmen, daß die Schulen verstärkt auf Maßnahmen zur Qualitätssteigerung und Öffentlichkeitsarbeit zurückgreifen.

Unterhypothese 5: Schulen gleicher Schulen handeln nachfrageorientiert, um im Wettbewerb untereinander bestehen zu können.

II. Befragung

1. Auswahl der zu befragenden Personen

Wegen des zu vermutenden Einflusses lokaler situativer Faktoren bot es sich an, die Frage einer Wettbewerbssituation unter Schulen gleicher Schulform auf der Ebene mehrerer Einzelschulen in einem Stadtverband zu untersuchen. Die Erhebung wurde mit Fallbeispielcharakter auf zwei Städte gestützt. Dies hatte den Grund, daß eine Stadt als homogene Gruppe Vergleichsmöglichkeiten bietet. Außerdem eröffnete sich dadurch eine vertiefte und differenzierte Analyse eines möglichen Wettbewerbs zwischen Schulen. Die Stadt Münster bot sich an, da das Schulangebot so groß und eng gesät ist, daß eine Vielzahl von Wahlmöglichkeiten für Eltern und Schüler besteht. Im Vergleich dazu hat die Stadt Gelsenkirchen insbesondere im gymnasialen Bereich ein reduziertes Schulangebot, das sich auf zwei Stadtteile verteilt und sich dort jeweils auf einen Umkreis von ca. 1 bis 2 km konzentriert.

a. Stadt Münster

Die Stadt Münster hat ca. 270 000 Einwohner. Sie ist eine Dienstleistungs- und Beamtenstadt mit einem ausgeprägten Universitäts- und Hochschulwesen. Es gibt in Münster für weiterführende Schulen keine Schulbezirke. Den Eltern steht also frei, an welcher städtischen weiterführenden Schule, d.h. an welchem Gymnasium, welcher Real- oder Hauptschule sie ihre Kinder anmelden[575]. Die Stadt Münster übernimmt die Schülerfahrtkosten für alle Schüler, die eine Schule, die mehr als 3, 5 km von ihrem Wohnort entfernt ist, besuchen, auch wenn es sich nicht um die nächstgelegene Schule handelt.

Die Stadt Münster hat den Schulleitern der städtischen weiterführenden Schulen für die Aufnahme von Schülern einen allgemeinen Rahmen im Sinne des § 5 NWASchO vorgegeben. Danach wird die Aufnahmekapazität dieser Schulen einheitlich auf der Grundlage der Vierzügigkeit (vier Parallelklassen) und des vom Kultusministerium festgelegten jeweils gültigen Klassenfrequenzhöchstwertes begrenzt. Obwohl für die städtischen Hauptschulen und Realschulen die Obergrenze der Vierzügigkeit aus räumlichen Gründen nicht in Betracht kommt, wurden diese Schulen mit einbezogen, um eine einheitliche Regelung für alle weiterführenden Schulen zu treffen. Auch bei den städtischen Gymnasien entspricht der Gebäudebestand nicht in allen Fällen der Vierzügigkeit nach den Grundsätzen für die Aufstellung von Raumprogrammen für allgemeinbildende Schulen und Sonderschulen. Eine Einschränkung der Aufnahmekapazität ergibt sich – wie bei den Haupt- und Realschulen – auch hier durch den Raumbestand.

Der Rat der Stadt Münster hat Entscheidungskriterien für den Fall vorgegeben, daß die Zahl der Anmeldungen die Aufnahmekapazität der Schule überschreitet. Sofern nicht alle angemeldeten Schüler aufgenommen werden können, ist bei der Aufnahmeentscheidung die Schulwegzeit zu berücksichtigen. Kinder, die ein anderes Gymnasium direkt in der Nachbarschaft haben und dies angesichts der Schulwegzeit schneller erreichen könnten, können mit diesem Argument abgewiesen werden. Vorrangig aufgenommen werden sollen Geschwister-

575 Grundsatzbeschluß der Rates von 1983, Beschlußvorlage an den Rat Nr. 284/83 - Schul.- „Sicherung des geordneten Schulbetriebes für die städtischen Schulen“ und Grundsatzbeschluß der Rates von 1989, Beschlußvorlage an den Rat Nr. 395/89 - Schul.- „Sicherung des geordneten Schulbetriebes für die städtischen weiterführenden Schulen“.

kinder und Schüler, die zur Gewährleistung der Mindestanforderungen der Koedukation erforderlich sind. Den Schulleitern ist zugestanden worden, ihre Auswahl so zu treffen, daß der Anteil des schwächer vertretenen Geschlechts nicht unter der Quote von 25 % liegt.

Im Januar eines jeden Jahres bieten die städtischen weiterführenden Schulen Informationsveranstaltungen für die Eltern und Kinder der Grundschulen an. Mit einer Terminübersicht erhalten die Eltern eine vom Schulträger erstellte Broschüre über das Schulangebot in Münster. Die Stadt Münster hat mit den Sprechern der weiterführenden Schulen die Vereinbarung getroffen, daß alle Informationsveranstaltungen außerhalb der regulären Unterrichtszeit stattzufinden haben. Ferner können die Eltern allein oder mit ihren Kindern an dieser Veranstaltung teilnehmen. Die Schule kann auch außerhalb der Unterrichtszeiten besichtigt werden. Unterrichtsbesuche durch Grundschüler sind jedoch erst nach den Anmeldeterminen möglich. Ferner wurde vereinbart, daß die einzelnen Schulen auf jede Art der eigenen Werbung wie z.B. Rundschreiben an Grundschule bzw. Eltern, Presseveröffentlichungen, Einladungen zur Teilnahme am Unterricht, Bewirtungen oder Vorführungen verzichten. Langfristig geplante besondere schulische Veranstaltungen können jedoch in der Zeit bis zu den Anmeldeterminen stattfinden. Das Schulamt informiert die Presse über Ort, Termin und Uhrzeit der einzelnen Veranstaltungen.

b. Stadt Gelsenkirchen

Die Stadt Gelsenkirchen hat ca. 285 000 Einwohner. Sie ist eine Dienstleistungs- und Industriestadt inmitten des Ruhrgebiets. Auch in Gelsenkirchen steht es den Eltern frei, zwischen den weiterführenden Schulen zu wählen. Die Stadt Gelsenkirchen gewährt die kostenlose Ausstellung einer Schülerjahresfahrkarte für Schüler der Sekundarstufe I nur, wenn der kürzeste Fußweg zur Schule in der einfachen Entfernung mehr als 3,5 km beträgt und es sich um die nächstgelegene Schule der gewünschten Schulform handelt[576]. In Gelsenkirchen unterliegt jede weiterführende Schule einer festgelegten Zügigkeit. Jedes Jahr finden im Januar an den städtischen weiterführenden Schulen Informationsveranstaltungen für Eltern und Kinder der Grundschulen statt.

In Gelsenkirchen melden die Eltern ihre Kinder bei der Stadt an, nicht beim Schulleiter. Die Eltern können in einem Erst- und Zweitwunsch die Schule einer Schulform angeben, die ihr Kind zukünftig besuchen soll. In einem Drittwunsch

576 Wenn die Kapazität der gewählten nächstgelegenen Schule erschöpft ist und der Schüler an die im Zweitwunsch angegebene Schule verwiesen wird, übernimmt der Schulträger die Schülerfahrkosten.

können die Eltern die gewünschte Schulform bestimmen. Nachdem die Anmeldungen bei der Stadt vorliegen und den Schulen die Erstwunschbögen zugestellt worden sind, beraten die Schulleiter der Gymnasien in Alt-Gelsenkirchen und in Gelsenkirchen-Buer jeweils zusammen über die Verteilung der Anmeldungen auf die Gymnasien (sog. Umverteilungsverfahren). Die angemeldeten Schüler werden gemäß der festgelegten Größe der Eingangsklassen verteilt. Die Schule, die zu viele Anmeldungen angesichts ihrer Zügigkeit hat, gibt unter Berücksichtigung des Zweitwunsches oder sogar des Drittwunsches der Eltern an die Schule ab, die zu wenige Anmeldungen hat. Ist von den Eltern ein Zweitwunsch nicht angegeben worden, geht die mit Erstwunsch genannte Schule davon aus, daß jede andere Schule der gewünschten Schulform in Frage kommen kann.

c. Gymnasien

Das Gymnasium führt mit Bestehen der Abschlußprüfung (Abitur) zur allgemeinen Hochschulreife und eröffnet damit die Möglichkeit eines Hochschulstudiums[577]. Die Befragung auf Gymnasien zu beschränken bot sich angesichts einer besseren Vergleichbarkeit an. Gymnasien neigen gerade im Hinblick auf die Wahlfachstruktur in der Oberstufe eher als andere weiterführende Schulen dazu, unterschiedliche Profile zu entwickeln.

Um soweit wie möglich die Unterschiede und Gemeinsamkeiten zwischen den Gymnasien in Münster und Gelsenkirchen erfassen zu können, wurden Informationen über die Gymnasien mittels der von den Schulleitern ausgehändigten Schulbroschüren, -zeitungen und einer CD-Rom sowie der Homepages der Gymnasien im Internet gesammelt. Sowohl die Gymnasien in Münster als auch die Gymnasien in Gelsenkirchen bieten Arbeitsgemeinschaften im Sprach-, Sport- und Computerbereich, spezielle Freizeitangebote wie Schülerzeitung, Sportfest, Theateraufführungen, Chor, Schülerband, Konzerte und Schulbälle an. Sie nehmen an Schülerwettbewerben wie „Jugend forscht“ oder Stadtmeisterschaften im Bereich Sport teil, führen Betriebs- und Studiumspraktika durch und bieten Schüleraustausche mit ausländischen Schulen an. Es handelt sich dabei

577 Während in den süddeutschen Ländern nach wie vor bis zur 10./11. Jahrgangsstufe verschiedene Typen von Gymnasien (alt-/neusprachlich/mathematisch-naturwissenschaftlich u.a.) bestehen, deren Bildungsgänge auch in Form von Schulzweigen geführt werden, ist im überwiegenden Teil der anderen Länder eine Entypisierung erfolgt, die nicht zuletzt auch auf die Reform der gymnasialen Oberstufe zurückzuführen ist. Daneben bestehen Aufbaugymnasien, die mit der 7. Schulstufe einsetzen, und Fachgymnasien sowie die 3-jährigen Kurzformen der Beruflichen Gymnasien (*Kurt Aurin*, Unterwegs zur staatlich geförderten Unübersichtlichkeit?, in: Kurt Aurin/Horst Wollenweber, Schulpolitik im Widerstreit, 1997, S. 28 (29)).

um Profilbildungen, die einer Gestaltung des Schullebens vorwiegend im außerunterrichtlichen Bereich gelten.

Schulschriften und Informationsbroschüren werden von den Schulen intensiv zur eigenen Darstellung genutzt[578]. Sowohl in Münster als auch in Gelsenkirchen sind die Schulbroschüren in ihrem Umfang und ihrer Präsentation unterschiedlich. Das Logo der Schule spielt in den Broschüren eine wichtige Rolle. Es steht in der Regel in Verbindung mit dem Namen der Schule. Sofern möglich, werden die Ideen und Wertvorstellungen der Namensträger als Leitlinien der Schulen dargestellt. Es wird hingewiesen auf die Ausstattung, insbesondere technische Möglichkeiten, Bildungstradition der Schule, Sprachangebote, Größe der Schule, Verkehrsanbindungen, Leistungskursangebote, Arbeitsgemeinschaften, Teilnahme an Schülerwettbewerben, Schüleraustausche und die individuellen Besonderheiten des jeweiligen Gymnasiums. Dabei wird nie vergessen, neben den Leistungen der Schule als Lernanstalt auch das gute Schulklima zu betonen. Die Prioritäten werden unterschiedlich gesetzt, wobei die Verkehrsanbindung und die Ausstattung vorrangig erwähnt werden.

aa. Gymnasien in Münster

(1) Städtische Gymnasien in Münster

In der Stadt Münster gibt es vierzehn Gymnasien, wovon elf städtisch sind. Neun der elf städtischen Gymnasien sind in der Innenstadt gelegen, in der aber nur relativ wenig Schüler wohnen. Unter ihnen existieren Kooperationspartnerschaften. Drei Gymnasien zeichnen sich durch ihre Lage in den Stadtteilen am Randbereich der Stadt aus. Ein städtisches Gymnasium im Randbereich liegt in Nachbarschaft zu einem privaten Gymnasium.

In Münster fallen einige Gymnasien angesichts ihres speziellen Angebots oder Profils aus dem Rahmen des üblichen heraus. Ein Gymnasium bietet einen deutsch-französischen Zweig, ein weiteres Gymnasium einen deutsch-englischen Zweig an. Als Alternative zu Englisch als 1. Fremdsprache kann an einem Gymnasium schon ab der Klasse 5 Französisch und an zwei anderen Gymnasien Latein gewählt werden. Ein Gymnasium zeichnet sich durch seine Ganztagsbetreuung aus, ein anderes durch seinen Musikzweig.

---

578 Die Informationsschrift eines Gymnasiums ragt im Vergleich zu denjenigen der anderen Gymnasien heraus. Die Besonderheit besteht darin, daß auf der Rückseite noch einmal kurz und prägnant „Sieben Gründe“ genannt werden, diese Schule zu wählen. Im Anschluß daran werden weitere Aktivitäten aufgezählt unter dem Titel „Was andere Schulen haben.... und wir natürlich auch“.

Alle Gymnasien in Münster stellen umfangreiche und detaillierte Informationen auf ihrer Homepage zur Verfügung. Die Homepages sind aufwendig gestaltet. Das Logo der Schule und Photos vom Gebäude und von besonderen Fachräumen, die die Schulatmosphäre einfangen sollen, werden gezeigt. Auf der Homepage eines Gymnasiums stellt sich ein Sponsor der Schule mit seinem Unternehmen dar. Gleichzeitig wirbt das Gymnasium um neue Sponsoren.

(2) Private Gymnasien in Münster

In Münster gibt es drei Gymnasien, deren Träger die katholische Kirche ist. Diese privaten Gymnasien sind als Ersatzschulen staatlich genehmigt. Sie entsprechen in ihrer Struktur sowie ihren Inhalten den öffentlichen Gymnasien und haben die Befugnis, Zeugnisse wie öffentliche Schulen zu erteilen.

Die privaten Gymnasien in Münster sind schulgeldfrei. Der kirchliche Schulträger übernimmt die Gebäudekosten und die Nicht-Personalkosten. Die Personalkosten trägt das Land zu 94 %, während sich der kirchliche Schulträger zu 6 % daran beteiligt.

Eines der privaten Gymnasien, an dem sich lediglich Mädchen anmelden können, bietet einen zweisprachigen deutsch-englischen Zug an. Es ist das einzige private Gymnasium im Innenstadtbereich. Die beiden anderen privaten Gymnasien liegen in unterschiedlichen Stadtteilen im Randbereich, eines davon in Nachbarschaft zu einem städtischen Gymnasium.

Die Schulleiter der privaten Gymnasien nehmen an der Bezirksschulleiterkonferenz teil. Die Termine für die Informationsveranstaltungen werden mit den Schulleitern der städtischen Gymnasien abgesprochen. Unter den privaten Schulen existiert die Vereinbarung, daß die Schüler, die sich anmelden wollen, neben dem 2. Halbjahreszeugnis der 3. Klasse, dem 1. Halbjahreszeugnis der 4. Klasse auch die Empfehlung der Grundschule vorlegen müssen.

bb. Gymnasien in Gelsenkirchen

In der Stadt Gelsenkirchen werden sieben städtische Gymnasien angeboten. Vier davon befinden sich in Alt-Gelsenkirchen, drei in Gelsenkirchen-Buer. Die beiden Stadtteile sind ca. 10 km voneinander entfernt. In den Stadtteilen selbst liegen die Gymnasien so eng beieinander, daß sie in einem Fußweg von ca. 5 min zu erreichen sind. In Gelsenkirchen-Buer grenzen zwei Gymnasien direkt aneinander.

Sowohl in Gelsenkirchen-Buer als auch in Alt-Gelsenkirchen bemüht sich jeweils ein Gymnasium verstärkt um Schüler, die von der Real- oder Hauptschule in die Oberstufe wechseln wollen. In Alt-Gelsenkirchen offerieren zwei Gymnasien ein spezielles Bildungsangebot für türkische Schüler. Ein Gymnasium ist als Ganztagsschule ausgewiesen.

Die städtischen Gymnasien haben in Eigenregie ein von allen Schulleitern unterzeichnetes Informationsblatt verfaßt. Es wird vor den Anmeldetagen an alle Grundschulen geschickt. Die Grundschullehrer können es an die interessierten Eltern verteilen. In dem Informationsblatt werden neben Informationen über die Anforderungen an Gymnasien im allgemeinen Hinweise auf ein spezielles Angebot für türkische Schüler an zwei Schulen gegeben. Darin wird auch der Termin für die Informationsveranstaltung mitgeteilt und angekündigt, daß Mitglieder der Schulleitung und erfahrene Lehrkräfte aus den 5. und 6. Klassen an den Informationstagen zur Verfügung stehen und auf Wunsch durch das Schulgebäude führen. Die Gestaltung der Informationsveranstaltung bleibt den Schulen selbst überlassen.

cc. Anmelde- und Schülerzahlen der 5. Klassen der Gymnasien

Das Schulwahlverhalten der Eltern drückt sich in den Anmeldezahlen aus. In Münster und in Gelsenkirchen werden die Anmelde- bzw. Schülerzahlen für die weiterführenden Schulen zu mehreren Zeitpunkten erhoben. In Münster werden insbesondere im Februar, also direkt nach der Anmeldewoche, die Anmeldezahlen und am 15. Oktober des jeweiligen Jahres im Rahmen der Amtlichen Schulstatistik die Schülerzahlen erfaßt. In Gelsenkirchen wird die Entwicklung der Anmeldezahlen im jeweiligen Jahr von den in den Anmeldungen der Eltern vermerkten Erstwünschen über die Anmeldezahlen nach dem Umverteilungsverfahren bis zu den tatsächlichen Schülerzahlen am 1. Schultag aufgezeichnet. Die Darstellung der Anmelde- und Schülerzahlen beschränkt sich auf die Erstwünsche der Eltern und die Schülerzahlen der 5. Klassen zu Beginn des Schuljahres in Gelsenkirchen und die Anmeldezahlen vom Februar sowie die am 15. Oktober erhobenen Schülerzahlen in Münster.

(1) Anmelde- und Schülerzahlen der 5. Klassen der Gymnasien in Münster für die Schuljahre 1988/1989 bis 2000/2001

Die Schülerzahlen an den städtischen Gymnasien sind nach einem Einbruch zum Schuljahr 1993/1994 seit dem Schuljahr 1994/1995 wieder stetig angestiegen (siehe Abb. 1).

Für das Schuljahr 2000/2001 zeigen die im Februar erhobenen Anmeldezahlen einen Zuwachs im Realschulbereich, der wie in den Jahren zuvor zu Lasten der Gymnasien geht[579]. Daß die Bildungsbeteiligungsquote der Gymnasien in Münster trotz des Anstiegs der Schülerzahlen in den 5. Klassen sinkt, ist auf ein hohes Schüleraufkommen zurückzuführen (siehe Abb. 2).

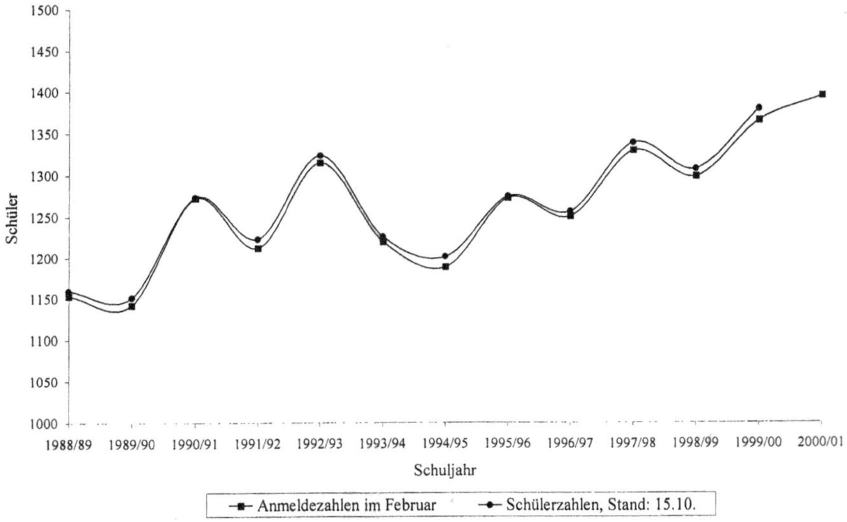

Abb. 1: Anmelde- und Schülerzahlen der 5. Klassen der Gymnasien in Münster (Quelle: siehe Anhang). Auf der Grundlage der Vierzügigkeit und des derzeit gültigen Höchstwertes der Bandbreite von 29 Schülern je Klasse können die städtischen weiterführenden Schulen zu Beginn eines jeden Schuljahres (4 x 29 Schüler/innen =) 116 Schüler/innen aufnehmen (Auskunft des Schulamtes, Stand: 1999).

Schüler, die in einer anderen Gemeinde eine Schule besuchen, werden gerne als Indikator für den Grad bzw. die Güte der Schulversorgung eines Bezirks genutzt. Ist ein Gymnasium im Stadtbezirk schlecht erreichbar, wird ein anderes Gymnasium außerhalb des Stadtbezirks gewählt oder auf eine andere Schulform

579 Laut Auskunft eines Vertreters des Schulamtes der Stadt Münster.

ausgewichen[580]. Ausschlaggebend ist, inwieweit die Eltern bereit sind, ein bestimmtes konkurrierendes, attraktives Angebot für ihre Kinder mit weiten Schulwegen in Kauf zu nehmen[581]. Trotz Schulneugründungen im Umland von Münster, wie der Gesamtschule Havixbeck seit dem Schuljahr 1990/91, dem Gymnasium Nottuln seit dem Schuljahr 1991/92, dem Gymnasium Senden seit dem Schuljahr 1991/92 und dem Gymnasium Telgte seit dem Schuljahr 1994/95 ist es zu keinen bemerkenswerten Einbrüchen in der Anzahl der auswärtigen Schüler gekommen, die sich für die Gymnasien in Münster angemeldet haben (siehe Abb. 3). Die Schullandschaft der Stadt Münster ist also trotz umliegender Schulneugründungen gleichbleibend interessant geblieben für auswärtige Eltern und ihre Kinder.

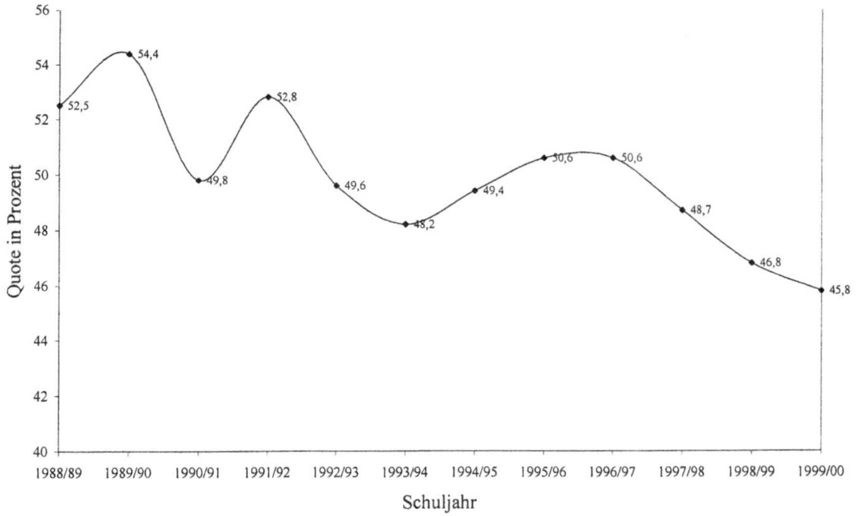

Abb. 2: Bildungsbeteiligungsquote der Gymnasien in Münster (Quelle: siehe Anhang).

580 *Rolf Hansen*, Quantitative Entwicklungen und strukturelle Veränderungen der Schule in der BRD, 1993, S. 78.

581 *Rolf Hansen*, Quantitative Entwicklungen und strukturelle Veränderungen der Schule in der BRD, 1993, S. 124.

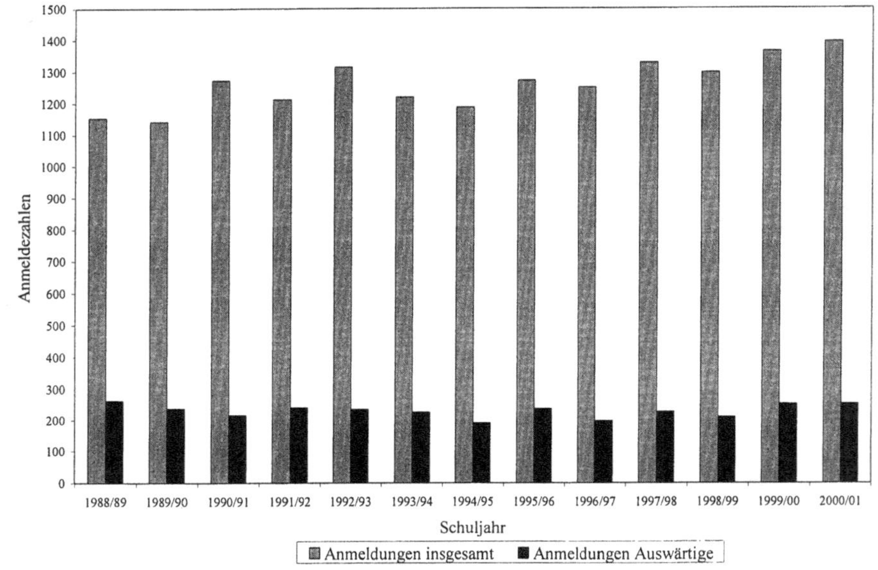

Abb. 3: Anmeldezahlen auswärtiger Schüler der 5. Klassen der Gymnasien in Münster (Stand: Februar des jeweiligen Jahres) (Quelle: siehe Anhang).

(2) Anmelde- und Schülerzahlen der 5. Klassen der Gymnasien in Gelsenkirchen für die Schuljahre 1988/1989 bis 2000/2001

Die Gymnasien sind vom Schulträger dazu angehalten, keine auswärtigen Schüler aufzunehmen, sobald den Schülern im Stadtgebiet nicht genügend Schulplätze angeboten werden können. Zahlen über den Anteil der auswärtigen Schüler für den Zeitraum 1988/1989 bis 2000/2001 konnten vom Schulverwaltungsamt Gelsenkirchen nicht zur Verfügung gestellt werden.

Die Anzahl der in den Anmeldungen geäußerten Erstwünsche zu den Gymnasien ist bis 1997/98 stetig gestiegen, sinkt seitdem aber wieder ab (siehe Abb. 4).

Abb. 4: Erstwünsche vor Umverteilung und Schülerzahlen der 5. Klassen der Gymnasien in Gelsenkirchen zu Beginn des Schuljahres (Quelle: siehe Anhang).

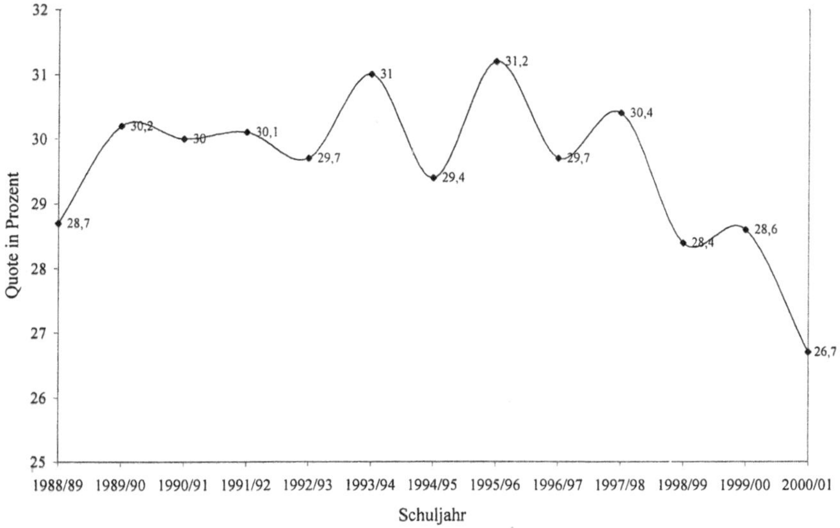

Abb. 5: Bildungsbeteiligungsquote der Gymnasien in Gelsenkirchen (Quelle: siehe Anhang).

Zum Schuljahr 2000/2001 ist ein deutlicher Einbruch bei den Anmeldezahlen zu vermerken, der nach Auskunft des Schulverwaltungsamtes Gelsenkirchen zugunsten der Realschulen erfolgt.

d. Schulleiter der Gymnasien

Der Übergang der Schüler in die weiterführenden Schulen ist der Zeitpunkt, an dem die Eltern die Möglichkeit der Wahl unter mehreren Einzelschulen haben. Für die Einzelschulen wird dann die Frage eines Wettbewerbs aktuell. Eine umfassende Erhebung, in der eine ganze Reihe von Personengruppen, angefangen bei den Eltern, Schülern, Lehrern bis zum Schulleiter, Schulträger und den Aufsichtsämtern, zum Wettbewerb befragt worden wären, hätte einen großen Aufwand erfordert, der im Rahmen dieser Untersuchung nicht zu leisten gewesen wäre. Darüber hinaus handelt es sich bei den Übergängen der Schüler im Laufe der Schullaufbahn und den Entscheidungen für eine Schule um Einzelfälle, die nicht immer im Zusammenhang mit einem Wettbewerb zwischen den Schulen stehen müssen. Es erschien daher sinnvoll, lediglich die Schulleiter persönlich zu befragen. Die Schulleiter sind prägend für die Entwicklung und Ausgestaltung des Schullebens und der Schulgemeinschaft. Der Erfolg einer Schule hängt zu einem großen Teil davon ab, inwieweit es dem Schulleiter gelingt, durch Überzeugungskraft, persönlichen Einfluß und eine Einbindung des Kollegiums die Schule zu gestalten. Sie stehen an der Spitze der Schulen und bemerken am ehesten die Existenz und Wirkungen eines Wettbewerbs zwischen den Schulen.

2. Methodik der Befragung

Die Untersuchung fand in Form eines offenen, leitfadenorientierten mündlichen Interviews statt. Unter „offen" sind Fragen zu verstehen, die keine Antwortvorgaben enthalten und somit dem Befragten ermöglichen, in den von ihm gebrauchten Formulierungen und mit den von ihm gewählten Fakten, Einschätzungen und Wertungen zu antworten[582]. Die Anwendung der Form des qualitativen Interviews kam dem explorativen Charakter der Untersuchung entgegen. Da es sich bei dieser Thematik um Neuland handelte, noch keine empirischen Untersuchungen dazu vorlagen und auf Vorkenntnisse und Vorerfahrungen nicht zurückgegriffen werden konnte, fehlte es an Ansatzpunkten für ein standardisiertes Verfahren[583]. Die offene und unstandardisierte Befragung erleichterte die

---

582 *Jürgen Friedrichs*, Methoden empirischer Sozialforschung, 1990, S. 198f; *Siegfried Lamnek*, Qualitative Sozialforschung, Band 2, 1995, S. 59.

583 *Siegfried Lamnek*, Qualitative Sozialforschung, Band 2, 1995, S. 112.

Erschließung des Forschungsfelds. Der Einsatz des Instruments des Interviewleitfadens wurde zur Gewährleistung einer vollständigen Abdeckung der Themenschwerpunkte und zur Sicherung der thematischen Vergleichbarkeit der Aussagen der Schulleiter gewählt. Er war flexibel handhabbar, so daß entgegen der festgelegten Reihenfolge Themen entsprechend dem natürlichen Verlauf des Gesprächs angesprochen und ein einseitiges Antwortverhalten vermieden werden konnte.

3. Interviewleitfaden

Die Erstellung des Interviewleitfadens orientierte sich an den in den Hypothesen aufgeworfenen Forschungsfragen und Themenkomplexen. Für das Interview wurden die Fragen nicht nach den Hypothesen gebündelt, sondern dem Gesprächsfluß entsprechend bis zur Kernfrage nach der Existenz von Wettbewerb angeordnet. Der Interviewleitfaden ist im Anhang beigefügt[584].

In Anlehnung an die Haupthypothese sollten die Schulleiter gefragt werden, ob zwischen den Gymnasien in Münster bzw. Gelsenkirchen Wettbewerb besteht (Fragen 27, 31 des Interviewleitfadens). Da Wettbewerb die Gleichheit des Ziels voraussetzt, das alle zu erreichen versuchen, sollten die Schulleiter im Hinblick auf die Unterhypothese 1 befragt werden, was genau Gegenstand und Anreiz eines möglichen Wettbewerbs sein könnte (Fragen 28, 29). Ein weiteres Kriterium für das Vorliegen von Wettbewerb ist der Vergleich der Leistung mit anderen Wettbewerbsteilnehmern und das Ergreifen von Maßnahmen zur Verbesserung der eigenen Position im Wettbewerb. Die Schulleiter sollten im Hinblick auf die Überprüfung der Unterhypothese 2 zu dem Verhältnis ihrer Schule zu den anderen Schulen befragt werden (Fragen 13, 14, 15).

Die Fragen 8, 11, 17, 18 und 20 sollten Aufschluß darüber geben, inwiefern die Schulleiter bzw. Schulen die Eltern bzw. Schüler als Nachfrager von Bildungsleistungen, die entsprechend der Annahme in Unterhypothese 3 mit ihren Wahlentscheidungen über den Erfolg einer Schule entscheiden, sehen. Die Schulleiter sollten über das Angebot und das Image ihrer Schule und über ihre Einschätzung der Elternmotive für die Wahl ihrer Schule befragt werden, um so eine Sicht des Selbstverständnis der Schule zu erlangen. Es wurde dabei unterstellt, daß sich ein Schulleiter in der Regel darüber im klaren ist, in welchem Prestigestratum seine Schule anzusiedeln ist.

---

584 Der Interviewleitfaden wurde für die Befragung der Schulleiter der privaten Gymnasien in Münster teilweise abgeändert. Er ist ebenfalls im Anhang beigefügt.

Die Schulleiter sollten sich über ihre Position äußern, um einen Einblick in ihr Verständnis bezüglich ihrer Freiräume und Anforderungen zu bekommen, mit denen sie faktisch und vor dem Hintergrund bürokratischer Weisungsgewalt konfrontiert sind. Dies steht im Zusammenhang mit der Frage nach der Flexibilität der Schule im Falle von Veränderungen ihrer Wettbewerbssituation. Die Schulleiter sollten über ihre Einstellung zu der Wahlmöglichkeit der Eltern befragt werden, um eine Vorstellung über das Wettbewerbsbewußtsein und den Wettbewerbswillen der Schulen und ihrer Mitglieder zu erlangen (Unterhypothese 4, Fragen 1, 2, 3, 21, 22, 23, 24).

Zur Überprüfung der Unterhypothese 5 sollte erfragt werden, inwieweit die Schulen im Hinblick auf die Eltern als potentielle Nachfrager handeln und auf nachteilige Resonanz in Form von schwindenden Anmeldezahlen reagieren. Die Schulleiter sollten zu den Maßnahmen befragt werden, die an ihrer Schule eingesetzt werden, um die Eltern bzw. Kinder von ihrer Schule zu überzeugen. Es war davon auszugehen, daß sich im Zuge der Interviews ein Bild davon ergeben würde, welche Merkmale der Schule am stärksten als attraktiv hervorgekehrt werden (Fragen 4, 5, 6, 7, 9, 10, 12, 16, 19, 25, 26, 30).

4. Befragungssituation

Alle Schulleiter und Schulleiterinnen[585] der Gymnasien in Münster und in Gelsenkirchen erklärten sich nach telefonischer Anfrage und Informationen über den Verwendungszweck des Interviews zu einem persönlichen Gespräch bereit. Die Einzelinterviews wurden im Herbst 1998 und Winter 1999 in Münster und im Herbst 1999 in Gelsenkirchen jeweils innerhalb von drei Wochen in den Schulen durchgeführt. An drei Gymnasien in Gelsenkirchen konnten nur die stellvertretenden Schulleiter befragt werden, da an einem Gymnasium zu dem Zeitpunkt der Befragung die Stelle des Schulleiters nicht besetzt und die Schulleiter der beiden anderen Gymnasien unangekündigt verhindert waren. Vor Beginn der Interviews wurde Anonymität zugesichert. Zwei der vierzehn interviewten Schulleiter in Münster lehnten eine Tonbandaufzeichnung ab. Diese Gespräche wurden daher protokolliert. Die anderen Interviews wurden mit einem Tonbandgerät aufgenommen und anschließend vollständig verschriftlicht. Die Dauer der Befragung variierte individuell zwischen 30 bis 90 Minuten. Ursachen waren die offene Fragestellung und die flexible Gesprächsführung. Die

585 Zur Wahrung der Anonymität wird im weiteren auf die Unterscheidung zwischen Schulleiter und Schulleiterin und zwischen Schulleiter und stellvertretender Schulleiter verzichtet.

Reihenfolge der im Leitfaden angeordneten Fragen wurde im gegebenen Falle zugunsten der Flüssigkeit des Gesprächs verändert.

5. Weiteres Vorgehen

In der qualitativen Sozialforschung gibt es keinen Konsens über eine bestimmte anzuwendende Analysemethode. Vielmehr ist entsprechend dem jeweiligen Projekt eine an die angewandte Erhebungsmethode orientierte und angepaßte Auswertungsmethode zu verwenden[586]. Die Auswertung der Ergebnisse erfolgte daher in Anlehnung an eine Auswertungsstrategie für leitfadenorientierte, offene Interviews[587].

Durch die Methode des leitfadengestützten Interviews wurden qualitative Informationen erfaßt. Zunächst wurden die verschriftlichten Äußerungen der interviewten Schulleiter zu den jeweiligen Fragen des Leitfadens gesammelt, um einen Gesamteindruck zu bekommen. Zur Beantwortung der Fragestellung der Untersuchung wurden dann die Aussagen den jeweiligen Hypothesen zugeordnet und zusammengefaßt dargestellt. Die inhaltlich interessanten Aspekte der Äußerungen wurden unter Berücksichtigung der Gemeinsamkeiten und Unterschiede der jeweiligen Antworten herausgefiltert und die prägnantesten Passagen hervorgehoben.

III. Ergebnisse

Aus den Ergebnissen der Interviews können angesichts deren explorativen Charakters ausschließlich Tendenzen abgeleitet werden, die in weiterführenden Untersuchungen noch empirisch zu bestätigen sind. Erst dann können allgemeingültige Aussagen getroffen werden. Im folgenden werden die unter die jeweiligen Hypothesen zusammengefaßten Aussagen der Schulleiter kurz dargestellt. Die als wörtliche Rede aus den einzelnen Interviews entnommenen Äußerungen werden kursiv und in Anführungszeichen wiedergegeben. Zur Wahrung der Anonymität werden konkrete Sachverhalte verallgemeinert und auf die Angabe von Personen- oder Schulnamen verzichtet.

---

586 *Siegfried Lamnek*, Qualitative Sozialforschung, Band 2, 1995, S. 114.

587 *Claus Mühlfeld/Paul Windolf/Norbert Lampert/Heidi Krüger*, Auswertungsprobleme offener Interviews, Soziale Welt 32/1981, S. 325ff; *Michael Meuser/Ulrike Nagel*, ExpertInneninterviews, in: Detelf Garz/Klaus Kraimer (Hrsg.), Qualitativ-empirische Sozialforschung, 1991, S. 441 (441ff).

1. Haupthypothese

Im Falle der freien Schulwahl besteht Wettbewerb zwischen Schulen gleicher Schulform.

a. Schulleiter in Münster
aa. Städtische Gymnasien

Mit Ausnahme eines Schulleiters bejahen alle Schulleiter der städtischen Gymnasien in Münster die Existenz eines Wettbewerbs untereinander.

> *„Konkurrenz ist ein etwas negatives Wort. Wettbewerb, ja."*
>
> *„Wir haben keine Einzugsgebiete, das heißt, wir haben freien Wettbewerb. Das ist eine ganz spannende Zeit."*

Der Wettbewerb zeigt sich ganz deutlich in der Phase der Anmeldungen der Grundschüler an die weiterführenden Schulen.

> *„Die Zahl der Schüler läßt sich nicht vermehren. Und es ist immer so, daß das eine oder andere Gymnasium nur zwei Klassen, also nur zweizügige Anmeldungen hat. Wenn von den Gymnasien, die zweizügig sind, welche dreizügig werden, muß ein dreizügiges auf Zweizügigkeit zurückgehen. Das heißt, da gibt es natürlich Konkurrenz."*
>
> *„Der Wettbewerb ist immer da. Aber wir versuchen uns dem Wettbewerb zu stellen, ohne uns zu verbiegen. Es geht nicht nur um die Schülerzahlen, es geht auch um das Schulprofil, um die Schulqualität. Die Qualität ist entscheidend, und die Qualität wird im Unterricht gemacht. Nicht über zusätzliche Arbeitsgemeinschaften."*

Gerade die Schulen im Innenstadtbereich werden in einem Wettbewerb gesehen, da sich dort mehrere Gymnasien das Kontingent an Innenstadtschülern teilen müssen.

> *„In der Innenstadt gibt es mindestens vier Gymnasien, die keine eindeutigen Einzugsbereiche haben. Dann bemühen sich schon mehrere Schulen um diese Innenstadtschüler, und dann ist die Konkurrenz da."*

Die Schulleiter der Gymnasien am Stadtrand sehen ihre Schulen eher außen vor, da sie ihre Schüler vorrangig aus ihrem Stadtteil beziehen.

> *„Die Stadtschulen haben da natürlich besondere Probleme. Die konkurrieren ja praktisch alle untereinander."*

Zehn der elf Schulleiter der städtischen Gymnasien in Münster bejahen die Existenz eines Wettbewerbs untereinander.

bb. Private Gymnasien

Die Schulleiter der privaten Gymnasien bejahen ebenfalls einen Wettbewerb zwischen den Gymnasien in Münster.

> *„Die Situation in Münster ist ein bißchen überhitzt. Ich habe nichts gegen eine vernünftige Konkurrenz. Ich finde sie auch wichtig, weil ich glaube, daß Schulen in Münster, weil sie eben unter diesem Konkurrenzdruck stehen, sich Neuerungen vielleicht stärker öffnen, als das vielleicht an anderen Schulen geschieht."*

Die Schulleiter der privaten Gymnasien gehen davon aus, daß ihre Einrichtungen in der regionalen Umgebung gesellschaftlich verankert und akzeptiert sind. Sie sehen sich als gleichwertige Wettbewerber neben den städtischen Gymnasien, auch wenn sie teilweise am Stadtrand liegen.

> *„Münster ist eine Stadt, die eine starke Privatschultradition hat."*

Ein privates Gymnasium am Stadtrand sieht sich angesichts der guten Zusammenarbeit mit einem kooperierenden städtischen Gymnasium nicht unbedingt im Wettbewerb mit diesem.

> *„Beide Schulen sind anerkannt. Das sieht man an den Anmeldezahlen. Wir füllen insofern die Nische aus. Die öffentliche Schule wäre nicht in der Lage, die Schüler alle aufzunehmen."*
>
> *„Die Schulen haben ein gutes Verhältnis, aber auch ein leichtes Konkurrenzverhältnis. Und solange die Zahlen noch stimmen, bewegt sich das eigentlich in einem ganz guten Rahmen."*

b. Schulleiter in Gelsenkirchen

In Gelsenkirchen gibt es unterschiedliche Äußerungen der Schulleiter zur Frage der Existenz von Wettbewerb. Die Schulleiter in Alt-Gelsenkirchen bejahen diesen überwiegend, während die Schulleiter in Gelsenkirchen-Buer diesen verneinen.

Im Stadtteil Alt-Gelsenkirchen verneint ein Schulleiter einen *„echten Wettbewerb"* mit dem Argument, daß es im Gegensatz zu den 80er Jahren zur Zeit mehr als genug Schüler gibt. Die Gymnasien müssen sich daher keine Sorgen um ihre Existenz machen. Derselbe Schulleiter betont jedoch auch, daß angesichts der Selbstdarstellungen der Gymnasien in der Presse

> *„auch ein bißchen zu erkennen ist, daß es so was wie Wettbewerb gibt."*
>
> *„Jeder Schulleiter ist darauf aus, so viele Anmeldungen zu bekommen, wie er unterbringen kann. Die magische Zahl ist immer 3 x 25 = 75*

bei einer dreizügigen Schule. Die möchte man gerne erreichen. Dann ist man sozusagen aus eigener Kraft existent und ist nicht darauf angewiesen, daß der Kollege X einem noch 10 Schüler abgibt, um genug Schüler zu haben. Der Ehrgeiz, so viele Anmeldungen auf jeden Fall zu haben, ist sehr ausgeprägt.“

Ein anderer Schulleiter sagt:

„Unter Schulen besteht ja auch ein gewisser Wettbewerb, das ist doch klar. Vor allen Dingen, wenn man so nahe zusammen liegt.“

Aber:

„Im Augenblick sind die Schülerzahlen so hoch, daß wir alle gut ausgelastet sind. Von daher ist der Konkurrenzdruck auch gering. Im Augenblick haben wir keine großen Probleme, weil durch die Umverteilung jeder letztlich seinen Laden noch voll kriegt.“

Ein anderer Schulleiter äußert angesichts der hohen Schülerzahl ebenfalls,

„Konkurrenz herrscht aus meiner Sicht nicht mehr.“

„Jeder sagt, ich kriege ja ohnehin genug, warum soll ich mich jetzt noch mit der Nachbarschule anlegen.“

Die Schulleiter verweisen darauf, daß die Anmeldezahlen im ganzen Gelsenkirchener Einzugsbereich immer über den Aufnahmekapazitäten der Gymnasien liegen. Es ist zwischen den Schulen verabredet, daß jedes Jahr ein Gymnasium einen Zug mehr aufnimmt, um die Anmeldungen abzudecken. Die Schüler, die ein Gymnasium im Rahmen des Umverteilungsverfahrens an ein anderes Gymnasium abgibt, das weniger hat, werden laut Äußerungen der Schulleiter nicht nach Leistung ausgewählt. Es sind auch keine Geschwisterkinder darunter. In der Regel werden die Kinder aus gemeinsamen Grundschulen zusammen an ein anderes Gymnasium überführt.

„Das ist also ein Geben und Nehmen. Das ist unproblematisch zwischen den Schulen.“

„Man versucht sich nicht mehr Konkurrenz zu machen. Die Absprachen untereinander sind da auch wesentlich größer geworden, daß man z.B. Termine koordiniert.“

Außerdem sei durch die Verbindungen unter den Schulen, d.h. ehemalige Lehrer an einer Schule sind Schulleiter an einer anderen geworden,

„der Konkurrenzkampf in den letzten zwei, drei Jahren eigentlich völlig eingestellt worden“.

Ein anderer Schulleiter bejaht trotz der Umverteilungsvereinbarung und einer hohen Bildungsbeteiligungsquote der Gymnasien das Bestehen eines Wettbewerbs.

„Sicher herrscht Wettbewerb. Es gibt zwar dieses Umverteilungsverfahren, und das finde ich höchst sinnvoll, denn sonst würde wirklich mit harten Bandagen gekämpft, und das ist nicht im Sinne der Schüler, der Stadt und der Schulen."

„Sie haben diese Schule auch als Bedrohung aufgefaßt, denn diese Schule ist von der mit den geringsten Anmeldezahlen zu der mit den ständig höchsten Anmeldezahlen angewachsen. Sie sind von ihrer großen Sicherheit, daß sie immer die meisten Meldungen hatten, daß sie immer das beliebteste Gymnasium seien, 'runtergekommen darauf, daß sie zum Teil 20, 30 Schüler brauchten, um überhaupt ihre Plätze zu füllen."

In Gelsenkirchen-Buer verneinen die Schulleiter der drei städtischen Gymnasien einen Wettbewerb untereinander.

„Das Wort Wettbewerb gefällt mir nicht."

„Im Wettbewerb will jemand der Bessere sein. Also wenn Eltern sagen, wir haben ganz große Probleme, welche der beiden Schulen wir wählen sollen, weil wir beide sehr gut finden, da würde ich nicht sagen, da muß ich jetzt der Bessere sein."

Außerdem verweist ein Schulleiter darauf, daß in der Vorstellung der Öffentlichkeit jedes Gymnasium einen bestimmten Ruf und eine bestimmte Klientel hat, woran auch nicht zu rütteln ist. Es geht daher nicht darum, viele Schüler zu bekommen, unter anderem auch aus dem Grunde, weil genug vorhanden sind.

„Da sind keine sachlichen Gründe, die das entscheiden. Und solange das ist, halte ich es für Unsinn, daraus solche Schlüsse zu ziehen und zu sagen, in diesem Wettbewerb sind wir jetzt in diesem Moment die Besten."

Zwei Schulleiter bevorzugen eine gut laufende Kooperation mit der Nachbarschule.

„Es besteht immer Anlaß, über Wettbewerb nachzudenken, aber nicht mit Abgrenzung von nebenan. Ich denke, ich messe mich an meinen Zielen, an den im Kollegium gesetzten Vorgaben. Ich muß mich nicht unbedingt an der Nachbarschule messen."

„Wir sind fair miteinander. Wir wissen, daß wir beide praktisch in einem Boot sitzen und vieles nur gemeinsam schaffen können. Damit ist dieser Wettbewerbsgedanke einfach schon tiefer gehängt. Wir haben nichts davon, wenn wir was können und die nebenan überhaupt nicht und umgekehrt. Wir sagen, wem soll das nützen."

Gelobt wird das gute Verhältnis unter den Gymnasien in Gelsenkirchen-Buer.

„Wir nehmen uns keine Schüler weg. Wir haben da Absprachen."

Das Umverteilungsverfahren wird für dieses gute Verhältnis verantwortlich gemacht.

„Es entschärft. Und das finde ich in der Zusammenarbeit von Schulen einfach besser."

Zusammenfassend ist also festzuhalten, daß die Schulleiter der drei Gymnasien in Gelsenkirchen-Buer einen Wettbewerb untereinander verneinen, während in Alt-Gelsenkirchen drei Schulleiter dies bejahen. In Münster beantworten dreizehn der vierzehn Schulleiter das Vorliegen von Wettbewerb positiv. Die Haupthypothese konnte somit tendenziell bestätigt werden.

2. Unterhypothese 1

Schulen gleicher Schulform sind bestrebt, Schüler für ihre Schule zu gewinnen.

a. Schulleiter in Münster

aa. Städtische Gymnasien

Laut Äußerungen der Schulleiter in Münster streben die städtischen Gymnasien das gleiche Ziel an, nämlich Schüler für ihre Schule zu gewinnen.

„In Münster gibt es einen wichtigen Tag, da kommen die Zahlen raus. Wenn die Anmeldungen wieder gelaufen sind, dann vertragen wir uns alle wieder gut."

Die Gymnasien in den Stadtteilen am Stadtrand beziehen vorrangig Schüler aus den Grundschulen des Stadtteils. Im Einzugsbereich einiger Stadtrandschulen sind neue Baugebiete erschlossen worden, so daß der Bestand an Schülern die nächste Zeit gesichert scheint. Die Stadtteilgymnasien sehen sich daher nicht in einer Wettbewerbssituation, sondern in Abhängigkeit von der demographischen Entwicklung vor Ort. Der Schulleiter einer Stadtrandschule beklagt jedoch, daß Innenstadtgymnasien versuchen, seiner Schule potentielle Schüler streitig zu machen. Die Innenstadtschulen haben im Gegensatz zu den Stadtrandschulen nicht immer bestimmte Grundschulen in der unmittelbaren Nachbarschaft, aus denen sie ihre Schüler beziehen. Vielmehr müssen sich acht nahe beieinander liegende Gymnasien die geringe Anzahl Innenstadtschüler teilen[588]. Einige Gymnasien in der Innenstadt sind mehr, andere weniger dazu gezwungen, auch

588 *„Es gibt so viele Gymnasien im Innenstadtbereich, da ist es schon vernünftig, daß sie ein bestimmtes Profil bilden."*

aus dem gesamten Umland Schüler zu rekrutieren[589]. Aber nicht nur geographische Verhältnisse, sondern auch demographische Veränderungen wie sinkende Schülerzahlen begünstigen den Wettbewerb zwischen den Gymnasien. Laut Äußerungen der Schulleiter in Münster geht es unter den Gymnasien aber nicht um die Frage der Schülernachfrage überhaupt, denn *„Schüler wird es immer geben"*, sondern unabhängig davon spielt das Erreichen hoher oder stabiler, ausreichender Anmeldezahlen eine wichtige Rolle[590].

> *„Fallen die Anmeldezahlen ganz massiv, ist die Schule massiv unterbesetzt. Man kann Pech haben. Und bis man das ausgeglichen hat, fängt die Kurve schon wieder an zu sinken. Das ist ein ständiges Hin- und Herschwanken."*

Eine Auslastung entsprechend der Aufnahmemöglichkeit der Schule gewährleistet, daß die bestehende Schulkapazität im Bestand gesichert ist. Bei gleichbleibenden oder höheren Schülerzahlen bleiben die Stellen der Lehrer, deren Anzahl sich danach bemißt, an der Schule erhalten. Kein Lehrer muß dann wegen geringer Schülerzahlen versetzt werden. Ein inhaltlich beständiges Angebot, bei dem kein Fachangebot wegen der Versetzung eines Lehrers wegfällt, und es keine Probleme gibt, Kurse weiterzuführen, bedeutet Stabilität für die Schule. Durch eine höhere Anmeldezahl kommt es in der Regel zu einer Personalbesserung, d.h. der Bedarf an Lehrkräften erhöht sich, und das fachliche Angebot kann erweitert werden.

> *„Ich brauche in etwa soviele neue Schüler wie weggehen, um die Lehrerzahl zu halten. Und wenn ich vielleicht mal einen Lehrer dazu haben möchte mit besonders attraktiven Fächern für mich, muß ich eigentlich sogar schon fast dafür sorgen, daß ich ein paar mehr Anmeldungen habe, damit ich dann den Lehrerbedarf melden kann und mir jemand zugewiesen wird."*

---

589 Ein Gymnasium macht die Schulneugründungen im Umland von Münster für die Verringerung seiner Anmeldezahlen verantwortlich.

590 Laut Äußerungen einiger Schulleiter sind die Schulen, die ihre Klassen mehr als genug belegt haben, im Vorteil und können entscheiden, an welche Schule sie wieviele und welche Schüler bereit sind, abzugeben. Die abgebenen Schulen behalten jedoch im Auge, daß durch die Abgabe von Schülern, die von einer bestimmten Grundschule kommen, diese Klientel nicht für die kommenden Jahre möglicherweise auch für die eigene Schule verloren ist. *„Abgesehen davon ist es natürlich überhaupt keine gute Situation, wenn Eltern feststellen müssen, daß die Kinder nicht zu der Schule gehen können, die sie sich ausgesucht haben. Und da machen wir eine Informationsveranstaltung, und die hören immer von anderen, 'das wäre die geeignete Schule für unser Kind, und wir können da nicht hin'"*.

Ein weiterer Anreiz ist, daß hohe oder ausreichende Anmeldezahlen mehr Differenzierungsmöglichkeiten in der Oberstufe bedeuten. Die Schule kann ein breites Angebot vorweisen. Es können mehr Leistungskurse gebildet werden, was sich auch in der Gestaltung des Profils der Schule niederschlägt.

Hohe oder gleichbleibende Anmeldezahlen werden von der Schule selbst, d.h. von den Lehrern und dem Schulleiter als Bestätigung des erarbeiteten Schulprofils und der Schulqualität gesehen.

> *„Es ist der Wunsch, mit der Art, wie man Schule macht, auch ein möglichst nicht zu kleines Publikum zu treffen.“*

Je größer die Schule ist, desto mehr Beförderungsstellen eröffnen sich für die Lehrer, die entsprechend der Äußerung eines Schulleiters darin auch einen persönlichen Anreiz für mehr Leistung sehen.

Hohe oder stabile Anmeldezahlen werden laut Äußerungen einiger Schulleiter von den Eltern der Schule verstärkt auch als *„positive Rückmeldung“* wahrgenommen.

> *„Wenn die Anmeldezahlen veröffentlicht werden sollen, dann gehen abends schon die Telefone. Eltern rufen gerne an, um zu fragen, ′wieviel haben wir ?′.“*

Schlechte Anmeldezahlen werden von Lehrern laut Äußerungen der Schulleiter als Kritik aufgefaßt.

> *„Stimmt das Schulprofil, stimmen die Schülerzahlen. Man kann auch mal Pech haben, das ist völlig klar. Aber stimmt das Schulprofil nicht, stimmen auch die Anmeldezahlen nicht. Das heißt, dann ist sofort Unzufriedenheit da.“*

Ein Schulleiter sagt, daß sich gerade die Lehrer, die intensiv an der Entwicklung eines Schulprogramms arbeiten, frustriert fragen,

> *„′was machen wir denn so falsch, was machen die so toll, daß die Kinder da alle hinlaufen?′. Das führt schon zu Konkurrenzdenken, selbstverständlich“.*
>
> *„Die Konkurrenz ist nicht nur belebend, sondern es gibt einen Punkt, wo die Konkurrenz umschlägt und dann auch lähmend wirken kann, wenn man alles versucht hat.“*

Einige Schulleiter bestreiten, daß die Höhe der Anmeldezahlen etwas über die Qualität der Schule aussagt. So wird zu bedenken gegeben, daß ungeeignete Schüler darunter sein könnten oder die Schule zu *„einfach“* ist.

> *„Wenn ich gute Schule machen will, muß ich eine große Schule haben. Wenn ich viele Schüler haben will, muß ich viele Schüler auch aufnehmen wollen, die ich eigentlich gar nicht aufnehmen möchte.“*

Es wird angedeutet, daß die Schule sich auf Kosten der Qualität gezwungen sehen kann, bessere Noten für schlechtere Leistungen zu geben, um die Anmeldezahlen zu halten.

> *„Das ist dann auch eine Sache, die dann durchaus für Diskussionen sorgt, auch auf Zeugniskonferenzen. Daß dann der eine oder andere sagt, 'wir haben jetzt viel zu viel Schüler, die nicht hierhin gehören'. Und dann gibt es andere Lehrer, die dann genausogut sagen können, 'wenn wir die auch nicht hätten, dann reicht das für uns einfach nicht, also müssen wir die halten, mit irgendwelchen Methoden'. Das ist eine Gratwanderung."*

Es geht laut Äußerung der Schulleiter aber auch um die öffentliche Wertschätzung und den Prestigegewinn einer Schule. Die Anzahl der Anmeldungen indiziert nach Meinung einiger Schulleiter für die Öffentlichkeit, wie gut die Schule ist.

> *„Natürlich können Schulen auch dann, wenn sie immer nur weniger Schüler aufnehmen, leicht in den Ruf kommen, 'was ist los mit der Schule'. Das wäre dann natürlich für eine Schule auch nicht gut."*

Von der Mehrzahl der Schulleiter wird es als unwahrscheinlich angesehen, daß das Bestreben, viele Schüler für die Schule zu gewinnen, von einer Existenzangst geleitet ist. Sie räumen jedoch ein, daß die Überlegung nicht ganz abwegig ist,

> *„da der Schulträger sich immer mal wieder überlegt, bis wann eine Schule tragbar"*

ist und es sich angesichts der Größe im Vergleich zur Auslastung lohnt, ihren Betrieb zu rechtfertigen. Die Möglichkeit der Auflösung eines Gymnasiums im Innenstadtbereich wird im Falle eines verstärkten Schülerrückgangs realistischer gesehen.

> *„Diese Ängste, eine Schule könnte zu viel sein in der Innenstadt, bleiben im Raume. Deswegen ist die Konkurrenzsituation zwischen den Schulen, die sehr nahe beieinander liegen, sehr groß. Und nun weiß man natürlich auch, daß in der Innenstadt üblicherweise die Schülerzahlen zwar auch ein bißchen schwanken im Durchschnitt, aber doch nicht so abrupt explodieren, daß alle Schulen aus der unmittelbaren Nachbarschaft genügend Schüler bekommen."*
>
> *„Wenn sich die Schülerzahlen insgesamt in Münster reduzieren würden, dann könnte es durchaus sein, daß die Stadt sagt, wir halten nicht mehr acht Gymnasien in der Innenstadt vor, sondern sieben tun es auch."*

Hohe Schülerzahlen bedeuten zwar mehr Geld vom Schulträger, dies ist aus der Sicht der Schulleiter jedoch eher unbedeutend. Die finanziellen Mittel des Schulträgers stocken die Schulen ohnehin durch den Förderverein und Sponsoring auf. Um Drittmittel zu erlangen, muß sich die Schule jedoch auch gegenüber den anderen Schulen auszeichnen. Und das setzt u.a. eine ausgelastete und erfolgreiche Schule voraus.

„Man unterstützt ja dann keine Schule, die keinen Erfolg hat."

bb. Private Gymnasien

Die Äußerungen der Schulleiter der privaten Gymnasien unterscheiden sich nicht von denen der städtischen Gymnasien. Die privaten Gymnasien sind auch daran interessiert, die Anmeldezahlen konstant zu halten. Sind die Anmeldezahlen zu gering und decken nicht die Lehrerstellen und Ausstattung der Schule ab, bedeutet dies eine direkt bemerkbare finanzielle Einbuße für den privaten Schulträger.

„Das richtet sich alles nach der Frequenz der Schüler. Da muß man schon ganz schön gucken, daß man dabei bleibt, sonst geht es bergab."

b. Schulleiter in Gelsenkirchen

In Gelsenkirchen sind die Gymnasien ebenfalls bestrebt, soviele Anmeldungen von Schülern zu erlangen, wie sie unterbringen können.

„Wenn die Zahlen enorm `runtergehen, wird das natürlich auch als Bedrohung empfunden."

Unter den Schulen besteht der Ehrgeiz, die vorgeschriebene Zügigkeit zu erreichen. Dann ist die Schule aus eigener Kraft existent und nicht darauf angewiesen, von den anderen Schulen Schüler zu übernehmen. Daß man schon bei der Nennung der Erstwünsche mehr als genug Anmeldungen vorweisen kann, wird im Kreise der Gymnasien als „*Prestigefrage*" gewertet. Einige Schulleiter in Alt-Gelsenkirchen sprechen der Höhe der Anmeldungen eine Aussagekraft als Bewertung ihrer Schule durch die Öffentlichkeit zu.

„Die Zahl der Anmeldungen, das ist ein Barometer für die Beliebtheit."

Die Gymnasien sehen dies als positive Rückmeldung ihres Rufes in der Öffentlichkeit.

„Hohe Anmeldezahlen heißt, man ist gut gelitten in der Bevölkerung."

Und der Ruf ist nach Meinung eines Schulleiters in Alt-Gelsenkirchen wichtig, um die entsprechenden Schüler zu bekommen.

> *„Wir bekämpfen uns zwar nicht, aber wir sind doch vier eigenständige Schulen. Und jede Schule stellt sich auch sicherlich anders dar. Jede hat auch einen anderen Ruf. Und aufgrund dieses Rufs, den man hat, kriegt man auch eine bestimmte Klientel hierhin, die man behalten möchte."*

> *„Und deswegen versucht man, kontinuierlich eine gute Arbeit zu leisten und die nach außen auch darzustellen. Dadurch hat man dann einen Ruf in der Gesamtstadt, der dazu führt, daß die Leute sagen, 'da kann ich mein Kind ruhig hinschicken'."*

Nach Äußerung einiger Schulleiter hat die Qualität der Schüler Einfluß auf die Leistungsfähigkeit der Schule.

> *„Es gibt bestimmte Grundschulen, die ein besseres Image haben als andere. Das hängt dann auch immer stark zusammen mit dem sozialen Umfeld. Jede Schule möchte natürlich hohe absolute Zahlen und möglichst Schüler mit guten Zeugnissen von Grundschulen haben, die einen guten Ruf haben."*

> *„Der Erfolg ist natürlich bei einem Kind, das aus einer bildungsnahen Mittelschichtfamilie kommt, wo die Eltern auch gucken, ob das Kind die Hausaufgaben macht, schon wahrscheinlicher, als wenn da alles drunter und drüber geht."*

Die Schulen streben eine konstante Schülerzahl an, um die Versetzung der Kollegen zu vermeiden und eine gewisse Kontinuität im Angebot zu wahren. Auch bestätigt sich dadurch die Arbeit der Schule.

> *„Da die Kollegen und Kolleginnen hier gerne arbeiten, ist das doch jedem hier ein Bedürfnis, positive Außendarstellung zu haben und die Qualität des Unterrichts auch tatsächlich in den Vordergrund zu stellen."*

Es geht darum, die Schule als solche auch im Bewußtsein des Schulträgers zu erhalten.

> *„Eine Stadt wird eine Schule, die fortgesetzt keine Anmeldungen mehr hat, anders ansehen als eine, die immer brechend voll ist."*

Einige Schulleiter äußern, daß hohe Anmeldezahlen auch gerne anders gedeutet werden. Ist eine Schule entsprechend ihrer Zügigkeit ausgelastet, dann spricht das für ihre Qualität. Hat eine Schule mehr Anmeldungen,

> *„da heißt es dann, bei denen ist das so leicht, deswegen haben die soviele Anmeldungen".*

Ein Schulleiter in Gelsenkirchen-Buer lehnt es angesichts der Unberechenbarkeit der Entscheidungen der Eltern ab, die Anmeldezahlen als *„Gradmesser von gutem oder schlechtem Ruf“* aufzufassen.

Zusammenfassend ist also festzuhalten, daß die Gymnasien in Münster und Gelsenkirchen bestrebt sind, Schüler für ihre Schule zu gewinnen. Die Unterhypothese 1 konnte somit in Münster und Gelsenkirchen bestätigt werden.

3. Unterhypothese 2

Schulen gleicher Schulform vergleichen sich gegenseitig mit dem Ziel, ihre Position gegenüber den anderen im Bemühen um neue Schüler zu verbessern.

a. Schulleiter in Münster
aa. Städtische Gymnasien

Die Gymnasien in Münster verfolgen sehr aufmerksam, wie sich die Schülerzahlen auf die Schulen verteilen, wer von welcher Grundschule Schüler bezieht bzw. zu welchem Gymnasium die Schüler gegangen sind, wie sich ihr Einzugsgebiet entwickelt hat und welche Schulen wieviele auswärtige Schüler aufgenommen haben.

> *„Wenn ein Trend überwiegend zu einer anderen Schule geht, dann fragen wir uns natürlich auch, woran kann das liegen. Hängt das mit dem Schulweg zusammen, hängt das mit Werbemaßnahmen zusammen?“*
>
> *„Aufpassen tun wir immer.“*

Die Gymnasien vergleichen auch ihr Angebot gegenseitig.

> *„Ja, wir sind im Wettbewerb.“*

Die Schulleiter bejahen, daß sie darauf achten, wie die anderen städtischen Gymnasien in Münster sich in der Öffentlichkeit und gegenüber den Eltern darstellen und auf sich aufmerksam machen.

> *„Indem sie alle ein sehr wachsames Auge auf den anderen haben und gucken, was macht die Schule, Frage der Veranstaltungen, Frage der Lehrerversorgung. Es ist nicht so, daß wir nicht ganz normal miteinander umgehen, sondern es wird verschärft auf alles geschaut, was von der anderen Schule für mich als Außenstehenden gelten mag.“*

Insbesondere werden die Veröffentlichungen der anderen Schulen in der Presse, die Berichte über die anderen Schulen aus dem Bekannten-, Eltern- und aus dem Kollegenkreis beachtet, wobei betont wird, daß dies nicht systematisch verfolgt wird. Die Schulleiter geben an, daß sie Ideen und Leistungen anderer Gymnasien beobachten. Sie betonen aber gleichzeitig, daß sie diese nicht einfach übernehmen und nachahmen, sondern immer auch die Gegebenheiten, das Profil und die Möglichkeiten und Ressourcen der eigenen Schule berücksichtigen.

> *„Auf jede Neuerung zu springen, geht nicht. Schüler und Eltern wollen Verläßlichkeit, und das hat auch etwas mit Langfristigkeit zu tun."*
>
> *„Wir suchen uns unsere Schwerpunkte und versuchen, die auch zu pflegen."*
>
> *„Es mag sein, daß das eine oder andere als Reflex auf dieses oder jenes auch erscheinen kann, aber unser Profil selbst entwickeln wir völlig unabhängig."*

Die Schulleiter äußern, daß sich die anderen städtischen Gymnasien in Münster ebenso über die Aktivitäten und Erfolge ihrer Schule informieren. Manchmal geschieht dies durch konkretes Nachfragen. Einige Schulleiter betonen, daß an ihrer Schule entwickelte Neuerungen später auch an einer anderen Schule auftraten. Kein Schulleiter bewertet dies als nachteilig. Das gegenseitige Vergleichen wird als förderlich für die Arbeit in der Schule bezeichnet.

> *„Wenn wir keine Anregungen von anderen Schulen aufnehmen, wären wir dämlich. Umgekehrt, wenn wir versuchen würden, das, was wir können, den anderen Schulen vorzuenthalten, wären wir genauso dämlich."*

bb. Private Gymnasien

Die Aussagen der Schulleiter der privaten Gymnasien unterscheiden sich nicht von denen der städtischen Gymnasien. Die Schulleiter der privaten Gymnasien geben an, daß sie sich vergleichen und darauf achten, was an den anderen Gymnasien passiert. Ein Nachahmen wird vermieden, stattdessen wird versucht, sich durch eine andere Profilierung auszuzeichnen.

b. Schulleiter in Gelsenkirchen

Die Schulleiter in Gelsenkirchen geben an, daß die Gymnasien sich vergleichen.

> *„Man beäugt sich."*

Die Entwicklung der Anmeldezahlen der anderen Schulen wird beobachtet. Es werden Gründe wie z.B. Umbau genannt, die bei den anderen Gymnasien zu einer unerwarteten Erhöhung der Anmeldezahlen geführt haben. Es wird darauf geachtet, aber nicht gezielt, wer wieder womit in der Zeitung steht.

> *„Alle Schulleiter wohnen in Alt-Gelsenkirchen, so daß man natürlich auch aus den Bekanntenkreisen und der Nachbarschaft mitkriegt, was*

passiert an der anderen Schule. Deswegen ist man über die Nachbarschulen auch gut informiert, ohne daß man jetzt immer mit dem Ohr an der Tür lauscht, sondern man kriegt einfach durch Stadtgespräche eine ganze Menge mit.“

Einerseits wird bei einigen Ideen anderer Gymnasien überlegt, ob man diese nicht auch an der eigenen Schule ausprobieren sollte. Einige Schulleiter bestätigen, daß an ihrer Schule entwickelte Neuerungen später auch an anderen Gymnasien eingeführt worden sind. Andererseits vermeidet man, alles nachzuahmen und jedem Trend hinterher zu laufen, um sich hervorzutun.

„Daß man sich immer versucht, abzugrenzen und sagt, wir müssen da noch einen drauf setzen, weil die wieder dies gemacht haben... . Der Konkurrenzkampf ist vorbei, weil einfach die Anmeldezahlen so hoch sind, daß wir eher Kinder abweisen möchten als Kinder noch zusätzlich aufnehmen wollen.“

Die Schulleiter äußern sich dahingehend, daß jede Schule die Akzente setzen soll, die sie für richtig hält und wo sie sich in besonderer Weise hervortut. Insbesondere zwei Schulleiter in Gelsenkirchen-Buer betonen, daß sie sich nicht vergleichen, um zu schauen, ob das andere Gymnasium besser ist.

„Man will die Qualität verbessern. Das tut man aber nicht mit dem Blick nach links und rechts, was machen die anderen.“

Die Mehrzahl der Äußerungen der Schulleiter in Alt-Gelsenkirchen machen deutlich, daß die Gymnasien sich gegenseitig mit dem Ziel vergleichen, ihre Position im Schulangebot gegenüber den anderen zu verbessern. Lediglich zwei Schulleiter in Gelsenkirchen-Buer verneinen dies für ihre Schulen.

Zusammenfassend ist jedoch festzuhalten, daß die Mehrzahl der Schulleiter in Münster und Gelsenkirchen sich dahingehend positiv äußert, daß die Schulen sich mit dem Ziel vergleichen, ihre Position gegenüber den anderen Schulen im Bemühen um neue Schüler zu verbessern. Die Unterhypothese 2 konnte somit tendenziell bestätigt werden.

4. Unterhypothese 3

Die Wahl der Schule durch die Eltern wird als Indikator für den Erfolg dieser Schule im Vergleich zu den anderen Schulen angesehen.

a. Schulleiter in Münster

aa. Städtische Gymnasien

Die Schulleiter der städtischen Gymnasien sind sich darüber im klaren, daß die Eltern sehr bewußt von ihrer Möglichkeit, unter den Gymnasien frei zu wählen, Gebrauch machen.

> *„Wenn alle Kinder in Münster die Schule besuchen würden, die für sie die nächstgelegene ist, dann hätten wir mit Abstand nicht so viele 'Fahrschüler'."*

Die Eltern der Grundschüler werden von den Schulen als potentielle Nachfrager ernstgenommen.

> *„Da ist jede Schule, jede Schulform gefordert, ein möglichst profilstarkes Schullebenprogramm zu entwerfen, damit Eltern auch wissen, wenn das Kind zu der Schule hingeht, erwartet es das und das."*

Denn durch ihre Entscheidung für eine bestimmte Schule legen die Eltern auch dessen Voraussetzungen für das weitere Arbeiten und den Erfolg fest. Die Eltern nutzen sehr stark die jährlich stattfindenden Informationsveranstaltungen der Gymnasien.

> *„Das ist ein richtiger Tourismus."*

Ein Großteil der Eltern vergleicht die Schulen und spricht mit anderen darüber. Sie fragen nach der Ausstattung, dem Schulweg, den Busverbindungen und der Sprachenfolge. Die Schulen, d.h. der Schulleiter und die Lehrer, eruieren in anschließenden Konferenzen, wieviele Eltern gekommen sind, welche Fragen sie gestellt haben und welche Angebote nachgefragt wurden, die die Schule nicht hat. Um die Kriterien der Eltern für die Wahl ihrer Schule im Hinblick auf zukünftiges Wahlverhalten einschätzen zu können, erfragen einige Schulleiter den Grund der Entscheidung der Eltern für ihre Schule am Tag der Anmeldung, bei Elternsprechtagen oder Schulpflegschaftsabenden. Am Ende der Anmeldewoche werden im Kollegium die Anmeldezahlen besprochen und überlegt,

> *„was haben wir gut gemacht, was haben wir weniger gut gemacht"*.

Niedrige Anmeldezahlen, d.h. eine Nichtwahl durch die Eltern, wird von den Schulen als besorgniserregend aufgefaßt. Einige Schulleiter äußern über die mögliche Reaktion im Kollegium:

> *„Sicherlich exzentrisch, weil das wird ja immer bewertend gesehen."*
>
> *„Wir würden uns also ernste Sorgen machen, was wir vielleicht falsch gemacht haben und besser machen müßten."*
>
> *„Da gibt es immer Diskussionen in allen Schulen."*

Im Kollegium wird danach geforscht,

„ob es irgendwelche Erklärungen dafür gibt, daß wir weniger Anmeldungen hatten als im Vorjahr“,

und wie man dies in Zukunft verhindern kann. Einige Schulleiter geben an, daß sie, sofern ein solcher Fall eintreten sollte, entsprechende Maßnahmen wie intensive Pressearbeit zur Verstärkung der öffentlichen Wahrnehmung der Qualität ihrer Schule ergreifen würden.

„Wenn ich sehe, daß aus bestimmten Grundschulen Kinder weggeblieben sind, dann werde ich zunächst mal an die Grundschulen gehen und fragen, ob es dafür bestimmte Faktoren gibt. Sind diese Faktoren so gravierend, müßte man sich bei den Eltern umhören. Wenn es ein Negativfaktor ist, muß man versuchen, den abzustellen. Wenn die Kinder zu anderen Gymnasien gegangen sind, werden sie dafür auch Gründe haben. Zunächst würde ich danach fragen, wo liegt es bei uns, daß sie nicht mehr kommen. Wilde Hektik, jetzt machen wir dies und das, um die Kinder wiederzubekommen, das wird kein dauerhafter Erfolg.“

Die Schulen sehen auch die Wirkungen, die die Wahlentscheidungen der Eltern auf die öffentliche Meinung haben.

„Man muß natürlich auch dann den Trend sehen. Wenige, sehr wenige Anmeldungen würde natürlich bedeuten, daß sich viele überlegen, wie kommt das eigentlich, daß da so wenig Schüler hingehen. So eine Diskussion wird sich verselbständigen. In einem Laden, in dem nicht gekauft wird, da muß irgendwas sein, selbst wenn ich persönlich andere Erfahrungen gemacht habe. Aber es bildet sich dann auch ein Vorurteil heraus, dem man dann ganz schwer wieder entwischen kann.“

An einigen Schulen werden Schüler- und Elternbefragungen z.B. im Rahmen der Schulprogrammbildung durchgeführt, wovon man sich Ansatzpunkte für mögliche Änderungen und Verbesserungsvorschläge erhofft. Gleichzeitig versuchen die Schulen, Gründe für die Entscheidung der Eltern und Schüler nachvollziehen und besser einschätzen zu können.

„Wir möchten da gerne wieder hinkommen, wo wir waren. Was können wir dafür tun? Wir haben also nachgefragt, weswegen die Schüler unzufrieden sind, aber auch nachgefragt, weswegen sind die Schüler dennoch, trotz einer gewissen Unzufriedenheit hier angemeldet worden. Wann und aus welchen Gründen würden Eltern ihre Kinder hier wieder anmelden?“

Welche Motive bei der Schulwahlentscheidung der Eltern letztendlich eine Rolle spielen, darüber besteht nach Ansicht der Schulleiter keine sichere Vorstellung. Es werden verschiedene Motive genannt. Gründe wie die Nähe des Wohnortes zur Schule oder die bestehenden Busverbindungen zur Schule benennen die Schulleiter als ausschlaggebend für die Wahl ihrer Schule durch die Eltern. Es werden aber auch andere Kriterien aufgeführt, die für die Eltern relevant sind. Die Eltern achten darauf, daß die Schule das anbietet, was sie eigentlich für ihr Kind erwarten. Das spezielle Profil wie Bilingualität ist ein sachlicher Grund für eine Vorentscheidung der Eltern für eine bestimmte Schule. Die Tradition der Schule spielt auch eine Rolle. Angeführt wird die ländliche Lage der Schule, die tägliche Unterrichtsarbeit, das breite Bildungs- und Freizeitangebot der Schule und die Annahme der Eltern, daß ihre Kinder hier gut aufgehoben sind. Es wird auf die Informationen, die innerhalb des Stadtviertels weitergegeben werden, d.h. Mund-zu-Mund-Propaganda, verwiesen. Motive für die Wahl der Schule können auch sein, daß die Kinder auf dieser Schule anderen Kindern, Geschwistern, Freunden oder der Nachbarschaft von dieser berichten, oder die Eltern z.B. als ehemalige Schüler der Schule verbunden sind.

> *„Die Propaganda über die Eltern der Kinder, die schon bei uns sind, und die Kinder selbst ist natürlich noch besser. Und darauf vertrauen wir natürlich auch."*

Der Ruf, den die Schule bei den Eltern hat, sei es *„schwere Schule"* oder *„Eliteschule"*, wird als wichtig für die Schulwahl bezeichnet, obwohl sich die Schulleiter bezüglich der Entwicklung des Rufs im unklaren sind. Einige Schulleiter machen Vorurteile, wie z.B. *„leichte Schule"*, oder *„negative Propaganda"* von enttäuschten Eltern, die sich in einem Stadtteil ausbreitet, für die Nichtwahl ihrer Schule verantwortlich. Auch das Gerücht der Einrichtung eines Gesamtschulstandorts führte über längere Zeit zu einem Einbruch der Anmeldezahlen bei den betreffenden Gymnasien. Die Schulleiter sind sich darüber bewußt, daß häufig in Elternzirkeln an den Grundschulen diskutiert wird, wer welches Kind wohin schickt. Das wird daran deutlich, daß befreundete Kinder aus einer Grundschule gemeinsam auf eine bestimmte weiterführende Schule wechseln. Die Gymnasien in Münster sind angesichts des Interesses der Eltern an der Bildung ihrer Kinder gezwungen, in Bewegung zu bleiben. Wenn die Schulen über Jahre hinweg keine Initiativen zeigen, reagiert die Elternschaft relativ schnell, und die Schüler bleiben später weg.

> *„Da ist die Münsteraner Bevölkerung sehr sensibel. Und die Antennen werden ausgefahren auf Empfang."*

Eine überzeugende Darstellung bei den Informationsveranstaltungen kann bei den Eltern viel bewirken. Häufig spielt der Wunsch des Kindes, der nach Ansicht der Schulleiter leichter zu beeinflussen ist, bei der Entscheidung der Eltern eine große Rolle.

„Wenn wir diese Schüler bekommen hätten, die aufgrund einer dort stattgefundenen Aktion dann doch dieses andere Gymnasium gewählt haben, hätten wir die Schülerzahl gehabt zu drei Klassen."

Es wird unterstellt, daß die Kinder sich auch unter dem Gesichtspunkt entscheiden, welche Schule die Freunde aus der Grundschule wählen.

„Da ist irgendwo ein Alpha-Kind dabei. Wenn Alpha umdreht, dann drehen auf einmal 10 Kinder ihre Schulwahl um."

Ein Schulleiter bemerkt, daß einiges einfacher wäre, wenn man die Gründe der Eltern kennen würde.

„Wenn wir das wüßten, dann hätten wir nicht so viele Probleme in Münster. Da sind sehr viele Irrationalismen. Wie die Eltern selbst sagen, 'das ist eine Bauchentscheidung, das geschieht nicht im Kopf'. Es sei denn, sie suchen etwas ganz bestimmtes wie Bilingualität."

bb. Private Gymnasien

Die Aussagen der Schulleiter der privaten Gymnasien ähneln denen der städtischen Gymnasien. Sie sehen in der Tradition, der Lage, der Ausstattung der Schule und dem engagierten Lehrerkollegium die Gründe für die Wahl ihrer Schule durch die Eltern. Aber auch ein leistungsorientiertes Image oder ein spezielles Profil können ausschlaggebend sein. Nicht immer spielt eine Rolle, daß die Vermittlung der katholischen Basis an den privaten Gymnasien stärker berücksichtigt wird.

„Die Qualitäten, die Besonderheiten dieser Schule ergeben sich teilweise aus dem Privatcharakter. Ich glaube aber nicht, daß von vornherein bei allen Eltern im Blick ist, das ist eine private bischöfliche Schule, das andere ist eine öffentliche Schule. Die Gruppe derer, die sagt, wir geben die Kinder zu dieser Schule, weil die Kinder dort noch eine christliche Erziehung im weitesten Sinne bekommen, die würde ich jetzt nicht so hoch einschätzen, wie man üblicherweise erwarten würde."

Das Ausbleiben von Anmeldungen wird von den privaten Gymnasien hinterfragt. Die Schule nach Schwachstellen abzuklopfen und nach Optimierungsmöglichkeiten zu suchen, wird als „*Beleg der Qualitätssicherung*" gesehen.

„Natürlich würden wir uns Gedanken machen, warum die Eltern nicht kommen, wobei das eine sehr schwer kalkulierbare Sache ist."

„Daran müßte man, an der Mitte dessen, was eine Schule tut, arbeiten, nicht daran, welche zusätzlichen Veranstaltungen müßte ich noch machen, um in der Zeitung zu stehen."

Es wird das an der Schule praktiziert, was Erziehungsüberzeugung ist, und *„nicht das, womit kann ich heute noch Punkte gewinnen"*. Die privaten Schulen sind bestrebt, nachzuvollziehen, warum Eltern ihre Schule wählen. Es werden auch Fragebogen zur Befindlichkeit der Schule unter Einbeziehung der Eltern, Schüler und Lehrer durchgeführt.

„Wenn am Ende zu wenig Schüler herauskommen, dann muß ich eben schlicht sagen, dann gibt es offenbar an diesem Platze zu viele Gymnasien, die alle in ungefähr gleicher Qualität arbeiten. Und dann wird sich wahrscheinlich eines Tages diese Frage stellen, 'woran liegt es bei uns?'. Das kann natürlich eine Privatschule genauso treffen wie eine öffentliche."

b. Schulleiter in Gelsenkirchen

Einige Schulleiter gehen davon aus, daß bestimmte Grundschulen bestimmte Gymnasien bevorzugen. Um diesen Schülerfluß zu erhalten, achten die betreffenden Gymnasien darauf, daß die Verbindungen zu den Grundschulen bestehen bleiben.

„70 bis 80 % unserer Schülerinnen und Schüler kommen praktisch immer aus der gleichen Grundschule. Da sind also Traditionen entstanden. Das hängt auch ein bißchen mit dem Einzugsgebiet zusammen oder mit günstigen Bus- oder Straßenbahnverbindungen."

Nach den Äußerungen einiger Schulleiter in Gelsenkirchen sind die Eltern, die ganz bewußt das Angebot eines Tages der offenen Tür nutzen, sich Informationen einholen und dann erst entscheiden, eher in der Minderheit. Vielmehr haben die Eltern sich schon vorher eine Vorstellung davon gemacht, welches Gymnasium in die engere Wahl kommt.

„Jedes Gymnasium hat seinen Ruf. Die Eltern wissen dies in Gelsenkirchen und denken, jetzt könnte ich mein Kind da oder dort hinschicken. 'Gucken wir mal, wo die anderen hingehen, und wie in der Presse in den letzten Wochen die Meldungen von dieser Schule waren'. Und dann kommt es dazu, daß man seine Schüler hält oder vielleicht auch den einen oder anderen mehr bekommt."

Die Informationsveranstaltungen werden von den Schulen auf ihre Wirkung hin nachvollzogen.

„Wir zählen natürlich auch immer und versuchen zu zählen, wieviele zu uns kommen.“

Auch werden Rückmeldungen der Eltern eingeholt, indem sie währenddessen zu ihren Eindrücken und Vorstellungen befragt werden. Die Wünsche und Forderungen der Eltern werden aufgenommen.

„Ich kann nicht leugnen, daß Hintergrund ist, daß man als Schule eine gewisse Attraktivität haben will, um dann gleichermaßen bei den Eltern gewünscht zu sein als Schule.“

Da für die Eltern Kontinuität in der Schulausbildung wichtig ist, versuchen die Schulen dies mit einem soliden Angebot und der Vermeidung von Ausfallstunden zu gewährleisten. Einzelne Gymnasien zeichnen sich durch ein spezielles Angebot für ausländische Schüler aus und machen dies bekannt, was den ausländischen Eltern die Wahl erleichtert. Die Motive der Eltern für die Wahl einer bestimmten Schule werden unterschiedlich eingeschätzt. Einige Schulleiter sagen, die Eltern entscheiden nicht danach, ob die Schule gut ist, sondern es handelt sich um irrationale Entscheidungen oder Modetrends. Andere Schulleiter gehen davon aus, daß angesichts der engen Lage der Gymnasien zueinander zumindest die Nähe zur Schule bei der Entscheidung der Eltern keine Rolle spielen dürfte.

Die Schulleiter verweisen auch auf den unterschiedlichen Ruf der Schulen, wie *„leistungsbewußt“* oder *„elitär“*, der sich in den Köpfen der Eltern festgesetzt hat und deren Entscheidungen beeinflußt. Wenn Eltern schon ein Kind auf der Schule haben, kommen die Geschwisterkinder in der Regel nach. Manche Schulen haben einen hohen Anteil an Schülern, deren Eltern selbst schon die Schule besucht haben und aus Tradition ihre Kinder dorthin schicken.

„Schüler ziehen Schüler nach. Wenn sie einen guten Stamm an Familien und Schülern haben, dann kann man auch sagen, die Folgejahre werden diese Schüler wieder andere Schüler und Geschwisterkinder mitbringen.“

Es wird unter den Eltern der Grundschulkinder diskutiert, wo sie ihre Kinder hinschicken. Da es Eltern gibt, die eine Meinungsführerschaft bilden, gehen häufig größere Gruppen zu einem Gymnasium. Die Eltern folgen teilweise auch den Wünschen der Kinder. Kinder möchten oft zu der Schule, die sie anhand bestimmter Äußerlichkeiten wie z.B. Schulgebäude überzeugt hat oder zu der auch die Klassenkameraden hingehen.

Hat eine Schule sinkende Anmeldezahlen, wird Ursachenforschung betrieben.

„Wenn eine Schule zu wenig Anmeldungen hat, dann fragt sie sich natürlich, 'warum haben wir zu wenig Anmeldezahlen, ist da etwas nicht in Ordnung mit unserer Schule'."

„Haben wir möglicherweise einen Ruf bekommen, der uns schadet?"

Und dann wird recherchiert und gezielt nachgefragt.

„Da gab es dann eine Vielzahl von Konferenzen. Wir haben auch bei den Eltern und bei den Grundschulen nachgefragt. Und man konnte sehr genau beobachten, von welcher Grundschule wir dann größere Kontingente kriegten, die dann plötzlich kleiner wurden."

Es wird dann, sofern das tatsächlich und rechtlich möglich ist, versucht, dem durch z.B. Aktivitäten innerhalb und außerhalb der Schule entgegen zu wirken.

„Wenn dies über zwei, drei Jahre geht, wird man sich schon ernsthaft überlegen müssen, was passiert bei uns. Sind wir negativ in der Presse, sind wir gar nicht mehr in der Presse oder ist unsere Arbeit so schlecht, daß unsere Eltern nach außen sagen, 'Du kannst doch Dein Kind nicht dahin schicken'."

Zusammenfassend ist festzuhalten, daß die Eltern und Schüler als Nachfrager des Bildungsangebots für die Gymnasien von besonderer Bedeutung sind, denn sie bestimmen mit der Wahl einer Schule über deren Gestaltung und Erfolg. Die Unterhypothese 3 konnte demnach laut Äußerungen der Schulleiter in Münster und in Gelsenkirchen bestätigt werden.

5. Unterhypothese 4

Schulen gleicher Schulform nutzen bewußt Freiräume, um wettbewerblich agieren zu können.

a. Schulleiter in Münster

aa. Städtische Gymnasien

Die Mehrheit der Schulleiter, die die Existenz eines Wettbewerbs unter den Gymnasien in Münster bejahen, stehen diesem auch positiv gegenüber.

„Der Schulträger hat in den letzten Jahren die Schulen in Münster sehr auf Vordermann gebracht über den Wettbewerb. Das ist schon eine spannende Diskussion, wie eine Schule ihr Profil entwickelt auf der Basis der zur Verfügung stehenden Mittel. Also wir verstehen uns im freien Wettbewerb, wie ein Unternehmen."

„Daß man auch Schulen durch den Wettbewerb aus ihrem eigenen Saft `raus bringt.“

Da die freie Schulwahl Wettbewerb ermöglicht und Wettbewerb zu Leistungen verpflichtet, werden die Schulen laut Äußerungen einiger Schulleiter leistungsfähiger.

„Schule muß sich auch Mühe geben. Wir sind auch in weiten Teilen ein Dienstleistungsbetrieb, der ein bestimmtes Angebot macht, und das müssen wir auch immer am Markt überprüfen. Auch natürlich mit dem, was wir für richtig halten. Und das müssen wir auch überzeugend vertreten. Das ist auch eine Herausforderung für ein Kollegium.“

Eltern erlangen durch die bewußte und freiwillige Entscheidung für eine Schule ein positiveres Verhältnis zu dieser. Auf der anderen Seite gibt die freie Schulwahl der Schule gegenüber den Eltern den Freiraum, zu sagen,

„wenn ihr wollt, könnt ihr kommen, wenn nicht, ist nicht schlimm“.

Einige Schulleiter sehen den Wettbewerb als Motivation für ihre Schule, ein Profil zu bilden. Das erleichtere den Eltern die Wahl der Schule. Die Innenstadtgymnasien können sich durch unterschiedliche Profile besser voneinander abgrenzen. Einige Schulen versuchen daher, nicht schematisch vorgegebene Richtlinien umzusetzen, sondern wahrnehmbare charakteristische Akzente auszuprägen, um ihre Schule für Eltern pädagogisch attraktiv zu machen.

„Das können wir nicht für alle Eltern sein, wollen wir auch gar nicht, aber es ist natürlich ein Wettbewerb.“

Einige Schulleiter sind sich darüber im klaren, daß sie

„jährlich am Markt stehen müssen, um ihre Stellung zu behalten. Wir können uns nie ausruhen und sagen, die Kinder kommen so wie so automatisch zu unserer Schule“.

Durch die freie Schulwahl hat die Schule insbesondere bei schlechteren Ausgangsbedingungen die Möglichkeit, im Wettbewerb mit anderen Schulen Einfluß auf das Schulwahlverhalten zu nehmen.

„Wir haben sehr viele Schüler wiedergewonnen, wo die Eltern ganz genau wissen, ihre Kinder können nicht mit dem Bus fahren oder müssen umsteigen, und die trotzdem ihr Kind angemeldet haben. Das haben wir über Schulprofilentwicklung, Schulprogrammentwicklung und verschiedene Dinge, die vielleicht nicht ganz so glatt liefen, geschafft.“

Ein Schulleiter lehnt Wettbewerb ab:

„Was hätte das für einen Sinn? Man würde Schulen kaputt machen. Und dann wären Lehrer da, die müßten irgendwo untergebracht werden.“

Einige Schulleiter begrüßen den Wettbewerb, der durch die freie Schulwahl entsteht, nicht uneingeschränkt.

„Manchmal spielt man natürlich mit dem Gedanken, wäre vieles nicht einfacher, wenn man einfach einen bestimmten Schuleinzugsbereich hätte.“

Durch die freie Schulwahl und die große Anzahl an Gymnasien kommt es - insbesondere bei einem Schülermangel - zu Schwankungen bei den Anmeldezahlen an der jeweiligen Schule, was die Gefahr in sich birgt, daß die Kapazitäten aller Schulen wie Räume und personelle Möglichkeiten nicht gleichmäßig ausgenutzt werden.

„Wir hätten alle nichts gegen eine Konkurrenzsituation, wenn die Möglichkeit bestände, auch selbst so zu gestalten, daß man das, was man für richtig hält, auch realisieren kann. Auch personell. Aber letztlich laufen wir dann auf ein System hinaus, das eigentlich auch eine gewisse finanzielle Unabhängigkeit bedeutet, und dann sind wir beim Schulgeld.“

Einige Schulleiter verneinen einen Zusammenhang zwischen freier Schulwahl, Wettbewerb und Leistungsfähigkeit.

„Leistungsfähiger würde ja heißen, ich mache besseren Unterricht oder bessere Arbeit, um Kinder zu bekommen, die sonst nicht zu mir kämen. Ich gehe erst mal davon aus, daß die Schulen alle mehr oder weniger gute Arbeit versuchen zu machen. Und daß der Ruf der Schulen eigentlich in einem sehr viel stärkerem Maße darauf zurückzuführen ist, wie die Öffentlichkeitsarbeit ist. Solange sich die Eltern von so etwas blenden lassen und auch blenden lassen müssen, weil sie ja keinen Einblick in diese schulische Arbeit nehmen können, macht das die Schulen nicht leistungsfähiger. Es macht sie vielleicht leistungsfähiger im Wettbewerb um Schüler, aber das wirkt sich nicht unbedingt auf die tägliche Arbeit aus.“

„Entweder strengen sich die Kollegen an, dann tun sie es, weil sie die Sache interessiert und die Schüler interessieren. Wenn sie sich nicht anstrengen wollen, dann ist das auch völlig egal. Dann tun die das auch nicht, wenn da noch eine Nachbarschule ist. Das hängt von dem einzelnen Lehrer ab.“

Auch wird gegen den Wettbewerb eingewandt,

„es gehen unglaubliche Energien verloren. Die gehen hinein in den Bereich des Darstellens und des Immer-Neuen-Aufnehmens, um dieser unheimlichen Konkurrenzsituation gewachsen zu sein“.

Es wird von einigen Schulleitern ein verstärktes Eingreifen des Schulträgers in die Wettbewerbssituation gefordert.

„Sie merken, daß da wirklich Konfliktstoff steckt zwischen dem Schulträger und einigen weiterführenden Schulen. Wer so oder so bis zum Dachrand voll ist, den wird das nicht interessieren.“

Der Schulträger soll die Anmeldezahlen der Schulen ausgleichen, indem er Schüler an die Schulen verteilt, die nicht ausgelastet und von den Eltern als Alternative angegeben worden sind.

Die Aussagen bestätigen, daß die Schulleiter der Münsteraner Gymnasien sich einer durch die freie Schulwahl begünstigten Wettbewerbssituation untereinander bewußt sind. Dem passen sich die Schulleiter mal mehr, mal weniger an. Einige Schulleiter begrüßen den Wettbewerb, andere lehnen ihn ab oder fühlen sich als Stadtrandschule nicht betroffen. Die Schulleiter gestehen ein, daß die Schule immer mehr als ein Dienstleistungsbetrieb gesehen wird, an den man bestimmte Forderungen stellt. Die Schulleiter übernehmen zunehmend eine Management-Funktion. Die Schulleiter sehen sich nicht als *„Werbeträger“*, aber wo es

„um die öffentliche oder die offiziöse Gestaltung von Kontakten geht, muß ich auftreten. Das halte ich auch nicht für schlimm“.

Die Gestaltungsmöglichkeiten der Schule werden entweder als *„eindeutig zu gering“* oder *„sehr groß“* bezeichnet. Die Spielräume in der Schule sind durch die Lehrer-, Schüler- und die Elternmitwirkung und durch die Lehrpläne eingeschränkt. Es muß die entsprechenden Ideengeber und die entsprechenden Kolleginnen und Kollegen geben, die auch diese Ideen ausführen und unterstützen wollen. Angeführt werden auch *„finanzielle Restriktionen“*. Die Schulen haben weitergehende Vorstellungen als das, was der Schulträger ihnen finanziell ermöglicht. Auch sehen sie Einschränkungen im Bereich des Personalmanagements. Die Schulleiter wünschen sich mehr Einfluß auf die Auswahl der neu einzustellenden Lehrer. Aber auch die mangelnde Nachfrage der Schüler nach bestimmten Angeboten lassen wiederum Gestaltungsmöglichkeiten und –bemühungen ins Leere laufen. Andere Schulleiter bewerten ihre Gestaltungsmöglichkeiten durchaus als ausreichend. Der Schulleiter hat einen großen Einfluß auf die Linie der Schule, indem er wesentliche Positionen mit bestimmten Kollegen besetzt.

„Ich empfinde mich nicht als ausführendes Organ irgendwelcher Stellen, das nur noch Befehle bekommt und diese dann umsetzen muß,

sondern wenn man auch so ein bißchen in der Kommunikation mit all diesen Stellen steht, hat man eine ganze Menge an Gestaltungsspielräumen.“

Als Beispiel für eine Gestaltungsmöglichkeit wird die Entwicklung des Schulprogramms und die Unterrichtsverteilung bzw. die Gestaltung des Stundenplans angeführt. Die Schulleiter weisen auf die Erweiterung der Gestaltungsmöglichkeiten in der Schule durch Budgetierung und finanzielle Drittmittel in Form von Sponsoring und Förderverein hin.

bb. Private Gymnasien

Die Schulleiter der privaten Gymnasien sehen sich in einer Wettbewerbssituation mit dem städtischen Schulen und begrüßen dies auch mehrheitlich.

„Wo Konkurrenz ist, wird die Qualität nicht sinken.“

Ein Schulleiter betont aber, daß Schulen auch ohne Wettbewerb aktiv und bemüht sind, Neuerungen einzuführen.

„Auch wenn es jetzt überhaupt keine Konkurrenz gäbe, würde man nicht zum alten Unterricht zurückkehren.“

Die Schulleiter weisen auf Vorteile hin, die sich aus dem Privatschulcharakter ergeben. Hinsichtlich des Personalmanagements begrüßen sie die besseren Gestaltungsmöglichkeiten, die öffentlichen Gymnasien nicht zustehen. Sie wählen in Zusammenarbeit mit ihrem Schulträger die Lehrer aus.

„Wir haben natürlich einen starken Schulträger, der uns stützt. Das ist manchmal ein persönlicherer Umgang als der zwischen öffentlichen Schulen und ihren Institutionen.“

Im Vergleich zu den öffentlichen Schulen haben sie den Vorteil der inhaltlichen Gestaltungsfreiheit. Da die privaten Gymnasien in Münster die Voraussetzungen für die Vergabe staatlicher Abschlüsse gewährleisten möchten, stimmen ihre Unterrichts- und Fachinhalte aber zu einem überwiegenden Teil mit denen der städtischen Gymnasien überein. Änderungen ihres Curriculums werden sicherheitshalber der Schulaufsicht zur Genehmigung vorgelegt. Die Schulleiter der privaten Gymnasien sehen an dieser Stelle die Grenze ihrer Gestaltungsmöglichkeit, die sich insbesondere im Falle einer Kooperation mit einem städtischen Gymnasium noch deutlicher zeigt.

„Das wird seit vielen Jahren diskutiert, warum wir nicht ein eigenes Curriculum machen, weil wir eine private Schule sind. Aber es ist immer schwierig, da eigene Akzente zu setzen. Wir lehnen uns im Curriculum fast ganz an die Curricula, die das Schulministerium heraus-

gibt, an. Wir beschäftigen uns damit, setzen eigene Akzente, aber das tut jede Schule für sich auch. Da wird man nicht unbedingt die Unterscheidung zwischen den Schulen finden."

Sie nutzen ihren Freiraum als private Schule eher hinsichtlich der speziellen Ausprägung des Faches Religion[591], was sich allein schon aus der Trägerschaft durch die katholische Kirche ergibt.

b. Schulleiter in Gelsenkirchen

Diejenigen Schulleiter in Gelsenkirchen-Buer, die die Existenz einer Wettbewerbssituation verneinen, lehnen ohnehin einen Wettbewerb unter Schulen ab. Die anderen Schulleiter in Gelsenkirchen nehmen eine Wettbewerbssituation bewußt wahr und begrüßen diese teilweise.

„In unserem Kollegium ist das Bewußtsein stark ausgeprägt: Wenn wir nichts dafür tun, dann gehen irgendwann die Schülerzahlen zurück."

„Wenn man nicht versucht, gute Arbeit zu leisten und die auch darzustellen, wenn man also selbstgefällig die Hände in den Schoß legt, dann kann es leicht passieren, daß man bei einem Schülerrückgang überproportional davon betroffen wird, weil Eltern sagen, an der Schule läuft ja ohnehin nicht viel."

„Eine Schule muß so eine Arbeit leisten, daß sie nicht die Sorgen haben muß, daß Leute kommen."

Allein die freie Schulwahl zwingt dazu,

„daß man doch ein bißchen mehr nach außen guckt. Sonst würde man sagen, ich habe doch mein Hinterland, warum soll ich mich jetzt noch groß anstrengen".

Außerdem bestehe bei der Festlegung von Schuleinzugsbereichen für die einzelne Schule die Gefahr, an einen Stadtteil mit einem sozialen Brennpunkt gebunden zu sein.

Die Schulleiter in Gelsenkirchen sehen ihre Gestaltungsfreiheiten schon dadurch gewährleistet, daß sie in einem gewissen Maße durch Einrichtung von Arbeitsgemeinschaften, Stundenplangestaltung oder gezielten Einsatz der zugewiesenen Finanzmittel innerhalb der Schule Akzente setzen können.

„Der Gestaltungsspielraum für den Schulleiter ist in den letzten Jahren größer geworden. Man kann ihn nutzen, man muß ihn aber nicht

591 Die Abwahl des Faches Religion durch einen Schüler ist ein Grund zur Kündigung des Schulvertrages.

nutzen. Insofern ist es einem selbst überlassen, wie aktiv man wird und wie stark man das forciert.“

Die Schulleiter sehen in der Profilentwicklung enorme Gestaltungsmöglichkeiten.

„Da ist der Freiheitsgrad auf jeden Fall gestiegen.“

Als positive und vorteilhafte Entwicklung im personellen Bereich wird insbesondere die schulscharfe Lehrereinstellung bewertet, die den Schulleitern ermöglicht, passende Lehrkräfte, wenn auch im begrenzten Rahmen, auszuwählen bzw. an der Auswahl beteiligt zu sein.

„Dann kommt es schon sehr darauf an, was ein Schulleiter macht. Ermutigt er seine Leute, Dinge zu machen, oder wirft er ihnen einen Knüppel zwischen die Beine.“

Ein anderer Schulleiter sieht Grenzen der Gestaltungsmöglichkeit in der Überbelastung des Kollegiums.

In Münster und in Gelsenkirchen begrüßt die Mehrheit der Schulleiter einen Wettbewerb zwischen den Schulen und ist bestrebt, im Rahmen ihrer Gestaltungsmöglichkeiten wettbewerblich zu handeln. Die Unterhypothese 4 konnte angesichts der Mehrzahl der positiven Äußerungen der Schulleiter tendenziell bestätigt werden.

6. Unterhypothese 5

Schulen gleicher Schulform handeln nachfrageorientiert, um im Wettbewerb untereinander bestehen zu können.

a. Schulleiter in Münster

aa. Städtische Gymnasien

Die Schulleiter führen die Qualität der Schule als das Mittel an, mit dem man Eltern von der eigenen Schule überzeugen will. Qualität wird aber auch in Abhängigkeit davon gesehen, daß Quantität, d.h. ausreichende Schülerzahlen, vorhanden ist.

„Wollen wir pädagogisch vor allem auf Qualität achten, müssen wir wirtschaftlich aber auch auf Quantität achten. Und diese beiden Prinzipien lassen sich nicht immer reibungslos miteinander verbinden.“

Eine gute Schule ist nach Ansicht der Schulleiter nur dann machbar, wenn sie nicht wechselnden Anmeldezahlen unterliegt, sondern ausgelastet ist. Geringe Anmeldezahlen werden als Gefahr für die Qualität der Schule gesehen. Es wird regelmäßig eine Selbstevaluation durchgeführt. Überprüft wird dabei, wie für eine möglichst gleichbleibende sichere Quantität an der eigenen Schule gesorgt werden kann.

> *„Wie sehe ich mich akzeptiert als Schule? Das hat auch was mit dem Feedback, das jeder Lehrer, jede Schule braucht, zu tun. Werde ich gewählt, frage ich mich, liegt das an der guten Qualität meiner Arbeit oder gibt es andere Gründe. Werde ich nicht gewählt, dann stell ich mir natürlich genauso kritisch die gleiche Frage, woran liegt es, daß ich nicht gewählt werde. Liegt es an dem Standort, am Erscheinungsbild, an dem Lehrpersonal oder woran. Also tue ich möglichst viel, um dieses positive Feedback, das zunächst nur quantitativ aussehen kann, zu erreichen."*

Wichtig ist zunächst, daß die tägliche Unterrichtsarbeit gewährleistet ist und den Ansprüchen genügt.

> *„Wenn die in Ordnung ist, dann spricht sich das natürlich auch herum. Das darf man nie vernachlässigen."*

Die Gymnasien sind bestrebt, durch Innovationen den pädagogischen Anforderungen gerecht zu werden. Obwohl einige Schulleiter bestreiten, daß Neuerungen mit Blick auf eine Erhöhung der Anmeldezahlen eingeführt worden sind, spielen die Interessen der Eltern bei der Frage der Einführung einer Neuerung eine große Rolle. So erfolgte an einer Schule die Einrichtung der Übermittagbetreuung, weil berufstätige Eltern bei der Anmeldung verstärkt danach fragten. Als Grund für die Einführung von Englisch neben Latein als 1. Fremdsprache wird die fehlende Nachfrage der Eltern bzw. Kinder nach Latein angeführt. Ohne diese Neuerung, so ein Schulleiter, hätten die Eltern davon abgesehen, ihre Kinder anzumelden.

> *„Die Erwartung der Eltern geht dann auch teilweise so weit, daß die Eltern auch Druck ausüben."*

Einige Schulleiter sind davon überzeugt, daß gewisse schulpädagogische Aktivitäten dazu beigetragen haben, die Schülerzahlen zu steigern.

> *„Dadurch, daß wir unser Schulleben, unser Schulprofil insgesamt umgestaltet haben, sehr viel offener geworden sind, sehr viele Neuerungen eingebracht werden, ob das jetzt Computer und Internet oder das Sprachenprofil, starke Aktivitäten in Mathematik bzw. Naturwissenschaften sind, insgesamt hat das zu einem starken Anstieg der Schülerzahlen geführt."*

Eltern werden auch außerhalb der Gremien bewußt in das Schulleben einbezogen, indem ihre Vorstellungen berücksichtigt werden und ihre Mitarbeit erwünscht ist, soweit sie nicht auch auf die Unterrichtsgestaltung Einfluß nehmen wollen. Die Schulentwicklung wird als eine gemeinsame Sache von Eltern und

Schule gesehen. Gute Ideen lassen sich nach Meinung der Schulleiter besser durchsetzen, wenn man sie mit den Eltern vorbespricht. Bei einer

> *„Schule, die keine Elternbeteiligung hat, da ist fraglich, ob sie von außen dann überhaupt noch positiv wahrgenommen werden kann und wird".*

Es wird nicht verneint, daß man als Innenstadtschule versucht, die Eltern und Schüler durch die bewußte Einbeziehung in das schulische Leben stärker an die Schule zu binden, um angesichts der geringen Zahl von Innenstadtkindern eine Auslastung der Schule gewährleisten zu können. Das Schulprofil wird als das Aushängeschild der Qualität gesehen,

> *„nicht in dem Sinne, daß wir uns abgrenzen, aber daß wir deutlich machen wollen, hier und da können wir etwas ganz besonderes leisten".*

Die Profilbildung sorgt nach Ansicht der Schulleiter dafür, daß sich die Schulen unterscheiden. Nach Angaben einiger Schulleiter hat dies in Münster Tradition.

> *„Immer haben Schulen sich gefragt, was machen wir eigentlich, wie treten wir an die Öffentlichkeit, wie treten wir gerade in der Situation in Münster, wo sich also vierzehn um den Kuchen streiten, den Eltern gegenüber, was präsentieren wir denen. Das haben wir immer getan."*
>
> *„Es gibt so viele Gymnasien im Innenstadtbereich, da ist es schon vernünftig, daß sie ein bestimmtes Profil bilden, um einfach auch in diesem Profil besondere Leistungen hervorzubringen. Eine Schule kann nicht in allen Fachbereichen einen ganz hohen Level haben und ganz besonders sein."*

Einige Schulleiter vertreten die Ansicht, solange eine Schule groß ist, hat sie automatisch viel anzubieten. Ist eine Schule klein, dann ist es angesichts ihres eingeschränkten Angebots wichtig, daß sie sich durch ein schmalgeschnittenes Profil auszeichnet. Die Schulprofilbildung wird auch als Folge des Wettbewerbs gesehen.

> *„Sicherlich steckt auch dahinter ein gewisser Druck von außen im Rahmen des Wettbewerbs der Schulen untereinander. Das man zumindest bestimmte Schwerpunkte anbieten muß, um das Profil der Schule sichtbar zu machen und zu schärfen."*

Das Schulprofil hat auch einen öffentlichkeitswirksamen Effekt. Die Eltern zukünftiger Schüler können das Angebot der Schule daran festmachen. Will das Schulprofil überzeugen, muß es auch das abdecken, was Eltern wichtig ist. Es kommt Eltern, die einen besonderen Akzent in der Ausbildung ihres Kindes bevorzugen, wie z.B. musische Bildung, entgegen, wenn sich die Schule durch die entsprechende Schwerpunkt- oder Profilbildung auszeichnet. Die Schulleiter merken jedoch kritisch an, daß die Profilbildung eine langwierige Maßnahme und ohne entsprechendes Lehrerpersonal nicht möglich ist. Darüber hinaus sind Schulen, die durch ein besonderes Profil geprägt sind, in erster Linie auf diejenigen Schüler angewiesen, die deswegen diese Schule wählen. Auch wollen nicht alle Eltern Schwerpunkterziehung, sondern eine *„solide Allgemeinbildung"*.

„Es kann sich doch gar keiner leisten, zu sagen, wir legen Wert auf Sprachen, lassen das und das weg und lassen Mathematik oder Naturwissenschaften so nebenher laufen."

Einige Schulleiter sind der Auffassung, daß es keine großen qualitativen Unterschiede zwischen den Schulen gibt, was sie auch begrüßen. Wenn es durch Schulprogramme zu Abgrenzungen unter den Schulen kommt, dann ist das reiner Zufall.

„Das Grundangebot an Fächern ist zumindest in der Sekundarstufe I in etwa gleich. Das interessiert erst einmal die Eltern, wenn sie ihre Kinder anmelden."

Die Qualität einer Schule hat nach Meinung einiger Schulleiter mit den Schülern zu tun.

„Wir sind natürlich genauso wie andere Schulen auch an die Leistungsanforderungen gebunden. Es ist nur die Frage, wie man die Leistungsanforderungen umsetzt. Und da haben wir eben motivierte Schüler und gute Anmeldungsvoraussetzungen. Wir haben dementsprechend auch bessere Schüler. Mit denen kann man wesentlich mehr machen."

Kinder, die gemeinsam von einer Grundschule auf ein bestimmtes Gymnasium wechseln wollen, sollen zur Gewährleistung eines angenehmen Schulklimas zusammenbleiben.

„Wir achten sehr genau auf die Eingangsvoraussetzungen, ohne das Ziel, eine Kaderschmiede machen zu wollen. Das Problem ist einfach, die richtigen Kinder zu bekommen, um eine möglichst harmonische Lerngruppe bzw. Klassengruppe bilden zu können."

Schüler nicht nach Leistungen auswählen zu dürfen wird von einigen Schulleitern bedauert. Vereinzelt wird jedoch trotzdem nach Leistung ausgewählt.

„Da suche ich mir natürlich - was offiziell nicht erlaubt ist – diejenigen mit den besseren Zeugnissen aus."

Neben der Arbeit an der Qualität der Schule spielt die Öffentlichkeitsarbeit eine besondere Rolle. Nach den Äußerungen der Schulleiter stecken die Gymnasien in Münster vermehrt Energien in öffentlichkeitswirksame Aktionen[592].

„Die Schulen müssen schon ihr Bild nach außen zeigen, um eben in dieser Konkurrenzsituation bestehen zu können."

„Wir sind uns alle darüber klar, daß heute die PR-Abteilung einer Schule eine ungleich höhere Bedeutung hat als früher."

Von *„Hochstapelei"* distanzieren sich die Schulleiter ganz deutlich.

„Das ist eine Frage der Verläßlichkeit. Die Ankündigung, 'wir wollen demnächst das und das machen', das verfolgen Eltern sehr genau. Die Schulen sind dann ja auch so gekonnt in der Öffentlichkeitsarbeit. Die geben ja bekannt, was sie demnächst machen wollen. Und wenn das nicht umgesetzt wird in die Realität, dann hat diese Schule mit Sicherheit einen sehr schlechten Stand. Denn die Eltern kommen und fragen nach."

Es geht um Pflege oder Änderung eines Images, Rufverbesserung[593] oder einfach auch nur um die Herausstellung der Leistung der Schule. Ein Schulleiter sagt,

„daß man sein Licht da auch nicht unter den Scheffel stellen sollte".

Die Schulleiter betonen jedoch, daß die Schulen sich nicht zu Werbezwecken öffentlich miteinander vergleichen.

„Natürlich rücke ich jetzt die Vorzüge unserer Schule in das rechte Licht, ohne aber jetzt zu vergleichen. Ich betone eben, daß wir etwa diesen oder jenen Schwerpunkt haben, aber ich sage nicht, das ist der Vorteil gegenüber einem Nachbargymnasium."

„Das würde auch sehr schnell als oberflächlich abgehandelt."

Die Schulen stehen oft mit ihren Aktivitäten und Erfolgen in der Zeitung. Die Lokalpresse ebenso wie das Radio sind wichtige Partner bei der schulischen Öffentlichkeitsarbeit. In den Zeitungen gibt es für die Schulen bereitgestellte Seiten. Einige Schulleiter beklagen sich darüber, daß die Berichterstattung der Schulen in der Presse übertrieben wird. Es wird betont, daß Marketinggesichts-

---

592 *„Wir sind in den letzten Jahren eigentlich an der Grenze, wo man auch vorsichtig sein muß, daß nicht unterrichtliche Dinge darunter leiden."*

593 Unter den städtischen Gymnasien in Münster gibt es Hierarchien, über die innerhalb der Schulgemeinschaft Klarheit und teilweise sogar Übereinstimmung besteht. Einige Gymnasien werden als diejenigen beschrieben, die *„so oder so immer zu viele Schüler"* haben. Die Innenstadtschulen werden als *„Eliteschulen"* tituliert, während einige Stadtrandschulen mit Vorurteilen zu kämpfen haben, was auf die Schülerklientel oder die Einbindung in ein Schulzentrum zurückgeführt wird. Ein Schulleiter sieht eine Benachteiligung seiner Schule darin, daß deren Leistungen immer nur in der Stadtteilberichterstattung der Zeitung und nicht - wie bei den anderen Schulen üblich - im Hauptteil der Zeitung auftauchen.

punkte keine Rolle spielen, sondern daß nur solche Informationen an die Öffentlichkeit und in die Presse gebracht werden, die sich ohnehin auf die alltägliche Aufgabenbewältigung und das Unterrichtsprogramm der Schule beziehen. Wenn in der Presse über bestimmte schulische Aktionen berichtet wird und sich dadurch der Bekanntheitsgrad und das Image der Schule verbessert, verhindert die Schule es nicht. Andere Schulen sehen sich gezwungen, den anderen Schulen nicht nachzustehen und regelmäßig in der Zeitung zu erscheinen.

> *„Wir sind uns fast alle darüber klar, daß das Bild mit Unterschrift mehr wert ist als der Artikel ohne Bild, und ob der Schulleiter mit auf dem Bild ist oder nicht."*

Daß sich die Schulleiter der Wirkung der Presse bewußt sind, insbesondere eines möglichen Einflusses auf die Anmeldezahlen, zeigt folgende Äußerung:

> *„Als die Schule also dauernd in der Presse war, schnellten die Anmeldezahlen extrem in die Höhe, obwohl die selben Lehrer da immer noch unterrichten wie vor 10 oder 20 Jahren und sich da sicher an der pädagogischen Arbeit und Einstellung nicht viel getan haben wird. Das hat also was mit Öffentlichkeitswirksamkeit zu tun."*

Andere bestreiten eher einen Zusammenhang zwischen Öffentlichkeitsarbeit und Anmeldeverhalten mit dem Argument, daß es Jahre dauert, bis sich etwas in der Öffentlichkeit festgesetzt hat.

> *„Es wird zwar viel in der Presse gelesen, aber zu einer Anmeldung führt das noch lange nicht."*

Zur Öffentlichkeitsarbeit gehört auch die Darstellung in Schulschriften,

> *„wobei ich selber immer die Eltern davor warne, auf diese Schrift hereinzufallen. Ich kenne die tollsten Schulschriften und weiß, was dahinter steckt".*
>
> *„Jeder weiß, das, was der Nachbar da von sich gibt, stimmt doch vorne und hinten nicht."*

Die Schulen machen sich darüber Gedanken, wie eine Schulschrift gestaltet werden muß, damit sie Eltern anspricht. Auch versuchen die Schulen sich nach außen zu öffnen, z.B. durch öffentliche Vorträge oder durch Kontakte zu außerschulischen Einrichtungen. Es werden schulfremde Musiklehrer oder Tanzlehrer von der Schule engagiert und von den Schülern bzw. Eltern bezahlt, um ein Nachmittagsangebot bereitstellen zu können. Es wird Engagement gezeigt durch

> *„die hohe Präsenz von verschiedenen Lehrkräften, auch auf dem Schulgelände selber. Wenn Klassenpflegschaftsabende oder irgendwelche Schulveranstaltungen stattfinden, bin ich als Schulleiter auch häufig präsent".*

Die Wettbewerbssituation in Münster nötigt nach Meinung eines Schulleiters aber auch zu einer Auswahl der Ereignisse, die nach außen treten dürfen.

> *„Der Preis ist, daß wir nicht ganz ehrlich mit der Schullandschaft in Münster umgehen können. Welche Schule darf denn noch sagen, daß sie Probleme hat? Wir dürfen doch nicht in Münster sagen, daß wir an den Schulen mal wieder ein Drogenproblem haben."*

Corporate Identity wird in den Gymnasien wie selbstverständlich eingesetzt. Es wird ein einheitliches Symbol bzw. Logo für die Schule verwendet. An einer Schule werden Sextanern zur Anmeldung Trikots ausgehändigt, die sie dann

> *„in den ersten Wochen sehr sehr stolz tragen. Wie Kinder auf diese Dinge reagieren, das ist klar".*

Die Begeisterungsfähigkeit und der Einfluß der Kinder auf das Image der Schule wird gesehen und bewußt eingesetzt. Die Fünfkläßler gehen

> *„sehr gerne in ihre ehemaligen Grundschulen zurück und erzählen den Kollegen oder Kolleginnen und den Kindern natürlich auch, wir kommen vom Gymnasium X und das ist so und so".*

Es wird daher auch versucht, in der Unterstufe besonders *„fähiges Personal"*, d.h. pädagogisch orientierte Lehrer einzusetzen.

Wichtig ist auch der Kontakt und die intensive Zusammenarbeit mit den Grundschulen.

> *„Da laden wir also die Grundschullehrer ein zu einer der Erprobungsstufenkonferenzen. Mit den Grundschullehrern, die vorher die Kinder in der Klasse 4 unterrichtet und zu uns geschickt haben, werden dann Probleme der einzelnen Kinder bzw. der Klassen besprochen. Wir gehen vor den großen Ferien, wenn die Anmeldungen gelaufen sind, auch in die Grundschulen und hospitieren."*

Dies erfolgt entsprechend den Schulleitern unter dem Gesichtspunkt einer frühen Einbindung der pädagogischen Arbeit der Grundschule in die des Gymnasiums und umgekehrt.

> *„Weil wir da gerade sehen, daß im pädagogischen Bereich am ehesten etwas zu machen ist, und das von den Eltern natürlich auch erwartet wird."*

Auch soll dies gleichzeitig zu einer Verbesserung des Rufs ihrer Schule bei den Grundschulen beitragen. Schwankungen in den Anmeldezahlen werden von einigen Schulleitern darauf zurückgeführt, daß manche Gymnasien in der anmeldekritischen Zeit entgegen den getroffenen Vereinbarungen unter den Gymnasien in Münster an die Grundschulen gehen und versuchen, die Kinder an sich zu binden. Es wurden von einzelnen Gymnasien für die Grundschulkinder Aktionen wie Mathematikwettbewerbe ausgerichtet. Ein Gymnasium gestaltete eine

Theateraufführung mit der Grundschule zusammen. Grundschulklassen wurden vor dem Anmeldetermin in die Gymnasien eingeladen, um sich den Schulbetrieb anschauen zu können.

> *„Das wird natürlich mit hochgezogenen Augenbrauen von den anderen Schulen gesehen, weil das natürlich schnell auch den Eindruck einer illegalen Werbung erweckt. Da muß man vorsichtig sein. Viel machen kann man da nicht, denn das ist schon relativ scharf.“*

Mit dem gezielten Kontakt zu bestimmten Grundschulen, die sich nach Meinung der Schulleiter durch qualitative Arbeit auszeichnen, wollen die Schulen den Zulauf dieser Grundschüler sichern oder steigern. Die Schulen am Stadtrand sehen sich im Vorteil, da die Schüler aus den Grundschulen in ihrer Nähe oder aus dem Umland ohnehin regelmäßig ihre Schule wählen.

> *„Wir sind in Bereiche vorgestoßen, wo andere Gymnasien waren, wo wir unser Schulprofil bekanntgemacht haben über Eltern, oder wir sind dann in Schulen hereingegangen, wo wir Kontakte aufgenommen haben mit dem Kollegium und der Schulleitung. Das sind dann pro Jahr immer drei oder vier Kinder, die dann aus diesen Grundschulen zusätzlich kommen. Die dort ansässigen Gymnasien haben überhaupt nicht bemerkt, daß drei Schüler nicht zu ihnen, sondern zu unserer Schule gehen.“*

Die Schulleiter verweisen insbesondere auf die Informationsveranstaltungen, die sie als sehr wichtig für die Darstellung ihrer Schule ansehen. Die Informationsveranstaltungen verlaufen nach den Äußerungen der Schulleiter in der Regel bei allen Schulen gleich. Die zuständigen Lehrer stellen die Erprobungsstufe vor.

> *„Da werden natürlich Lehrer vorgezeigt, die ein positives Image haben. Wir wären natürlich schlichtweg naiv, wenn wir bei Informationsveranstaltungen der Eltern jede Menge Lehrer aus den Ecken suchen würden, von denen wir wissen, aus der Zusammenarbeit mit Schülern natürlich, daß die so ihre Macken haben und nicht sehr beliebt sind.“*

Die Eltern werden über die Sprachenfolge und die Struktur der gymnasialen Schullaufbahn informiert. Handzettel und Schulschriften werden verteilt. Für die Eltern und Schüler gibt es die Möglichkeit, die Räume in der Schule zu besichtigen.

> *„Wir zeigen das natürlich schon, daß wir besondere Schwerpunkte haben. Wenn unsere Naturwissenschaften gut funktionieren und unsere Räume gut ausgestattet sind, sprechen wir natürlich mit den Eltern darüber.“*

„Wir zeigen den Kindern die Räume und sprechen mit denen. Wir sprechen so mit denen, daß die Kinder diesen Rundgang nicht langweilig finden. Aber wir führen nichts vor. Wir demonstrieren nichts und bei uns gibt es nicht, wie bei manchen Schulen damals schon mal, Pralinen oder sonstige Süßigkeiten, mit denen die Kinder in die Schulen gelockt werden."

Die Grenze zwischen Öffentlichkeitsarbeit und Werbung wird von den Schulleitern nicht immer eindeutig gezogen. Es ist zwischen dem Schulträger und den Sprechern der Gymnasien vereinbart, daß auf jede Art der Werbung während der Informationsveranstaltung verzichtet wird. Trotzdem gibt es vereinzelt Abweichungen in Richtung nachdrücklicher Werbestrategien.

„Kinder kann ich natürlich anders beeinflussen als Eltern. Das haben wir die letzten Jahre gehört, daß Eltern eigentlich die Absicht hatten, ihr Kind hier anzumelden, sie sind dann doch zu einem anderen Gymnasium gegangen, weil dort eine recht attraktive Werbeaktion durchgeführt wurde."

Entgegen der Vereinbarung des Schulträgers mit den Sprechern der Gymnasien, die Informationsveranstaltungen außerhalb der regulären Unterrichtszeit stattfinden zu lassen, ist ein Schulleiter zu der Ansicht gekommen,

„daß so viele Schulen da andere Dinge machen, daß wir auch möglicherweise dann einen Tag der offenen Tür machen und Aktivitäten, die ohnehin anstehen, und Arbeitsgemeinschaften in Sport oder Theater, die zufällig an dem Tag liegen, gezeigt werden".

bb. Private Gymnasien

Die privaten Gymnasien unterscheiden sich nach den Aussagen der Schulleiter in ihrer öffentlichkeitswirksamen Arbeit nicht groß von den öffentlichen Gymnasien. Auch die privaten Gymnasien sehen in der guten Arbeit, unabhängig von ihrem kirchlich orientierten Image, einen Bonus bei den Eltern.

„Wenn wir gute Abiturergebnisse haben, dann kommen wir zwar nicht in die Zeitung, aber wir werden in der Öffentlichkeit natürlich registriert. Wir haben auf der anderen Seite die positive Rückmeldung der Schulaufsicht. Immer dann, wenn wir gute Abiturarbeiten abgeben, die unbeanstandet durchgehen, weiß ich, das ist ein Zeichen von Qualität."

Es wird jedoch angedeutet, daß in privaten Schulen eher als in öffentlichen Schulen ein größerer Konsens in Erziehungsfragen zu erreichen ist.

„Wir haben ein bestimmtes Konzept. Das tragen auch alle. Das ist im Schulprogramm festgelegt, wobei das natürlich auch nur Papier sein kann, aber dadurch, daß wir die Lehrer auswählen können, wissen wir natürlich auch, wen wir haben."

Die privaten Gymnasien haben sich ebenfalls eine Schulprogrammpflicht auferlegt, aber mit eigenen Zielsetzungen.

„Ich würde schon sagen, daß es heute zunehmend darum geht, nicht nur für den ganz normalen Unterrichtsablauf zu sorgen, sondern zu gucken, daß die Schule sich nach innen und nach außen jeweils profiliert, daß sie ihr eigenes Programm, was sie natürlich ständig praktiziert, bewußt entwickelt und auch versucht, ihren Stellenwert, ihren Standort immer wieder neu zu bestimmen und zu überdenken."

Es werden auch konkrete Profilierungen wie Bilingualität oder musischer Zweig genannt, die im Wettbewerb vorteilhaft sind.

„Es gibt Schulen, die haben sich sehr auf bestimmte Formen von Wettbewerb verlegt. Zum Beispiel eine Schule, die eine sehr große Teilnahme von Schülern an dem Preis des Bundespräsidenten hat, andere Schulen engagieren sich stark in dem Bereich Jugend forscht. Das sind fast traditionelle Felder, auf denen sich Schulen dann besonders engagieren. Das ist natürlich ein Punkt, der Eltern bewegen könnte, zu sagen, 'ich schicke mein Kind dorthin, weil mein Kind in naturwissenschaftlicher Hinsicht Herausragendes leisten will'."

Auf die mangelnde Nachfrage nach bestimmten Fächern wie Latein wurde bei den privaten Gymnasien mit einer Umgestaltung des Curriculums reagiert. Zurückgehende Schülerzahlen waren Anlaß zur Einführung profilierender Neuerungen wie z.B. Bilingualität. Wünsche der Eltern werden gezielt aufgegriffen und umgesetzt. Die privaten Gymnasien wählen Schüler nach ihren Leistungen aus. Ausschlaggebend sind dabei die Zeugnisse und die Grundschulempfehlungen, die sie sich auch vorlegen lassen. Ein Schulleiter betont, daß einige Schulen zur Sicherung ihrer Schulkapazität auch ungeeignete Schüler aufnehmen, was sich später in den Rückläufen und Abgängen zeigt.

Ist ein Umfeld, aus dem Schüler bezogen werden, wegen des Baus einer schulformgleichen Schule gefährdet, werden auch hier verstärkte Bemühungen in Richtung auf Schüler aus dem Einzugsbereich anderer Gymnasien angestrengt.

„Wir müssen uns mehr nach der Decke strecken. Wir müssen gucken, daß wir durch unsere Arbeit auch die Eltern überzeugen, daß es sinnvoll ist, ihre Kinder hier anzumelden."

Für die privaten Gymnasien ist eine verstärkte Öffentlichkeitsarbeit üblich. Sie verwenden die gleichen Mittel wie die städtische Gymnasien. Dazu gehört auch der Kontakt mit den Grundschulen.

> *„Das sind so Aspekte, die dafür sorgen können, daß man nicht auf dem Trockenen sitzt in dieser Außenlage."*

Insbesondere die Gymnasien mit einem bestimmten Profil sind darauf angewiesen, durch identitätsstiftende Veranstaltungen, Broschüren oder Festschriften offensiv an die Öffentlichkeit zu gehen und auf sich aufmerksam zu machen. Die Schulleiter der privaten Gymnasien haben mit den städtischen Schulen vereinbart, daß Werbemaßnahmen am Tag der offenen Tür unterbleiben sollen. Ein Schulleiter eines privaten Gymnasiums betont, daß es an anderen Schulen immer mal wieder zu ausgeprägten Werbemaßnahmen kommt, seine Schule dies aber allein schon aus der engen Kooperation mit einem städtischen Gymnasium unterläßt. Es wird auf die Gefahr hingewiesen, daß durch den Wettbewerb zwischen den Schulen immer mehr der Werbeeffekt in den Vordergrund tritt und

> *„daß man versucht, durch Dinge, die gar nicht so den internen Bereich der Schule betreffen, Punkte zu sammeln, die nach außen wirken. Wir sind alle in der Gefahr, weil wir wissen, wir müssen uns um diese Schülergruppen bemühen, die Werbeeffekte höher zu setzen als das, worauf es eigentlich ankommt. Wenn man die Zeitungen in Münster liest, wird man keinen Tag finden, wo nicht irgendwas über irgendeine Schule in der Zeitung steht."*

b. Schulleiter in Gelsenkirchen

In Gelsenkirchen betonen die Schulleiter, daß vorrangig die Qualität des Unterrichts, ein geringer Unterrichtsausfall und ein aktives Schulleben die Eltern von ihrer Schule überzeugen. Obwohl sie auch eingestehen, daß es schwierig ist,

> *„einmal Qualität überhaupt zu definieren und zu messen und jemanden zu vermitteln".*

Neuerungen wie Nachmittagsangebote sollen das Schulklima verbessern und den Schülern ein anderes Verhältnis zum schulischen Bereich geben. Die Neuerungen werden lediglich unter dem Gesichtspunkt der Erweiterung der pädagogischen Qualität eingeführt[594].

---

594 Ein Schulleiter betont, die Schule hat sich wegen ihres hohen Ausländeranteils um ein anderes Image bemüht, *„weil wir ein Gegengewicht haben wollten gegen diese Propaganda, die auch gegen uns gemacht worden ist".*

„Dies sind Dinge, die nicht mit Blick nach außen gemacht worden sind, also nach dem Motto, wir wollen mehr Schüler haben, und wir haben Angst, daß uns die Schüler verlorengehen."

„Direkt ablesbar, daß man sagt, wir machen dieses Sportprojekt und im nächsten Halbjahr haben wir mehr Anmeldungen, das ist nicht der Fall."

Nach Aussage einiger Schulleiter erfolgten die Neuerungen in erster Linie anläßlich schulpolitischer Entwicklungen und im Rahmen der Schulprogrammentwicklung.

Um sich der Akzeptanz der Neuerungen bei den Eltern sicher sein zu können, werden die Kontakte zu diesen permanent gepflegt.

„Man muß auch herauskriegen, in welche Richtung wird denn da gedacht."

Die Eltern der Schüler werden von Anfang an informiert über Veränderungen, wie z.B. Umbau oder außerschulische Kooperationsprojekte. Die Schulpflegschaftssitzung wird aktiv an der Einführung von Projekten beteiligt. Anhand der Rückmeldungen der Eltern kann die Schule kontrollieren, inwieweit das Vorhaben deren Unterstützung und Akzeptanz erfährt.

„Die Eltern bringen sich sehr stark bei uns ein, was auch dazu führt, daß man nicht nur fordern kann, sondern man muß auch die Wünsche der Eltern hören."

Die Schulen versuchen mit ihrem Bildungsangebot den Vorstellungen der Eltern zukünftiger Schüler entgegenzukommen.

„In früheren Jahren hatten wir auch noch sehr viel mehr Möglichkeiten, Förderunterricht zu machen. Das hatte auch dazu beigetragen, daß Eltern ihre Kinder hier angemeldet haben."

Schulische Angebote, die von den Schülern und Eltern angenommen werden, werden gepflegt. Es werden für Schüler in Kooperation mit außerschulischen Einrichtungen Betreuungsangebote bereitgestellt.

„Das ist auch so eine Leitlinie, die wir uns gemeinsam im Kollegium überlegt haben. Wir wollen die Schüler mehr so an die Schule binden, daß sie die Identität mit der Schule auch ausbilden."

Ein Schulleiter erklärt, daß gerade wegen der qualitativen und erfolgreichen Arbeit an der Schule die Anmeldezahlen stiegen und Lehrer neu eingestellt werden konnten, die zum Schulprofil passen.

„'Da passiert sehr viel'. Das wird irgendwann mal bekannt und setzt sich irgendwo durch."

Durch ein breitgefächertes Angebot im außerschulischen Bereich, besondere Veranstaltungen, Teilnahme an Wettbewerben, Konzerte und Theateraufführungen wird nach Ansicht eines Schulleiters die Qualität der Schule auch nach außen dokumentiert.

„Durch so etwas haben Eltern, die Zeitung lesen, den Eindruck, daß über den Unterricht hinaus besondere Begabungen, besondere Leistungen herausgefordert und auch entsprechend honoriert werden auf dem Gebiet."

Für die Gymnasien ist die Öffentlichkeitsarbeit wichtig, auch wenn sie sich teilweise nicht in einem Wettbewerb sehen.

„Man stellt sich nach wie vor positiv dar, aber nicht mehr aus dem Grunde, daß man sagt, ich muß jetzt den anderen noch ein Stückchen vom Kuchen wegnehmen, sondern schlicht und einfach, um den Ruf zu halten, den man hat."

Die Pressearbeit wird genutzt, um erfolgreiche und positive Aktivitäten

„nach außen herauszustellen. Wir wollen uns als aktive, schülerorientierte Schule in der Öffentlichkeit darstellen".

„Man sieht zu, daß, wenn man irgendwelche Dinge macht, man damit auch in die Zeitung kommt."

„Wir versuchen uns einfach normal zu verkaufen, in der Form, daß wir natürlich die Erfolge, die wir haben, an die Presse geben, und die auch diese Dinge darstellt."

Es wird Imagepflege betrieben.

„Wenn solche Dinge natürlich an die Öffentlichkeit gehen, darüber wird auch im Lokalradio berichtet, ist das natürlich schon etwas, was die Leute aufhorchen läßt."

Die Schulen versuchen jedoch, negative Presse zu vermeiden.

„Das sickert sofort durch. Wir haben den Fall vor 5 oder 6 Jahren gehabt. Da ist eine Schule in die Schlagzeilen gekommen, weil die einen rechtsradikalen Lehrer hatten. Das kam dann über die Abiturzeitung an die Öffentlichkeit. Man war wochenlang in der Presse. Bei den nächsten Anmeldungen war dann ein Rieseneinbruch da. Die haben nur noch die Hälfte der Anmeldungen gehabt."

Das hat zur Folge, daß über bestimmte Probleme wie Drogen und Gewalt an Schulen öffentlich nicht geredet wird.

„Es neigen alle Schulleiter dazu, das Thema in der Öffentlichkeit klein zu halten, weil jeder genau weiß, wenn wir da in einer bestimmten Art und Weise in der Öffentlichkeit Presseartikel kriegen, schlägt das sofort negativ auf die Anmeldezahlen durch. In dem Bereich ist die Öffentlichkeit am aller empfindlichsten."

Ebenso ist es mit an die Öffentlichkeit getragene Überlegungen zur Frage der Auflösung eines Gymnasiums zugunsten eines Gesamtschulstandorts.

Die Informationsveranstaltung während der Anmeldezeit wird als eine wichtige Gelegenheit gesehen, sich darzustellen.

> *„Es werden den Eltern unsere Möglichkeiten demonstriert und gezeigt. Wir sind natürlich daran interessiert, unsere Möglichkeiten und Vorzüge zu präsentieren. Denn man ist ja als Schulleiter daran interessiert, den Laden immer wieder 'voll' zu haben."*

An dem Tag der Veranstaltung werden Informationsblätter verteilt. An einigen Schulen gibt es Unterrichtsvorführungen. Die Eltern werden darüber informiert, welche Anforderungen in der 5. Klasse gestellt werden. An einer Schule werden Gespräche mit den Eltern, deren Kinder bereits die Schule besuchen, angeboten. Auch im sportlichen Bereich gibt es an einigen Schulen Präsentationen. Es werden Theaterstücke von den jüngeren Schülern aufgeführt.

> *„Die Fächer stellen sich vor mit kleinen Experimenten in den Naturwissenschaften."*

> *„Man versucht also das Schulleben sozusagen transparent zu machen an diesem Tag, und jeder hat da sein eigenes Konzept und seine eigene Erfahrung gemacht, wie man es machen kann."*

An einer Schule ist das ganze Kollegium freiwillig anwesend, denn es ist

> *„auch ein hohes Eigeninteresse bei den Kollegen da, die Schule positiv an diesem Tag darzustellen"*.

Es gab des öfteren Abmachungen zum Verhalten während der Anmeldezeit.

> *„Wir hatten früher mal ein Abkommen, daß in der anmeldekritischen Zeit, ab November, eigentlich nichts mehr über die Schule in der Zeitung stehen dürfte. Aber das war nicht durchzuführen. Ich sehe auch nicht ein, wenn ein Weihnachtskonzert ist und 150 Kinder auf der Bühne stehen, keiner dann darüber schreiben darf, wenn das normalerweise eben passieren würde."*

Der Hintergrund war, daß die Informationsveranstaltungen

> *„dermaßen ausuferten. Die Leute haben Kuchen gebacken und Würstchen angeboten und haben richtig unangenehm Reklame gemacht für ihre Schule. Das ging dann also allen Schulen und allen Schulleitern dann irgendwann mal auf den Geist, und dann hat man sich zusammengesetzt"*.

Durch das Informationsblatt über die Gymnasien im allgemeinen, das die Grundschulen an interessierte Eltern weiterleiten, soll auch vermieden werden, daß Gymnasien an die einzelnen Grundschulen gehen und sich selbst vorstellen.

Vielmehr soll die Vorstellung der Gymnasien lediglich im Rahmen der Informationsveranstaltung erfolgen.

> „*Das wäre jetzt verpönt, wenn ein Schulleiter sagen würde, die Eltern an der Nachbarschule würden gerne etwas wissen über die Schulform Gymnasium und haben mich deswegen eingeladen. Wenn Sie dort hingehen würden, würden sie mit den anderen sofort Krach bekommen.*"

Kontakte mit Grundschulen werden geduldet, wenn die Kinder schon angemeldet sind und die früheren Klassenlehrer zur Beratung der weiteren Entwicklung des Kindes eingeladen werden. Ansonsten gilt,

> „*was als spezielle Werbung im Hinblick auf spezielle Grundschulen angesehen werden könnte, wird eigentlich peinlich vermieden*".

In der Not wird aber auch gegen Abmachungen verstoßen.

> „*Die Vereinbarung war, keine Unterrichtsbesuche, weil man dann irgendwelche Schaustunden vorführen könnte. Gut, das ist dann oft durchbrochen worden. Dann hat es Ärger gegeben. Wir haben uns da immer an die Abmachungen gehalten, weil wir auch gesehen hatten, daß wir es eigentlich nicht nötig hatten, irgendwelche besonderen Dinge zu machen, weil die Anmeldezahlen einfach immer stimmten.*"

Die Eltern der Schüler spielen eine wichtige Rolle bei der Meinungsbildung über die Schule in der Öffentlichkeit. Die geschieht nicht nur über Mundpropaganda, sondern indem man

> „*Dinge der Schule der eigenen Elternschaft anbietet, auch im Bereich der zusätzlichen Veranstaltungen, und wir darauf vertrauen, daß das nach außen getragen wird als unsere Besonderheit und vielleicht auch als Werbung für uns dann entsprechend eingesetzt wird*".

Die Gymnasien vermeiden, sich in der Öffentlichkeit mit den anderen Gymnasien zu vergleichen, um damit einen Werbeeffekt zu erzielen.

> „*Es darf nicht soweit gehen, daß man sich gegenseitig schlecht macht. Ich sehe auch keinen Sinne darin, irgendwelche Aktivitäten zu entfachen und für sich zu werben.*"

Nach Angaben eines Schulleiters wurde jedoch versucht, sich von einer Schule abzugrenzen, indem

> „*nicht offiziell, aber inoffiziell von vielen Leuten in anderen Schulen damit geworben worden ist, daß sie ausländerfrei seien*".

Insgesamt ist entsprechend der Mehrzahl der Äußerungen der Schulleiter der Gymnasien in Münster und in Gelsenkirchen festzuhalten, daß die Schulen bestrebt sind, im Wettbewerb mit den anderen Schulen gleicher Schulform die Eltern und Schüler als Abnehmer eines Bildungsangebots mittels Öffentlichkeitsarbeit, Werbung und Qualität von ihrer Schule zu überzeugen. Die Unterhypothese 5 konnte somit tendenziell bestätigt werden.

IV. Befragung von Vertretern des Schulträgers und der Schulaufsicht

Sowohl die festgestellten Übereinstimmungen als auch die Unterschiede zwischen den Äußerungen der Schulleiter in Gelsenkirchen und in Münster lassen tendenzielle Aussagen zu, mit denen eine erste Einschätzung des wettbewerblichen Verhältnisses unter Schulen möglich ist. Um Hintergrundinformationen und eine Einschätzung aus der Sicht der Schulaufsicht und der Schulträger über die Gegebenheiten in Münster und Gelsenkirchen zu erlangen, wurden im Anschluß an die Befragung der Gymnasien jeweils ein Vertreter des Schulverwaltungsamtes in Gelsenkirchen und des Schulamtes in Münster, ein Vertreter der Schulabteilung bei der Bezirksregierung Münster und jeweils der Leitende Vorsitzende des Schulausschusses des Rates der Stadt Münster und der Stadt Gelsenkirchen mündlich interviewt[595]. Den Interviews lag ein Leitfaden zugrunde, der die besondere Situation in der Gemeinde sowie die jeweilige Stellung des Gesprächspartners berücksichtigte, gleichzeitig aber eine Vergleichbarkeit der Gesprächsinhalte gewährleistete[596]. Die Gespräche mit den Verwaltungsmitarbeitern fanden im jeweiligen Dienstzimmer, mit den Politikern in der Geschäftsstelle der Partei statt. Die Dauer der Interviews belief sich zwischen 30 und 50 Minuten. Die Gespräche wurden alle mit Tonband protokolliert und später transkribiert. Die Ergebnisse dieser Interviews flossen in die anschließende zusammenfassende Auswertung ein.

V. Zusammenfassende Auswertung

Ziel der vorliegenden Untersuchung war es, mittels der Befragung der Schulleiter der Gymnasien in Münster und in Gelsenkirchen ein Vorliegen von Wettbewerb zwischen Schulen aufzuzeigen. Da angesichts der Ergebnisse der Befragung in Münster und in Gelsenkirchen die Unterhypothesen und die Haupthypothese tendenziell bestätigt werden konnten, kann auf die Existenz von Wettbewerb zwischen Schulen geschlossen werden.

---

595 Zum Schutz der Interviewpartner werden nur allgemeine Angaben zu den ausgeübten Funktionen gemacht.

596 Die Interviewleitfäden sind im Anhang beigefügt.

Die untersuchten Schulen streben laut Äußerungen der Schulleiter das gleiche Ziel an, nämlich soviele Anmeldungen von Schülern zu erlangen, daß ihre Schulen ausgelastet sind. Das spielt unabhängig davon eine Rolle, ob ein Schülerschwund oder eine Schülerschwemme vorliegt; denn auch bei einem Überfluß an Schülern geht es darum, aus eigener Kraft seine Schule füllen zu können und nicht auf die überschüssigen Schüler der anderen Schulen angewiesen zu sein. Anreize zur Erreichung dieses Ziels finden sich sowohl in der Gewährleistung der Stabilität der Schule, d.h. den Bestand der Lehrerstellen und den finanziellen Standard zu erhalten, als auch in der öffentlichen Bestätigung der Leistungen der Schule und der Rufverbesserung. Um dies auch weiterhin zu garantieren, wird die Entwicklung der anderen Schulen beobachtet und der Vergleich mit ihnen gesucht. Die Schulen sind bestrebt, ihre Leistungen zu optimieren, gerade auch im Hinblick auf die Interessen der Eltern als Nachfrager dieser Einrichtungen. Die Schulen sind sich der Wettbewerbssituation bewußt und begrüßen diese mehr oder weniger. Die Kriterien, die einen Wettbewerb indizieren, liegen vor.

Dies zeigt auch die tendenzielle Bestätigung der Haupthypothese. Alle Schulleiter der privaten Gymnasien und zehn der elf Schulleiter der städtischen Gymnasien in Münster bejahen die Frage nach einem Wettbewerb uneingeschränkt. Die Schulleiter in Alt-Gelsenkirchen sehen ihre Schulen ebenfalls in einem Wettbewerb untereinander, schränken dies jedoch angesichts des hohen Schüleraufkommens ein. Es handele sich nicht um einen echten Wettbewerb, denn es gehe nicht um die Existenz der Schule. Es sei zwar eine Art Wettbewerb vorhanden, der Wettbewerbsdruck sei jedoch nicht so stark. Die Schulleiter der Gymnasien in Gelsenkirchen-Buer verneinen einen Wettbewerb. Die Schulen seien mit ihren eigenen Ideen im Wettbewerb, nicht mit einer anderen Schule. Hervorzuheben ist, daß sich darunter zwei Schulen befinden, die in direkter Nachbarschaft liegen und in einer Kooperation zusammenarbeiten.

1. Wettbewerbsfaktoren

Im Unterschied zu Münster betonen die Schulleiter in Gelsenkirchen sehr stark, daß sie miteinander kooperieren. Auch verweisen die Schulleiter in Gelsenkirchen auf das hohe Schüleraufkommen als Grund für den nicht so ausgeprägten Wettbewerb. In Gelsenkirchen gibt es darüber hinaus ein sogenanntes Umverteilungsverfahren. Der Schulträger kennt im vorhinein die Anmeldezahlen, weil die Eltern ihre Kinder bei ihm anmelden müssen. Durch die Umverteilung gerät kein Gymnasium in Existenznot, falls es doch weniger Anmeldungen erhalten sollte. Die Angabe der Zweit- und Drittwünsche durch die Eltern soll gewährleisten, daß ihre Vorstellungen bei Zuweisung ihrer Kinder zu einer anderen

Schule berücksichtigt bleiben. Die Verteilung der Schüler bleibt also unter der Kontrolle des Schulträgers.

Der Frage, welche Faktoren Einfluß auf das Entstehen von Wettbewerb haben können, läßt sich an den Fallbeispielen in Münster und Gelsenkirchen nachgehen.

a. Demographische und geographische Faktoren

Geographische und/oder demographische Gegebenheiten, die die Schulen jeweils vorfinden, haben Einfluß auf das Bestehen und Empfinden einer Wettbewerbssituation.

So sehen einige der befragten Schulleiter in Gelsenkirchen ihre Schulen nicht in einem Wettbewerb um Schüler, da die Schülerzahlen an den Gymnasien stetig gestiegen sind[597]. In Münster machen einige Schulleiter einen Schülerschwund für den Wettbewerb zwischen den Gymnasien verantwortlich. Dieser Schülerschwund läßt sich den amtlichen Schülerzahlen nicht entnehmen. Tatsache ist aber, daß einige Gymnasien zwischen einer Zwei- oder Dreizügigkeit schwanken. Dies hat aber laut Aussagen der Vertreter des Schulträgers und der Schulaufsicht mit der besonderen Schulsituation in Münster zu tun. Seit längerer Zeit existiert eine politische Kontroverse über die Frage, ob ein oder zwei Gymnasien im Hinblick auf die Schülerzahlen zu viel sind.

Im Rahmen der Schulleiterbefragung stellte sich heraus, daß gerade die Schulleiter der demographisch benachteiligten Schulen die Intensität des Wettbewerbs mit den umliegenden Schulen besonders hoch bewerten.

Die Gymnasien am Stadtrand sind stark eingebunden in die Aktivitäten des Stadtteils, d.h. es bestehen Kontakte mit der Bezirksvertretung, den Sportvereinen und Jugendheimen. Die Gymnasien wiederum bieten dem Stadtteil ein kulturelles Forum. Laut Äußerungen der Schulleiter haben sie den Vorteil eines faktischen Einzugsbereichs[598]. Insoweit bestätigt sich in den Aussagen der Schulleiter die Annahme, daß, sofern in zumutbarer Entfernung keine Schule gleicher Schulform liegt, die Schule mit den im Einzugsbereich ansässigen

597 Angesichts der veränderten Gesetzeslage in Nordrhein-Westfalen, d.h., die Empfehlung ist nicht mehr ausschlaggebend für die Aufnahme des Schülers an einem Gymnasium, befürchtet ein Schulleiter einen verstärkten Trend dahingehend, daß Eltern *„wider besseres Wissen"* ihre Kinder auf das Gymnasium schicken werden.

598 Der Vertreter des Schulverwaltungsamtes der Stadt Gelsenkirchen ist der Ansicht, *„wenn Schulen zentriert liegen, können sie sich neutral verhalten. Sind sie dezentral - wie eine Schule am Stadtrand -, muß sie mit dem Umfeld klarkommen, kann also nicht mehr neutral bleiben. Eltern sehen sich dann eher gezwungen, ihre Kinder woanders hinzuschicken."*

Schülern rechnen kann[599]. In einem Stadtteil in Münster sehen sich zwei Gymnasien, die sich die Anzahl der Schüler aus dem Stadtteil teilen, bei der Anmeldung untereinander in einem Wettbewerb. In einem anderen Münsteraner Stadtteil gibt es nur ein Gymnasium, so daß dort keine direkte Wettbewerbssituation wahrgenommen wird, aber eine Abhängigkeit von der demographischen Entwicklung vor Ort. Demgegenüber sieht sich ein Gymnasium am Stadtrand, das Schüler u.a. aus einer Nachbarstadt bezieht und durch den Bau eines Gymnasiums in dieser Stadt einen Einbruch seiner Anmeldezahlen vermerkte, gezwungen, sich verstärkt um Innenstadtschüler zu bemühen.

Anders ist es bei nahe beieinander liegenden Schulen wie den Innenstadtgymnasien in Münster. Sie teilen sich einen faktischen Einzugsbereich von Schülern und müssen intensiver auf hinreichende Anmeldezahlen achten. Die Innenstadtgymnasien sehen sich schon angesichts der engen geographischen Situation in einem Wettbewerb untereinander.

b. Schulträger

Inwieweit sich Wettbewerb zwischen Schulen entfalten kann, hängt nicht unerheblich von der Einstellung des Schulträgers ab. Für den Schulträger haben die Schulen einen besonderen Stellenwert im Gemeindeleben. Attraktive und leistungsstarke, ebenso wie ortsbezogene und bürgernahe Schulen gehören nach kommunalem Selbstverständnis zum Kernbestand der Daseinsvorsorge[600]. Vor diesem Hintergrund ist denkbar, daß der Schulträger einen Wettbewerb zwischen Schulen begrüßt, solange dadurch die genannten Vorstellungen vom Schulwesen unterstützt werden. Politik und Administration können sich angesichts unerwünschter Wettbewerbsfolgen auch zu Interventionsmaßnahmen veranlaßt sehen, in der Absicht, in einem Spannungsverhältnis stehende individuelle und gesellschaftliche Interessen zum Ausgleich zu bringen. Eine Interventionsmaßnahme wäre, die Schulwahlfreiheit durch Rückkehr zu festen Einzugsbe-

---

599 *Tino Bargel/Manfred Kuthe/Klaus Reinhardt*, Gesamtschule und Region, in: Horst Weishaupt (Hrsg.), Sozialraumanalyse und regionale Bildungsplanung, 1983, S. 91 (107).

600 *Claus Hamacher*, Was kommt auf die Schulen zu?, SchulVerwaltung NRW 4/1999, S. 267 (267). Seit dem Schuljahr 1997/1998 unterstützt die Stadt Münster jährlich finanziell die Entwicklung unterschiedlicher Ganztags- und Betreuungsangebote an weiterführenden Schulen, u.a. auch im Bereich Schulprofilbildung (Stadt Münster, Pädagogische Arbeitsstelle des Schulamtes, Dokumentation „Wenn das Schule macht...", 1998).

reichen wieder einzuschränken[601]. Schulen mit einem schlechten Ruf werden in der Regel gemieden, wohingegen gute Schulen florieren, sofern nicht der Schulträger z.B. mittels Festlegung der Aufnahmekapazität einer Schule das Nachfrageverhalten beeinflußt, um sonst durch den Schülerrückgang gefährdete Schulstandorte beibehalten zu können[602].

aa. Münster

Der Vertreter des Schulamtes der Stadt Münster bestätigt einen Wettbewerb zwischen den Schulen um Schüler, möchte diesen jedoch nicht als vom Schulträger bewußt eingesetztes Steuerungsmittel sehen.

> *„Es ist selbstverständlich gut, wenn Schulen sich vergleichen. Aber das ist immer eher unter dem Aspekt best-practice zu sehen, wo läuft etwas gut. Das ist ein Prozeß, den wir intensiv unterstützen. Wir arbeiten mit dem Mittel, daß wir gelungene Praxis versuchen übertragbar zu machen. Wettbewerb hat immer die Implikation, man versucht besser zu sein als die anderen und behält sein Wissen möglichst für sich. Das genau ist nicht unsere Arbeitsphilosophie. Die guten Dinge sollen möglichst verbreitet werden, sollen fruchtbar gemacht werden für die Entwicklung der Schulen insgesamt. Die Schullandschaft der Stadt ist keine Addition von Einzelschulen, sondern ist qualitativ sehr viel mehr. Wir müssen nicht zehn gleiche Schulen haben, sondern wir müssen möglichst klar konturierte Schulen haben, damit man weiß, wenn ein Kind eine besondere Entwicklung einschlagen will, findet es an dieser Schule oder an jener Schule eher das Umfeld, um bestimmte Stärken auszuprägen."*

In Münster legt der Schulträger für die weiterführenden Schulen keine Schuleinzugsbereiche fest. Zunächst ist die Bestimmung der Einzugsbereiche schwierig, weil in der Innenstadt die Schuldichte zu hoch und die Zahl der potentiellen Schüler demgegenüber zu gering ist. Darüber hinaus sind aus politischer Sicht dirigistische Entscheidungen des Schulträgers wie eine Einschränkung der Schulwahlfreiheit durch die Einrichtung von Schuleinzugsbereichen gegenüber der Elternschaft und den weiterführenden Schulen schwer zu begründen. Der befragte Vertreter des Schulausschusses des Rates der Stadt Münster bestätigt,

---

601 *Manfred Weiß*, Effizienz des Ressourceneinsatzes und Marktsteuerung im Schulbereich, ZBV 3/1996, S. 21 (33). Der Verfasser verweist in dem Zusammenhang auf Studien in Großbritannien und den USA.

602 *Manfred Weiß*, Effizienz des Ressourceneinsatzes und Marktsteuerung im Schulbereich, ZBV 3/1996, S. 21 (33).

„nichts widerstrebt dem Schulträger so sehr wie unpopuläre Entscheidungen zu treffen, die dann auch nicht in irgendeiner Form begründbar sind".

Es gibt jedoch aus der Sicht des Schulträgers andere Regulative wie die Übernahme der Schülerfahrtkosten oder die Festlegung der Zügigkeit. Letzteres ermöglicht dem Schulträger über die Kontrolle der Auslastung der Schulen bzw. Gebäude einen Einfluß auf die Wirkungen des Wettbewerbs. Die Stadt Münster hat von diesen Regulativen teilweise Gebrauch gemacht. Die maximale Zügigkeit bei den weiterführenden Schulen ist auf vier festgelegt worden, wohingegen die Fahrtkosten übernommen werden. Die Stadt Münster hat auch von der in § 7 Abs. 1 S. 2 NWSchFG eröffneten Möglichkeit abgesehen, von Schülern, an die Schülerfahrkarten ausgegeben werden, hierfür im Falle der privaten Nutzbarkeit Eigenanteile zu erheben.

„Wir können uns das noch erlauben. Und wenn man sich das nicht mehr erlauben kann, ist der politische Konflikt da",

gibt der Vertreter des Schulausschusses der Stadt Münster an. Folge ist, daß in den Stadtrandgebieten wohnhafte Schüler Innenstadtschulen besuchen und gelegentlich auch Innenstadtkinder zu den Stadtrandschulen fahren. Laut Äußerung des Vertreters des Schulausschusses besteht

„eine relativ unstabile Auslastung der Schulen. Man könnte sagen, von der Zahl her ist in der Innenstadt ein Gymnasium zu viel".

Die Schulwahlfreiheit und der dadurch bedingte Wettbewerb um Schüler bewirken aus der Sicht des Schulträgers eine verstärkte Profilierung der Schulen. Andererseits

„ist das auch ein Problem für die Schulen. Wenn es weniger Anmeldungen gibt, dann kriegen die ihre breite Fächerung nicht mehr geregelt, da die Lehrerstellen wegfallen. Das Profil ist eigentlich immer das Sahnehäuptchen".

Und *„für den Schulträger kostet das in Teilbereichen mehr Geld. Wir müssen das ja immer genehmigen, wenn bestimmte Sachen laufen. Und wenn Bilingualität gefordert wird, kostet das im Zweifelsfall mehr Bücher",*

so der Vertreter des Schulausschusses. Schulpolitisch können mit Buslinien, die für die Schulen, die Schüler auch aus entfernteren Gebieten beziehen müssen, wichtig sind, unterschiedliche Wettbewerbsbedingungen geschaffen bzw. lenkend eingegriffen werden.

Nach Auskunft des Vertreters des Schulamtes wird der Schulträger lediglich als Vermittler tätig, wenn sich einzelne weiterführende Schulen nicht an die Vereinbarungen über die Werbemaßnahmen während der Informationsveranstaltungen halten und dies deshalb im Herbst eines jeden Jahres in den regelmäßigen Gesprächsterminen des Schulträgers mit den Sprechern aller Schulformen behandelt wird.

bb. Gelsenkirchen

Die Vertreter des Schulverwaltungsamtes in Gelsenkirchen und des Schulausschusses des Rates der Stadt Gelsenkirchen sehen einen eher *„harmlosen"* Wettbewerb unter den weiterführenden Schulen in Gelsenkirchen.

> *„Es hat nie eine Konkurrenzsituation gegeben im Sinne des ruinösen Wettbewerbs. Das passiert schon mal stadtgrenzenübergreifend, daß man das Gefühl hat, daß Leute nach dem 'Schneewittchen-Schema' operieren, 'wer ist die Schönste im ganzen Land', und sehr eifersüchtig darauf reagieren. Und es ist auch eine gewisse Eifersüchtelei hier feststellbar. Ich kann das daran erkennen, wenn die Schulleiter und Schulleiterinnen, insbesondere der Gymnasien, sich entweder himmelhochjauchzend freuen über die hohen Anmeldequoten, auch wenn sie sie nicht bewältigen können und zu Tode betrübt sind, wenn sie zusammengebrochen sind. Da habe ich schon die tollsten Sachen erlebt. Deswegen würde ich das nicht dramatisieren."*

Auch hier wird ein Vergleich der Schulen untereinander, der die Profilierung und Entwicklung der Schulen unterstützt, gerne gesehen. Die Befragten befürchten, daß es durch die bildungspolitische Entwicklung in Nordrhein-Westfalen erst recht zu einer Wettbewerbssituation kommen kann.

> *„Inwieweit es dem öffentlichen Schulwesen gut tut, weiß ich noch nicht. Jedenfalls ist es schwerer zu regulieren und die vorhandenen Schulraumsubstanzen auch in angemessener Weise gleichmäßig zu nutzen und zu verteilen."*

Schuleinzugsbereiche lassen sich laut Äußerung des Vertreters des Schulausschusses und des Vertreters des Schulverwaltungsamtes unter geographischen Gesichtspunkten nicht einrichten. Die Gymnasien im jeweiligen Stadtteil liegen zentral und eng beieinander, so daß keine ausgewogene Grenzziehung möglich ist. Der Stadtteil Gelsenkirchen-Buer ist im schulischen Bereich eher gefragt als der Bereich Alt-Gelsenkirchen. Angesichts der Bevölkerungsstruktur in Gelsenkirchen-Buer wird die Schulform Gymnasium dort eher gewählt als in der Gelsenkirchener Altstadt. Seit Einrichtung der ersten Gesamtschule in Gelsenkirchen vor über 25 Jahren gibt es das Umverteilungsverfahren, da die Schüler des aufgelösten Schulzentrums mit Hauptschule, Realschule, Gymnasium, die nicht zur Gesamtschule wollten oder konnten, untergebracht werden mußten. Mittlerweile sieht der Schulträger das Umverteilungsverfahren als eine angemessene Möglichkeit, einerseits den begrenzten Kapazitäten und andererseits dem Elternwahlrecht gerecht zu werden.

> *„Wir waren immer in der Lage, durch dieses zentrale Anmeldeverfahren die Schülerzahlen relativ gut zu organisieren, gemeinsam mit den Schulen. Wir wußten, wie die Bedarfslage war an den Schulen."*

Angesichts der steigenden Schülerzahlen und der konstanten Anzahl an Schulgebäuden wird das Umverteilungsverfahren als geeignetes Instrument gesehen, die Schüler so interessengerecht wie möglich zu verteilen. Der Vertreter des Schulausschusses gibt an, daß die Schulen unterschiedliche Bausubstanz haben, was auch zu einer unterschiedlichen Zügigkeit führt, so daß bei einer unorganisierten Verteilung unter Umständen die kleinere Schule überfüllt wäre. Die Situation eines Überhangs der Schüler an einer Schule wird durch die Angabe der Zweit- und Drittwünsche für die wählenden Eltern bzw. Schüler entschärft.

> *„Man kann es ja nicht anders machen. Wir können ja nicht hergehen, weil eine Schule besonders stark angemeldet wird, das Gebäude irgendwo anders hinsetzen oder beliebig anbauen. Dann haben wir irgendwo ein Neubaugebiet und plötzlich einen Boom von Schülern und das Gebäude steht da."*

Sofern Schulraum vorhanden ist, wird ein Neu- oder Anbau nicht finanziert. Der Vertreter des Schulausschusses des Rates der Stadt Gelsenkirchen:

> *„Bedingt dadurch, daß im Laufe der Jahre festgestellt wurde, daß bestimmte Gymnasien entsprechend frequentiert wurden, und man auch mit Verschieben über Erst- und Zweitwunsch die Sache nicht geregelt bekam, hat man sich mittlerweile dazu entschlossen, an bestimmten Standorten noch für zwei Züge anzubauen."*

Durch das Umverteilungsverfahren läßt sich verhindern, daß einzelne Schulen, die z.B. in einer ansprechenden Wohngegend liegen, ihre Kapazität überschreiten und die anderen Schulen leer ausgehen. Es geht um eine Gleichverteilung. Die Zügigkeit jeder einzelnen Schule muß erst erfüllt sein, bevor wegen zu hoher Anmeldungen eine über die Zügigkeit hinausgehende Klasse an einer Schule aufgenommen werden darf. Das ist gerade auch im Hinblick auf die mangelnde Nachfrage nach Schulen in ungünstigerer Lage, die z.B. fußläufig nicht zu erreichen sind oder deren Umfeld unattraktiv ist, notwendig.

> *„Das Verhältnis des Schulträgers und der weiterführenden Schulen untereinander ist so, daß in der Vergangenheit versucht worden ist, das Problem der Gleichverteilung kollegial zu lösen. Hier kann man immer nur als Schulträger moderierend eingreifen. Wir können also*

sagen, daß sind unsere Interessen, aber aufnehmen müßt ihr. Ihr seid dazu verpflichtet, wir können euch dazu nicht zwingen."

Neben dem Umverteilungsverfahren als ein Regulativ versucht der Schulträger durch eine begrenzte Schülerfahrtkostenerstattung die Eltern dazu anzuhalten, die nächstgelegene Schule zu wählen. Auswärtige Schüler dürfen auch nur dann aufgenommen werden, wenn es keinen Bedarf für Schüler, die im Stadtgebiet wohnen, gibt und die Schulen freie Kapazitäten haben.

c. Schulaufsicht

Der Vertreter der Schulabteilung der Bezirksregierung Münster sieht einen *„heimlichen"* Wettbewerb um Schüler,

> *„denn mit wechselnden Schülerzahlen sind auch Versetzungen fällig. Und das wird in den meisten Fällen als unangenehm erlebt. Deswegen möchte man gerne den Bestand halten. Und mit dieser Auseinandersetzung im Bestand der Schülerzahlen gibt es dann Wettbewerbserscheinungen".*

Die Schulaufsicht sieht in diesem Wettbewerb um den numerischen Bestand einer Schule eher den Nachteil, daß eine sichere Personalplanung nicht möglich ist.

> *„Uns ist lieber, wir haben die Schulen einigermaßen gleichmäßig besetzt unter geordneter Ausnutzung der Raum- und Personalkapazität."*
>
> *„Wir haben insofern ein Interesse an einer gleichförmigen Auslastung der Kapazitäten, als wir immer darauf achten müssen, daß die Kursbildung fortlaufend geordnet laufen können. Daß Schulen plötzlich eine Taille kriegen, daß eine ordentliche Kursbildung im Differenzierungsbereich oder in der gymnasialen Oberstufe nicht möglich ist, geht auf Kosten der Schüler, die sich nur in einem sehr schmalen Jahrgang wiederfinden."*
>
> *„Die Werbeaktionen, die vor allen Dingen von Schulen geführt werden, die schmal zu werden drohen oder möglicherweise vor der Auflösung stehen, führen sehr häufig dazu, daß kleine Klassen gebildet werden müssen. Auch kleine Klassen müssen wir geordnet mit Lehrern versorgen. Da wir aber nicht mehr Lehrer haben als uns von den gesamten Schülern zur Verfügung stehen, hochgerechnet, bedeutet das, daß andere Schulen das tragen müssen, durch große Klassen. Für die ist es natürlich mißlich, wenn sie sehen müssen, daß die Innenstadtschulen von Münster zum Beispiel fein versorgt sind, und die an der*

Peripherie sind weniger gut versorgt.“

Die Schulaufsicht sähe gerne einen Wettbewerb auf der Ebene der differenzierten Angebote der Schulen, ohne daß ein Ranking über die beste Schule entscheidet. Es ist

> *„nicht ein Wettbewerb, der auf der Ebene läuft, daß nun mit vielen Versprechungen und schönen Reden Schüler bzw. Eltern rhetorisch verführt werden, ihre Kinder hier oder dort anzumelden“,*

sondern die Eltern sollen sich wegen des speziellen Profils für die Schule entscheiden. Angesichts der Pflicht zur Schulprogrammbildung wird von Seiten der Schulaufsicht die Hoffnung gehegt, daß die Schulen Profile anbieten und sich damit im Wettbewerb befinden. Andererseits wird auch die Gefahr gesehen, daß Schulen gerade wegen ihres ausgeprägten Profils die Anmeldezahlen nicht halten können.

d. Schulspezifische Faktoren

aa. Sponsoring

Sponsoring ist allgegenwärtig in den Schulen[603]. Der Sponsor ist längst im Schulalltag präsent. Die Schulen werden insbesondere im Computer- oder im Sportbereich mit Sachmitteln oder Geld durch Sponsoren unterstützt. Ihnen wird dann im Gegenzug die Möglichkeit eingeräumt, z.B. in der schulinternen Informationsschrift oder bei Schulveranstaltungen mit ihrem Logo zu erscheinen. Die Teilnahme an Qualitätswettbewerben oder die Aufnahme in staatliche Schulförderprogramme stellen aus der Sicht der Schulleiter eine günstige Ausgangsposition dar, um Sponsoren auf sich aufmerksam zu machen. Für die befragten Schulleiter sind die Grenzen des Sponsorings dann erreicht, wenn der kommerzielle Aspekt Überhand gewinnt und die Schulen auf Drittgelder angewiesen sind, um bestimmte Angebote überhaupt vorweisen zu können. Die Schulleiter lehnen Sponsoring ab, wenn es zu Ungleichheit kommt, und Schulen wegen ihres schlechten Standortes und sozialen Umfelds benachteiligt werden. Kritisch angemerkt wird, daß Schulen, die mit Firmen zusammenarbeiten, Schwierigkeiten haben werden, Distanz zu den Produkten zu wahren. Die Schulleiter in Münster schließen dies für ihre Schulen aus, vermuten dies aber an Orten, die nur eine Schule vorweisen können und hinter der ein größeres Unternehmen

603 Das Schulamt der Stadt Münster hat mittlerweile Rahmenbedingungen zum Sponsoring im Schulbereich erarbeitet (Stadt Münster, Schulamt, „Schulsponsoring“, Mai 2000). Mit dem Ziel, eine Beeinträchtigung der Chancengleichheit der städtischen Schulen zu vermeiden, wird über die Einführung von Modellen nachgedacht, bei denen ein bestimmter Teil der Sponsoringeinnahmen einem Ausgleichsfond zugeführt wird.

steht. Nach Vorstellung eines Schulleiters werden sich Schulen demnächst danach unterscheiden, wie sie trotz enger werdender finanzieller Vorgaben durch Anwerbung von Drittmitteln das Schulleben finanzieren können.

bb. Profil

Was den Unterrichtsbesuch und die Anforderungen an das Abitur anbetrifft, unterscheiden sich die Gymnasien zunächst nicht innerhalb der Schulform. Laut Äußerungen der Schulleiter bemühen sich die Schulen trotzdem um eine Akzentsetzung und Ausgestaltung ihres Profils. Begründet wird dies neben der auferlegten Schulprogrammpflicht mit dem Wettbewerb unter den Schulen.

> *„Die Schulen machen besondere Angebote, um eine besondere Klientel anzusprechen. Die Schulen versuchen, sich in irgendeiner Form besser darzustellen. Sie machen ein Angebot an Eltern, die dieses Angebot, wenn es geht, in Anspruch nehmen. Und insofern hat das mit Wettbewerb zu tun,"*

bestätigt ein Mitglied des Schulausschusses des Rates der Stadt Münster. Bilingualität ist einer dieser speziellen Akzente, wodurch Schulen den Eltern als potentielle Nachfrager dieses Angebots die Wahl ihrer Schule leichter machen und sich gegenüber den anderen Schulen einen Vorteil verschaffen[604]. Es wird in Münster wie auch in Gelsenkirchen verstärkt mit außerschulischen Organisationen wie z.B. Stiftung, Industrie, Universität, Fachhochschule und Musikschule, Sportverein etc. zusammengearbeitet, um trotz fehlender Lehrer ein breites pädagogisches Angebot zur Verfügung stellen zu können.

Vorteile gegenüber den anderen Schulen haben sich die Schulen geschaffen, die sich eine „Tradition", daß Schüler von bestimmten Grundschulen immer auf ihre Schule wechseln, erarbeitet haben. Dadurch ist ein regelmäßiger Zulauf gewährleistet. Inwieweit die Tatsache, daß einige Schulen in die Situation kommen, Schüler abzulehnen, damit zu tun hat, daß sie gute Arbeit leisten oder in ihrem faktischen Einzugsbereich einfach zu viele Schüler wohnen, konnte auch von den Schulleitern nicht eindeutig bestimmt werden.

Unterschiedlich sind auch die Meinungen zum Einfluß der Schulprogrammpflicht auf die Profilbildung. Das Schulprogramm wird von einigen Schulleitern eher als *„Imagefrage"* gesehen. Andere sehen das Schulprogramm nicht als Werbedarstellung nach außen, sondern eher als Selbstprüfung. Gemeinsame Planungen und kollegiale Beziehungen im Lehrerkollegium und zwi-

---

604 Einige Schulleiter meinen jedoch, daß das Profil eines Gymnasiums nicht so eng geführt werden kann, daß Eltern ihre Kinder deswegen dort hinschicken.

schen Schule und Administration sind insbesondere durch die Entwicklung der Schulprogramme in den Vordergrund getreten. Alle der in Münster und Gelsenkirchen befragten Schulleiter loben ihr engagiertes Lehrerkollegium und die angenehme und produktive Schulatmosphäre.

Der Gedanke des Corporate Identity spielt in den Schulen eine große Rolle. Sowohl im pädagogischen Bereich als auch im Auftreten nach außen wird Wert auf eine einheitliche Linie gelegt. Es wird versucht, unter den Lehrern einen Konsens bezüglich didaktisch-methodischer Fragen, in der ständigen Abstimmung des Unterrichts, besonders hinsichtlich curricularer Fragen, und in einer ständigen gemeinsamen Erörterung und Festlegung von übergreifenden Verhaltensregeln, wie etwa Regelungen bezüglich der Aufrechterhaltung von Disziplin oder Vereinbarungen über die Funktion, Art und Kontrolle von Hausaufgaben, herbeizuführen. Es wird gezielt an dem Aufbau eines Zusammengehörigkeitsgefühls der Schulmitglieder durch angemessenen Gebrauch von Zeremonien, Symbolen und Regeln gearbeitet. Gute Qualität wird als Aushängeschild gesehen und gepflegt. Die Öffentlichkeitsarbeit orientiert sich an den Bildungsansprüchen der potentiellen Nachfrager wie Eltern und Schüler.

e. Wettbewerbsbeschränkende Faktoren

aa. Kooperation

In der öffentlichen Verwaltung bedeutet Kooperation Hilfe gegenüber einer anderen Verwaltungseinheit oder gemeinsame Arbeit mehrerer Verwaltungen[605]. Sie entsteht nicht unbedingt durch eine spontane Einigung[606]. Kooperation ist vielmehr das Ergebnis von Anpassungsprozessen, durch die sich politische und administrative Institutionen auf Gegebenheiten einstellen, denen sie mit "traditionellen" Handlungsmodi nicht entsprechen können[607]. Durch Kooperation wird eine wirtschaftlichere Verwaltungsführung ermöglicht. Sie wird erst dann rechtlich bedenklich, wenn gesetzliche Zuständigkeiten beeinträchtigt werden, die Eigenverantwortung eines Gemeinwesens durch ein Zuviel an Kooperationsverpflichtungen leidet oder spezielle Vorschriften verletzt werden[608]. Kooperationen zwischen Schulen werden auch in den Schulgesetzen der Länder gebilligt und sogar nahegelegt[609]. In Nordrhein-Westfalen wird die Zusammenarbeit zwi-

---

605 *Günter Püttner*, Verwaltungslehre, 1989, S. 132.
606 *Arthur Benz*, Kooperative Verwaltung, 1994, S. 34f m.w.N..
607 *Arthur Benz*, Kooperative Verwaltung, 1994, S. 41 m.w.N..
608 *Günter Püttner*, Verwaltungslehre, 1989, S. 132.
609 §§ 9 IV, 20 BremSchulG, § 40 I MVSchulG, § 13 I RPSchulG, Art. 30 I 1, 2 BayEUG, § 5 NWSchVG. § 1 I NW Verordnung über die Zusammenarbeit von Schulen (Koope-

schen Schulen gleicher Schulform durch übereinstimmenden Beschluß der Schulkonferenz begründet, im Falle unterschiedlicher Schulformen bedarf der Beschluß der Zustimmung des Schulaufsichtsbehörde[610]. Die Zusammenarbeit soll vor allem durch das Angebot gemeinsamer Unterrichtsveranstaltungen für mehrere Schulen und durch den Austausch von Lehrern für Unterrichtsveranstaltungen gefördert werden[611]. Durch die Zusammenarbeit der Schulen soll insbesondere in der Oberstufe der Gymnasien und Gesamtschulen ein größtmögliches Wahlangebot an Grund- und Leistungskursen in allen Fächern gewährleistet werden[612]. Dies gilt insbesondere für kleine gymnasiale Oberstufen, an denen ökonomisch und pädagogisch tragfähige Lerngruppengrößen nicht mehr zustande kommen können[613].

Sowohl in Münster als auch in Gelsenkirchen bestehen Kooperationen zwischen den Schulen. Die Kooperationen ergeben sich häufig aus der nachbarschaftlichen Lage.

„Wir sind hier auch auf ein gutes Verhältnis angewiesen."

Der Vorteil einer Kooperation wird von dem Vertreter des Schulverwaltungsamtes Gelsenkirchen darin gesehen, daß durch die gemeinsame Gestaltung der Oberstufe die kooperierenden Schulen nicht mehr unbedingt auf hohe Schülerzahlen angewiesen sind. Die einzelne Schule hat ein größeres Angebot, bleibt aber ein kleiner Lernort. Die Kooperation wird als eine Form angesehen, um in der Oberstufe mehr Differenzierungsmöglichkeiten für Schüler zu schaffen. Einige Gymnasien sehen sich laut Äußerungen der Schulleiter eher gezwungen zu kooperieren, weil angesichts ihrer geringen Schülerzahl die Tragfähigkeit der Schule in Frage steht oder das Angebot in der Oberstufe zu schmal ausfällt. Andere Schulen versuchen so wenig wie möglich zu kooperieren, weil die

„Identifikation des Schülers mit der eigenen Schule nicht untergraben werden"

soll. So ist mit der Kooperation ein Mehr an Arbeit verbunden, denn die Stundenpläne und Termine wie Elternsprechtag und Wandertag müssen aufeinander

---

rationsverordnung – KVO) vom 24.3.1995: „Durch schulfachliche und organisatorische Zusammenarbeit sollen Schulen dazu beitragen, ein effektives Bildungs- und Abschlußangebot in allen Landesteilen zu sichern. Das Leistungsangebot der Schulen soll regional ausgewogen gestaltet und die Bildungsmöglichkeiten der Schülerinnen und Schüler sollen durch ein Angebot vielfältiger aufeinander abgestimmter Wahlmöglichkeiten verbessert ausgebaut werden".

610 § 3 I, II NWKVO.

611 § 5 NWSchVG, Art. 30 I 1, 2 BayEUG.

612 § 9 I NWKVO.

613 *Manfred Weiß*, Finanzierung und Ressourcensicherung im Bildungswesen, schulmanagement 6/1993, S. 34 (39).

abgestimmt werden. Die gemeinsame Arbeit in der Oberstufe wird dadurch erschwert, daß das Leistungsniveau der Schüler beim Übergang von der Klasse 10 zur Klasse 11 von Schule zu Schule unterschiedlich ist. Durch die Zusammenlegung der Oberstufe sehen einige Schulleiter ihre Schulen in ihrer Arbeit eher eingeengt und unbeweglich. Wenn ein Lehrer ausfällt, können keine Schulstunden verschoben werden.

Die Kooperationen unter den untersuchten Gymnasien dienen vorrangig der Gewährleistung einer breiten pädagogischen Ausbildung. Das steht aber überwiegend im Zusammenhang mit der geringen Auslastung der einzelnen Schule mangels hinreichender Schülerzahlen. Das bedeutet nicht zwangsläufig, daß mit einem kooperativen Zusammenschluß das Ziel verfolgt wird, durch eine gemeinsame Teilnahme am Wettbewerb den Marktanteil an Schülern zu vergrößern. Die Kooperation führt auch nicht dadurch zu einer Entschärfung des Wettbewerbsdrucks auf die einzelne Schule, daß sie sich der Schüler des Partners in der Oberstufe sicher sein können. Die Schulen legen Wert auf ihre eigene Identität. Jede Schule versucht eigenständig ein Angebot zu erstellen. Daß die Schule mit ihrer Kooperationsschule im Wettbewerb steht, wird jedoch mehrheitlich abgelehnt. So läßt es sich vielleicht erklären, daß die Schulleiter zweier kooperierender Gymnasien in Gelsenkirchen-Buer einen Wettbewerb untereinander verneinen.

bb. Absprachen

In Münster und in Gelsenkirchen beschränken sich die Kontakte zu den anderen Schulen im Umfeld weitgehend, sofern es nicht Kooperationsschulen sind, auf informelle Kontakte und die notwendige Zusammenarbeit bei dienstlichen Formalitäten. Die informellen Kontakte ergeben sich entweder über private Beziehungen oder aufgrund der gemeinsamen Zugehörigkeit zu Verbänden oder Gewerkschaften.

Unter den Gymnasien in Münster existieren Absprachen über das Verhalten während der Anmeldezeit der Grundschüler und der Informationsveranstaltungen. Teilweise sind diese Absprachen mit dem Schulträger abgestimmt[614]. Es darf während der Informationsveranstaltung zu keiner Unterrichtsvorführung und zu keiner Werbeveranstaltung kommen. Beköstigungen, Sachgeschenke für Kinder oder Grundschulen, die auf eine bestimmte weiterführende Schule hinweisen, oder Verlosungen sind ausgeschlossen. Auch dürfen die Gymnasien keine Werbung an Grundschulen betreiben, denn das benachteiligt die anderen

---

614 Siehe S. 128 f.

Gymnasien, die auch als aufnehmende Schulen in Frage kommen. Bei der Gestaltung der Informationsveranstaltungen gibt es vereinzelt Schulen, die ausscheren und z.B. zwischen den Sommerferien und der Anmeldewoche Grundschulen einladen, sich den Schulbetrieb anzuschauen.

Es stellt sich die Frage, welche Wirkungen diese Absprachen auf das Wettbewerbsverhältnis der Schulen untereinander haben. Die Gymnasien in Münster sind annähernd gleichgroße Bildungsanbieter im Gemeindegebiet. Es besteht eine gewisse Reaktionsverbundenheit der Gymnasien, die sich insbesondere aus dem engen rechtlichen Rahmen, dem die Schulen unterliegen, ergibt. Veränderungen im Bildungsangebot oder der Außendarstellung einer Schule können sich auf das Nachfrageverhalten und bei den anderen Schulen in Form von geringeren Anmeldezahlen spürbar auswirken. Die Beziehung der Gymnasien untereinander läßt Verhaltensweisen, die auf einem oligopolistisch strukturierten Markt zu finden sind, erkennen[615]. Die Gymnasien müssen nicht nur die Aktionen und Reaktionen der Eltern und Schüler als Nachfrager berücksichtigen, sondern auch diejenigen der anderen Schulen als Wettbewerber. Die Schulen registrieren die Entwicklung der Schülerzahlen, die Veränderung des Schulwahlverhaltens und die Angebote der anderen Gymnasien. Je größer das gemeinsame Wissen der Oligopolisten über die Marktzusammenhänge ist, umso häufiger beobachtet man auf diesen Märkten das Streben nach gemeinsamer Gewinnmaximierung. Die Strategien der Oligopolisten richten sich dann oft auf das Ziel der Erhaltung der Marktanteile[616]. Die Gymnasien in Münster haben sich mit den Rahmenbedingungen über das Verhalten bzw. die Ausgrenzung spezifischer Verhaltensweisen während der Anmeldezeit verständigt. Sie haben unter dem Gesichtspunkt der Schaffung einer Interessenharmonie gewisse Spielregeln bestimmt, die darauf hinauslaufen, die Anwendung effektvoller Wettbewerbsmittel und dadurch bedingte Schwankungen der Anmeldezahlen, die für die betroffenen Schulen finanzielle und personelle Einbußen bedeuten können, zu verhindern.

2. Ausblick

Die vorliegende Untersuchung erfaßt explorativ den Prozeß des Wettbewerbs zwischen Schulen. Die Wirkungsweise des Wettbewerbs hängt von zahlreichen Umständen ab, wie etwa den schulrechtlichen Rahmenbedingungen, unter denen die einzelnen Schulen handeln, den Handlungszielen und –willen der Schulen oder den von dem Schulträger und der Schulaufsicht aufgestellten Regeln oder

615 Siehe S. 81 ff.

616 *Hans-Lothar Fischer*, Oligopoltheoretische Erklärungsansätze für das Verhalten staatlicher Bürokratien, Verwaltungsarchiv 1987, S. 161 (170).

bildungspolitischen Maßnahmen. Aussagen darüber, unter welchen Bedingungen Wettbewerb als Steuerungsinstrument im Schulwesen effizient[617] ist oder qualitätssteigernd eingesetzt werden kann, sollen und können mit dieser Untersuchung nicht gemacht werden. Derartige Aussagen verlangen eine Stabilität von Untersuchungsergebnissen, die zu unterschiedlichen historischen Zeitpunkten gewonnen sind, das Auftauchen derselben Ergebnisse in mehreren Erhebungen mit unterschiedlichen Varianten und die Abgrenzung von Unterschieden zwischen einzelnen Schulen und ihrer Schülerschaft, Lehrerschaft und Elternschaft. Deskriptiv dargestellte Ergebnisse, die wie in der vorliegenden Untersuchung einen subjektiven Kern haben, können dies nicht leisten. Diese Untersuchung zeigt Trends auf, die aufgegriffen werden können, um in Hypothesen künftiger Forschungsarbeiten Eingang zu finden.

Gegenstand der Untersuchung waren die Gymnasien in Münster und in Gelsenkirchen. Die Ergebnisse dieser Untersuchung mit anderen Städten in Nordrhein-Westfalen bzw. im Bundesgebiet zu vergleichen, bietet sich daher an.

Daß die herausgearbeiteten Erkenntnisse zur Frage des Bestehens eines Wettbewerbs zwischen Schulen auch für andere Schulformen und gerade auch im Verhältnis der Schulformen untereinander Anwendung finden könnten, zeigen die Äußerungen der Vertreter der Schulaufsicht und des Schulträgers. Obwohl die Aufnahme in Grundschulen formell an Schulbezirke gebunden ist, führt der ausgeprägte Bekenntnischarakter zahlreicher Grundschulen mit einer zunehmenden Liberalisierung der Aufnahmebedingungen zur faktischen Wahlmöglichkeit der Eltern. Insbesondere in Wohnbereichen mit höherem Ausländeranteil versuchen die Eltern die ihnen in diesem Bezirk zugewiesene Grundschule durch Anwahl einer konfessionellen Grundschule zu vermeiden. Der Schulträger hat keine regulierende Handhabe, um von sich aus die Schulart von Grundschulen zu verändern. Dies kann nur auf Initiative der Grundschulen selbst geschehen oder aber durch eine Schulzusammenlegung, so daß die Schulart der neu gebildeten Schule automatisch eine Gemeinschaftsgrundschule wird[618].

Im berufsbildenden Bereich finden sich ebenfalls laut Äußerung des Vertreters der Schulabteilung der Bezirksregierung Münster Anhaltspunkte für die Existenz von Wettbewerb. Die ausbildenden Betriebe haben ein Interesse daran,

617 *Birgitta Wolff*, Organisationsökonomik, in: Wilhelm Korff (Hrsg.), Handbuch der Wirtschaftsethik, 1999, S. 111 (129): „Effizient ist ein Arrangement oder Konstrukt, wenn es keine realisierbare Alternative gibt, die die Betroffenen nach ihren jeweiligen Zielen bevorzugen würden.".

618 Laut Äußerungen des Vertreters des Schulamtes der Stadt Münster. Ebenso in *Stadt Münster*, Schule in der Stadt, 1994, S. 109.

daß die Auszubildenden an den Berufsschultagen keine weiten Anreisewege zu den Berufsschulen haben. Gewünscht wird daher, daß wenigstens in der Kreisstadt das entsprechende Angebot vorhanden ist. Da aus der Sicht der Bezirksregierung Münster eine Klassenbildung angesichts der geringen Schülerzahl in der Regel unvertretbar ist, besteht die Notwendigkeit, über den oder die Kreise hinaus Berufsschulklassen zu bilden. Diese Bildungsgänge finden daher häufig in großen Städten wie zum Beispiel Münster statt. Die Kreise fühlen sich benachteiligt.

> *„Politiker versuchen darauf Einfluß zu nehmen, daß die Angebote in der Nähe des Ausbildungsortes bleiben. Sie reißen sich untereinander darum, wer den Zuschlag kriegt, um die Bedingungen für die Auszubildenden zu erleichtern, auch anders ausgedrückt, um sie mehr im Betrieb zu haben. Wenn die Betriebe sehen, daß die Auszubildenden sehr weit zu fahren haben, dann überlegen sie sich, ob sie überhaupt ausbilden. Das Land hat aber das Interesse, Ausbildungsplätze zu schaffen, und dann bekommen wir es auf dieser Ebene leicht mit der Politik zu tun."*[619]

619 Laut Äußerungen des Vertreters der Schulabteilung der Bezirksregierung Münster.

G. Schluß

Die Untersuchung hat gezeigt, daß zwischen Schulen gleicher Schulform Wettbewerb besteht. Die Ergebnisse der empirischen Studie bieten eine geeignete Ausgangsbasis für eine Diskussion über das Phänomen Wettbewerb zwischen Schulen und die Frage eines Wettbewerbs innerhalb der öffentlichen Verwaltung.

Die hier vorgestellte Verwaltungswirklichkeit in Form eines Wettbewerbs zwischen Schulen hat sich ohne eine Beeinträchtigung der verwaltungsrechtlichen Regelungen und Grundsätze entwickelt. Der Wettbewerb zwischen Schulen kann im staatlich-administrativen Schulwesen entstehen. Er muß weder angeordnet, konstruiert oder institutionalisiert werden noch ist eine Einführung der Marktsteuerung mit vollständig privatisiertem Bildungsangebot notwendig.

Obwohl öffentliche Schulen engen rechtlichen Regelungen unterliegen sowie von der Schulaufsicht und dem Schulträger kontrolliert werden, verbleiben noch Freiräume, in denen Wettbewerb entstehen kann. Die in Art. 6 Abs. 2 S. 1 GG gewährleistete elterliche Schulwahlfreiheit und insbesondere die schulverwaltungsrechtlichen Regelungen, die durch die Nichtfestlegung von Schulbezirken für bestimmte Schulen eine freie Wahl der Einzelschule durch die Eltern ermöglichen, bieten die Grundvoraussetzungen. Die Freiräume müssen jedoch auch von den Schulen und den Eltern genutzt werden.

Unterschiedliche Faktoren können Einfluß auf die Intensität des Wettbewerbs zwischen den Schulen haben. Sind die Schülerzahlen hoch, wird seitens der Schulen nicht unbedingt eine Notwendigkeit gesehen, sich wettbewerblich zu verhalten, da die Auslastung der Schule gesichert ist. Muß sich eine Schule angesichts ihrer geographischen Lage mit anderen Schulen gleicher Schulform ein Kontingent an Schülern teilen, sind pädagogische Anstrengungen und nachfrageorientierte Außendarstellung erforderlich, um die Schülerklientel halten oder aus dem Umfeld Schüler gewinnen zu können.

Der Wettbewerb ist nicht unbedingt ein initiierter oder gewollter, aber ein von den Schulträgern und der Schulaufsicht kontrollierbarer Wettbewerb. Als Steuerungsmittel besonders des Schulträgers kommen in Betracht die Begrenzung der Aufnahmekapazität der Schulen mittels der Festlegung der Zügigkeit oder die Einrichtung von Einzugsbereichen für die weiterführenden Schulen.

Der Wettbewerb sorgt dafür, daß die Zielgruppen des Schulwesens, nämlich die Schüler und Eltern, im Mittelpunkt stehen. Ihre Vorstellungen und Forderungen können in einem nicht unbedeutenden Maße Einfluß auf das Bildungsangebot der Schulen haben. Die Schulen betrachten den Wettbewerb und seine Wirkungen als Anlaß zur internen Evaluation. Sofern sich Schulen dem Wettbewerb stellen, nutzen sie die Freiräume, die Vorgaben und Vorschriften lassen, extensiv, um mittels pädagogischer Innovationen unter Berücksichtigung der Interessen der Eltern ihre Position sichern oder ggf. verbessern zu können.

Der Wettbewerb veranlaßt die Schulen, flexibel zu bleiben sowie Innovationen und technischen Fortschritt zuzulassen. Sie bemühen sich um einen wirtschaftlicheren Einsatz ihrer Leistungsmittel, um z.B. freiwerdende Ressourcen in anderen Bereichen einsetzen zu können. Inwieweit der Wettbewerb zu einer pädagogischen und finanziellen Leistungssteigerung der einzelnen Bildungsinstitution beiträgt und unter bildungsökonomischen Gesichtspunkten Vorteile bringt, sind weitere Untersuchungsfelder.

Das Ministerium für Schule und Weiterbildung, Wissenschaft und Forschung des Landes Nordrhein-Westfalen unterstützt, wenn auch nicht unter dem Vorzeichen eines Wettbewerbs, die Selbstverantwortung der Schulen durch die Flexibilisierung der Personalbeschaffung (z.B. „Geld statt Stellen"-Programm), Befürwortung des Sponsorings oder durch die Verstärkung der Möglichkeit eigenverantwortlicher Gestaltung von Unterricht und Schulleben durch das Schulprogramm. Den Schulen werden Freiräume eröffnet, aber immer unter dem Vorbehalt, daß sich die Schulen nicht außerhalb des Pflichtrahmens des öffentlich verantworteten Bildungssystems bewegen. Es ist aber zu vermuten, daß auch diese Freiräume ausreichend sind, einen Wettbewerb zwischen Lehrern um Stellen an begehrten Schulen oder zwischen Schulen um Lehrer, die eine Bereicherung für das Schulprofil bedeuten, oder um Sponsoren entstehen zu lassen.

Anhang

Interviewleitfaden für die städtischen Gymnasien

1. Seit wann sind Sie an dieser Schule Schulleiter/in?
2. Beschreiben Sie mir bitte kurz Ihren Aufgaben- und Verantwortungsbereich? Wie definieren Sie Ihre Position als Schulleiter/in, insbesondere im Hinblick auf Ihre Arbeit nach „außen“?
3. Bei der Ausführung Ihrer Tätigkeit, inwieweit haben Sie Möglichkeiten/Freiheiten, diese Schule zu gestalten, insbesondere im inhaltlichen und sächlichen Sinne?
4. Was waren die zuletzt durchgeführten Neuerungen an Ihrer Schule?
5. Wie kam es zu diesen Neuerungen?
6. Warum wurden diese Neuerungen eingeführt? Was wurde davon für Ihre Schule erwartet? Ein größeres Interesse für Ihre Schule, mehr Anmeldungen, höhere Nachfrage?
7. Inwieweit werden Vorstellungen der Eltern außerhalb der normalen Mitwirkungsrechte der Eltern in die Arbeit der Schule einbezogen? Warum?
8. Was ist das Besondere an Ihrer Schule? Welche Schwerpunkte hat sie? Was zeichnet Ihre Schule gegenüber den anderen Gymnasien in Münster/Gelsenkirchen aus?
9. Warum gibt es diese Schwerpunktsetzung/Schulprofil an Ihrer Schule, und wie kam es dazu?
10. Was wird damit bezweckt? Ist der Sinn einer Schwerpunktsetzung/eines Schulprofils, sich von anderen Schulen abzugrenzen, Vorteile zu haben, Nischen zu schaffen?
11. Welches Image/Bild hat Ihre Schule in der Öffentlichkeit?
12. Welche Maßnahmen ergreifen Sie oder Schulangehörige, um das Image/Bild Ihrer Schule in der Öffentlichkeit zu verbessern oder einzuprägen und warum?
13. Wird darauf geachtet, wie sich die anderen Gymnasien in Münster/Gelsenkirchen darstellen und auf sich aufmerksam machen?
14. Versuchen Sie, diese Erkenntnisse über die anderen Gymnasien in Münster/Gelsenkirchen auch an Ihrer Schule zu verwirklichen?
15. Denken Sie, daß die anderen Gymnasien in Münster/Gelsenkirchen ebenso mit den Erkenntnissen über Ihre Schule verfahren?

16. Wie machen Sie den Eltern bzw. Kindern die Qualität oder die Vorteile Ihrer Schule im Vergleich zu den anderen Gymnasien in Münster/Gelsenkirchen deutlich?
17. Was sind Ihrer Erfahrung bzw. Ihrer Meinung nach die entscheidenden Kriterien und Motive, daß Eltern bzw. Kinder unter den Gymnasien in Münster/Gelsenkirchen Ihre Schule aussuchen?
18. Welche Faktoren mögen eine Rolle spielen, daß Eltern ihre Kinder nicht an Ihrer Schule, sondern an einem anderen Gymnasium anmelden?
19. Wie wird damit an Ihrer Schule umgegangen, bzw. wann würde man etwas ändern oder versuchen, dem entgegenzuwirken?
20. Inwieweit nehmen die Eltern Ihrer Meinung nach überhaupt die Möglichkeit wahr, zwischen den verschiedenen Gymnasien in Münster/Gelsenkirchen zu wählen?
21. Befürworten Sie die Wahlmöglichkeit der Eltern? Können Sie dies begründen?
22. Macht dies die Schulen leistungsfähiger?
23. Welche Vorteile ergeben sich durch die Wahlmöglichkeit der Eltern für Ihre Schule?
24. Welche Nachteile bringt sie Ihrer Meinung nach?
25. Nehmen Sie an, Ihre Schule hat für ein Schuljahr zu viele Anmeldungen für die Klasse 5. Wie ist das Verfahren der Verteilung von Schulplätzen, wenn nicht alle Wahlwünsche der Eltern bzw. Kinder befriedigt werden können?
26. Nehmen Sie an, Ihre Schule hat für ein Schuljahr zu wenig Anmeldungen für die Klasse 5. Wie erklären Sie sich diese Tatsache, und was würde Ihre Schule im kommenden Schuljahr ändern?
27. Würden Sie sagen, daß unter den Gymnasien in Münster/Gelsenkirchen Wettbewerb herrscht?
28. Worum geht es in diesem Wettbewerb?
29. Warum gibt es diesen Wettbewerb? Was ist der Anreiz?
30. Wie äußert sich der Wettbewerb?
31. Mit welcher Schule steht Ihre Schule im Wettbewerb?

Interviewleitfaden für die privaten Gymnasien in Münster

1. Seit wann sind Sie an dieser Schule Schulleiter?
2. Beschreiben Sie mir bitte kurz Ihren Aufgaben- und Verantwortungsbereich? Wie definieren Sie Ihre Position als Schulleiter, insbesondere im Hinblick auf Ihre Arbeit nach „außen“?
3. Bei der Ausführung Ihrer Tätigkeit, inwieweit haben Sie Möglichkeiten/ Freiheiten, diese Schule zu gestalten, insbesondere im inhaltlichen und sächlichen Sinne? Wo sehen Sie Vorteile Ihrer Schule im Vergleich zu den städtischen Gymnasien?
4. Was waren die zuletzt durchgeführten Neuerungen an der Schule?
5. Wie kam es zu diesen Neuerungen?
6. Warum wurden diese Neuerungen eingeführt? Was wurde davon für Ihre Schule erwartet? Ein größeres Interesse für Ihre Schule, mehr Anmeldungen, höhere Nachfrage?
7. Inwieweit werden die Vorstellungen der Eltern außerhalb der normalen Mitwirkungsrechte der Eltern in die Arbeit der Schule einbezogen? Warum?
8. Was ist das Besondere an Ihrer Schule? Welche Schwerpunkte hat sie? Was zeichnet Ihre Schule gegenüber den anderen Gymnasien in Münster aus, abgesehen davon, daß es eine private Schule ist?
9. Wie sehen Sie die Position Ihrer Schule als private Schule in der gymnasialen Schullandschaft in Münster?
10. Füllt Ihre Schule eine Nische aus?
11. Welches Image/Bild hat Ihre Schule in der Öffentlichkeit?
12. Welche Maßnahmen ergreifen Sie oder Schulangehörige, um das Image/Bild Ihrer Schule in der Öffentlichkeit zu verbessern oder einzuprägen und warum?
13. Wird darauf geachtet, wie die anderen Gymnasien - sowohl die öffentlichen als auch die privaten - sich darstellen und auf sich aufmerksam machen?
14. Versuchen Sie, diese Erkenntnisse über die anderen Gymnasien in Münster auch an Ihrer Schule zu verwirklichen?
15. Denken Sie, daß die anderen Gymnasien in Münster ebenso mit den Erkenntnissen über Ihre Schule verfahren?
16. Wie machen Sie den Eltern bzw. Kindern die Qualität oder Vorteile Ihrer Schule im Vergleich zu den anderen Gymnasien deutlich?
17. Was sind Ihrer Erfahrung bzw. Ihrer Meinung nach die entscheidenden Kriterien und Motive, daß Eltern bzw. Kinder unter den Gymnasien in Münster Ihre Schule aussuchen?

18. Welche Faktoren mögen eine Rolle spielen, daß Eltern ihre Kinder nicht an Ihrer Schule, sondern an einem anderen Gymnasium anmelden?
19. Wie wird damit an Ihrer Schule umgegangen, bzw. wann würde man etwas ändern oder versuchen, dem entgegenzuwirken?
20. Ist den Eltern wichtig, daß es sich um eine „private" Schule handelt, oder sehen sie Ihre Schule als Angebot neben den anderen Gymnasien in Münster?
21. Ergeben sich für Ihre Schule Vorteile dadurch, daß die Eltern bzw. Schüler zwischen den städtischen Gymnasien wählen können? Welche?
22. Welche Nachteile bringt diese Wahlmöglichkeit für Ihre Schule?
23. Nehmen Sie an, Ihre Schule hat für ein Schuljahr zu viele Anmeldungen für die Klasse 5. Wie ist das Verfahren der Verteilung von Schulplätzen, wenn nicht alle Wahlwünsche der Eltern bzw. Kinder befriedigt werden können?
24. Nehmen Sie an, Ihre Schule hat für ein Schuljahr zu wenig Anmeldungen für die Klasse 5. Wie erklären Sie sich diese Tatsache, und was würde Ihre Schule im kommenden Schuljahr ändern?
25. Würden Sie sagen, daß unter den Gymnasien in Münster Wettbewerb herrscht?
26. Ist Ihre Schule an dem Wettbewerb beteiligt, und wenn ja, wie?
27. Sehen Sie für Ihre Schule als private Schule einen Vorteil oder Nachteil im Wettbewerb?
28. Worum geht es in diesem Wettbewerb?
29. Warum gibt es den Wettbewerb? Was ist der Anreiz?
30. Wie äußert sich der Wettbewerb?
31. Mit welcher Schule steht Ihre Schule im Wettbewerb?

Leitfaden für die Interviews mit einem Vertreter des Schulamtes und einem Vertreter des Schulausschusses des Rates der Stadt Münster

1. Was spricht gegen die Einrichtung von Schuleinzugsbereichen für die weiterführenden Schulen in Münster?
2. Wer ist dagegen?
3. Welche Vorteile hat die Schulwahlfreiheit der Eltern bzw. Schüler für die städtischen weiterführenden Schulen, insbesondere die Gymnasien?
4. Hat die Schulwahlfreiheit auch Nachteile für die Schullandschaft in Münster?
5. Warum wurde trotz eines Schülerrückgangs Ende der 80er Jahre auf die Bildung von Schuleinzugsbereichen verzichtet?
6. Führt die Schulwahlfreiheit zu einem Wettbewerb zwischen den Schulen, insbesondere zwischen den Gymnasien?
7. Wodurch entsteht dieser Wettbewerb?
8. Worum geht es in diesem Wettbewerb?
9. Wie gestaltet sich dieser Wettbewerb?
10. Welche Vorteile hat der Wettbewerb?
11. Denken Sie, daß die Gymnasien durch den Wettbewerb leistungsfähiger werden und ihre Qualität steigern?
12. Welche Nachteile hat der Wettbewerb?
13. Was wird mit der Festlegung der Aufnahmekapazität der weiterführenden Schulen auf eine Vierzügigkeit bezweckt?
14. Wann wird eine Notwendigkeit gesehen, in den Wettbewerb einzugreifen?
15. Welche Mittel werden dafür verwendet?
16. Hat der Wettbewerb die Profilbildung der weiterführenden Schulen, insbesondere der Gymnasien, gefördert?
17. Wie sollen und dürfen die Informationsveranstaltungen ablaufen?
18. Wie wird mit Kontakten der Gymnasien zu den Grundschulen umgegangen?
19. Wie wird mit einer „Werbung" der Schulen in eigener Sache umgegangen? Gibt es festgelegte Grenzen? Welche Vereinbarungen gibt es mit den Schulleitern oder unter den Schulleitern der weiterführenden Schulen?
20. Wo ist die Grenze beim Sponsoring?

Leitfaden für die Interviews mit einem Vertreter des Schulverwaltungsamtes und einem Vertreter des Schulausschusses des Rates der Stadt Gelsenkirchen

1. Was spricht gegen die Einrichtung von Schuleinzugsbereichen für die weiterführenden Schulen in Gelsenkirchen?
2. Wer ist dagegen?
3. Welche Vorteile hat die Schulwahlfreiheit der Eltern bzw. Schüler für die städtischen weiterführenden Schulen, insbesondere die Gymnasien?
4. Hat die Schulwahlfreiheit auch Nachteile für die Schullandschaft in Gelsenkirchen?
5. Wenn die Eltern bei einer Schule, die 3,5 km entfernt und nicht die nächstgelegene Schule ist, die Fahrkosten selbst zahlen müssen, ist dann noch die Schulwahlfreiheit gewährleistet? Führt das nicht zu Ungleichheit unter den Eltern?
6. Warum wurde trotz eines Schülerrückgangs in den 80er Jahre auf die Bildung von Schuleinzugsbereichen verzichtet?
7. Führt die Schulwahlfreiheit zu Wettbewerb zwischen den Schulen, insbesondere zwiwchen den Gymnasien?
8. Wodurch entsteht dieser Wettbewerb?
9. Worum geht es in diesem Wettbewerb?
10. Wie gestaltet sich dieser Wettbewerb?
11. Welche Vorteile hat der Wettbewerb?
12. Hat der Wettbewerb die Profilbildung der weiterführenden Schulen, insbesondere der Gymnasien, gefördert?
13. Denken Sie, daß die weiterführenden Schulen durch den Wettbewerb leistungsfähiger werden und ihre Qualität steigern?
14. Welche Nachteile hat der Wettbewerb?
15. Wann wird eine Notwendigkeit gesehen, in den Wettbewerb einzugreifen und wie?
16. Welche Mittel werden dafür verwendet?
17. Wann wurde das Umverteilungsverfahren eingeführt und warum?
18. Worin sehen Sie die Vorteile dieses Umverteilungsverfahrens?
19. Gibt es auch Nachteile?
20. Wie sollen und dürfen die Informationsveranstaltungen ablaufen?
21. Wie wird mit Kontakten der Gymnasien zu den Grundschulen umgegangen?

22. Wie wird mit einer „Werbung“ der Schulen in eigener Sache umgegangen? Gibt es festgelegte Grenzen? Welche Vereinbarungen gibt es mit den Schulleitern oder unter den Schulleitern der weiterführenden Schulen?
23. Wo ist die Grenze beim Sponsoring?

Leitfaden für das Interview mit einem Vertreter der Schulabteilung der Bezirksregierung Münster

1. Herrscht unter den weiterführenden Schulen, insbesondere den Gymnasien in Münster und in Gelsenkirchen Wettbewerb?
2. Wodurch entsteht dieser Wettbewerb?
3. Was ist Gegenstand dieses Wettbewerbs?
4. Wie gestaltet sich dieser Wettbewerb?
5. Wird der Wettbewerb von der Schulaufsicht begrüßt?
6. Welche Vorteile hat der Wettbewerb?
7. Denken Sie, daß die weiterführenden Schulen durch den Wettbewerb leistungsfähiger werden und ihre Qualität steigern?
8. Hat der Wettbewerb die Profilbildung der weiterführenden Schulen, insbesondere der Gymnasien, gefördert?
9. Welche Nachteile hat der Wettbewerb?
10. Inwieweit hat die Bezirksregierung Einfluß auf den Wettbewerb zwischen Schulen?

Schülerzahlen der 5. Klassen der städtischen Gymnasien in Münster (Amtliche Schulstatistik, Stand: 15.10. des jeweiligen Schuljahres)
Quelle: Schulamt der Stadt Münster

	1988/89	1989/90	1990/91	1991/92	1992/93	1993/94	1994/95	1995/96	1996/97	1997/98	1998/99	1999/00	2000/01
Annette-von-Droste-Hülshoff-Gymnasium	105	106	112	112	118	109	107	110	118	121	124	122	
Freiherr-vom-Stein-Gymnasium	63	56	74	82	89	51	80	86	85	93	63	101	
Geschwister-Scholl-Gymnasium	61	77	73	76	81	70	100	83	87	93	96	111	
Gymnasium Paulinum	75	72	88	49	70	68	43	67	56	76	97	72	
Gymnasium Wolbeck	106	113	119	114	120	95	97	107	120	123	115	116	
Immanual-Kant-Gymnasium	95	107	97	102	120	100	95	84	106	84	121	111	
Johann-Conrad-Schlaun-Gymnasium	99	86	69	74	96	83	58	51	48	55	113	75	
Pascal-Gymnasium	44	41	39	49	72	74	80	62	85	114	114	125	
Ratsgymnasium	76	72	106	98	114	72	81	82	74	88	64	56	
Schillergymnasium	76	63	87	53	44	90	95	99	70	71	46	75	
Wilhelm-Hittorf-Gymnasium	105	116	117	112	117	106	120	121	120	104	115	113	
insgesamt	905	909	981	921	1041	918	956	952	969	1022	1068	1076	

Schülerzahlen der 5. Klassen der privaten Gymnasien in Münster (Amtliche Schulstatistik, Stand: 15.10. des jeweiligen Schuljahres), Quelle: Schulamt der Stadt Münster

	1988/89	1989/90	1990/91	1991/92	1992/93	1993/94	1994/95	1995/96	1996/97	1997/98	1998/99	1999/00	2000/01
Kardinal-von-Galen-Gymnasium	83	75	94	102	111	111	93	107	109	124	91	122	
Marienschule	59	70	85	75	58	68	69	92	85	69	61	92	
Gymnasium St. Mauritz-	112	97	113	125	113	129	83	123	93	123	86	88	
insgesamt	254	242	292	302	282	308	245	322	287	316	238	302	

Anmelde- und Schülerzahlen der 5. Klassen der Gymnasien in Münster insgesamt und Bildungsbeteiligungsquote der Gymnasien, Quelle: Schulamt der Stadt Münster

	1988/89	1989/90	1990/91	1991/92	1992/93	1993/94	1994/95	1995/96	1996/97	1997/98	1998/99	1999/00	2000/01
Anmeldezahlen, Stand: Februar des jeweiligen Jahres	1153	1142	1272	1212	1314	1220	1188	1272	1250	1328	1297	1364	1393
Anmeldungen auswärtiger Schüler, Stand: Februar des jeweiligen Jahres	263	239	217	242	236	226	191	238	198	228	210	253	254
Schülerzahlen, Stand: 15.10. des jeweiligen Jahres	1159	1151	1273	1223	1323	1226	1201	1274	1256	1338	1306	1378	
Bildungsbeteiligungsquote in Prozent	52,5	54,4	49,8	52,8	49,6	48,2	49,4	50,6	50,6	48,7	46,8	45,8	47,8

Erstwünsche (bezüglich Wechsel zu den 5. Klassen) vor Umverteilung je Gymnasium in Gelsenkirchen (einschließlich auswärtiger Einpendler),
Stand: Monat März des jeweiligen Jahres
Quelle: Schulverwaltungsamt der Stadt Gelsenkirchen

	1988/89	1989/90	1990/91	1991/92	1992/93	1993/94	1994/95	1995/96	1996/97	1997/98	1998/99	1999/00	2000/01
Annette-von-Droste-Hülshoff-Gymnasium	103	102	108	102	114	131	113	141	139	134	124	85	99
Max-Planck-Gymnasium	90	124	136	120	129	122	134	120	104	130	119	168	130
Leibniz-Gymnasium	145	114	150	178	151	171	156	177	146	210	182	161	155
Grillo-Gymnasium	48	53	80	83	109	137	105	89	54	83	86	75	73
Ricarda-Huch-Gymnasium	145	158	103	108	96	102	111	154	177	145	147	151	148
Carl-Friedrich-Gauß-Gymnasium	111	90	100	104	69	98	77	59	85	100	99	102	143
Schalker-Gymnasium	65	101	101	97	108	90	85	109	119	101	97	138	86
insgesamt	707	742	778	792	776	851	781	849	824	903	854	880	834

Schülerzahlen der 5. Klassen der Gymnasien zu Beginn des Schuljahres in Gelsenkirchen insgesamt und Bildungsbeteiligungsquoten der Gymnasien
Quelle: Schulverwaltungsamt der Stadt Gelsenkirchen

	1988/89	1989/90	1990/91	1991/92	1992/93	1993/94	1994/95	1995/96	1996/97	1997/98	1998/99	1999/00	2000/01
insgesamt	714	759	775	806	768	835	779	855	812	844	825	863	
Bildungsbeteiligungsquote der Gymnasien in Prozent	28,7	30,9	30,3	29,8	29,5	30,4	28,7	31,7	29,8	29,3	29,6	30,4	

Abbildungsverzeichnis

Abkürzungsverzeichnis

a.A.	andere Ansicht
Abl.	Amtsblatt
Abs.	Absatz
Abschn.	Abschnitt
Allg.	Allgemeines
Art.	Artikel
ASchO	Allgemeine Schulordnung
Bay	Bayern
Bbg	Brandenburg
Bd.	Band
BGBl.	Bundesgesetzblatt
Beschl.	Beschluß
BGH	Bundesgerichtshof
BGHZ	Entscheidungen des Bundesgerichtshofes in Zivilsachen
BVerfG	Bundesverfassungsgericht
BVerfGE	Entscheidungen des Bundesverfassungsgerichts
Brem	Bremen
BVerwG	Bundesverwaltungsgericht
BVerwGE	Entscheidungen des Bundesverwaltungsgerichts
BW	Baden-Württemberg
bzw.	beziehungsweise
DÖV	Die Öffentliche Verwaltung
Drks.	Drucksachen
DVBl.	Deutsches Verwaltungsblatt
EFG	Ersatzschulfinanzgesetz
Entsch.	Entscheidung
EUG	Gesetz über das Erziehungs- und Unterrichtswesen
gem.	gemäß
GemHVO	Gemeindehaushaltsverordnung
GABl.	Gemeinsames Amtsblatt
GG	Grundgesetz
ggf.	gegebenenfalls
GO	Gemeindeordnung
GVBl.	Gesetz- und Verordnungsblatt

H	Hessen
Hmb	Hamburg
Hrsg.	Herausgeber
Jahrg.	Jahrgang
km	Kilometer
KVO	Kooperationsverordnung
LKV	Landes- und Kommunalverwaltung (Zeitschrift)
min	Minuten
MV	Mecklenburg-Vorpommern
m.w.N.	mit weiteren Nachweisen
Nds	Niedersachsen
NJW	Neue Juristische Wochenschrift
Nr.	Nummer
NRW/NW	Nordrhein-Westfalen
NVwZ	Neue Zeitschrift für Verwaltungsrecht
ORDO	Jahrbuch für die Ordnung von Wirtschaft und Gesellschaft
PSchulG	Privatschulgesetz
RdJB	Recht der Jugend und des Bildungswesens
Rn.	Randnummer
RP	Rheinland-Pfalz
SA	Sachsen-Anhalt
Saar	Saarland
Sächs	Sachsen
SchAG	Schulaufsichtsgesetz
SchFG	Schulfinanzgesetz
SchOG	Schulordnungsgesetz
SchpflG	Schulpflichtgesetz
SchulG	Schulgesetz
SchMG	Schulmitwirkungsgesetz
SchVerfG	Schulverfassungsgesetz
SchVG	Schulverwaltungsgesetz
SH	Schleswig-Holstein
Thür	Thüringen
Urt.	Urteil
u.a.	unter anderem
ZBV	Zeitschrift für Bildungsverwaltung
v.	vom
Verf	Verfassung
VerfGH	Verfassungsgerichtshof

VG	Verwaltungsgericht
VGH	Verwaltungsgerichtshof
vgl.	vergleiche
VwVfG	Verwaltungsverfahrensgesetz
WRV	Weimarer Reichsverfassung
z.B.	zum Beispiel
ZfV	Zeitschrift für Verwaltung

Literaturverzeichnis

Abbott, Lawrence
Qualität und Wettbewerb, ein Beitrag zur Wirtschaftstheorie, München, Berlin 1958

Aberle, Gerd
Wettbewerbstheorie und Wettbewerbspolitik, 2. Auflage, Stuttgart, Berlin, Köln 1992

Ahe, Heilke von der/Müller, Klaus/Schröder, Hartwig
Einleitung, in: Heilke von der Ahe (Hrsg.), Arbeitgeber Staat – Bildung als öffentliche Dienstleistung, Dokumentation einer Arbeitstagung der Kommission „Zukunft der GEW" am 28./29. April 1995 in Frankfurt am Main, Frankfurt 1995, S. 5 – 13

Alberg, Rudolf
Das Bildungsgutachten – Ein wirklichkeitsfremdes und leistungshemmendes Konzept, in: Winfried Schlaffke/Klaus Westphalen (Hrsg.), Denkschrift NRW – Hat Bildung in Schule Zukunft?, ein Symposion von Wissenschaft und Wirtschaft, Köln 1996, S. 28 – 45

Anderseck, Klaus
Staatliche versus private Bereitstellung von Bildung in der ökonomischen Diskussion, Zeitschrift für Pädagogik 1988, 23. Beiheft, S. 84 – 88

Aurin, Kurt
Unterwegs zur staatlich geförderten Unübersichtlichkeit? Das Strukturproblem des Sekundarbereichs I, in: Kurt Aurin/Horst Wollenweber (Hrsg.), Schulpolitik im Widerstreit: brauchen wir eine andere Schule?, Bad Heilbrunn 1997, S. 28 - 46

Avenarius, Hermann/Jeand'Heur, Bernd
Elternwille und staatliches Bestimmungsrecht bei der Wahl der Schullaufbahn: die gesetzlichen Grundlagen und Grenzen der Ausgestaltung von Aufnahme- bzw. Übergangsverfahren für den Besuch weiterführender Schulen, Berlin 1992

Avenarius, Hermann
Schulische Selbstverwaltung - Grenzen und Möglichkeiten, RdJB 1994, S. 256 - 269

Avenarius, Hermann
Schulische Selbstverwaltung und Demokratieprinzip, in: Der Hessische Ministerpräsident Hans Eichel und der Präsident des Hessischen Landta-

ges Klaus Peter Müller (Hrsg.), 50 Jahre Verfassung des Landes Hessen. Eine Festschrift, Wiesbaden 1997, S. 178 – 190

Avenarius, Hermann
Verfassungsrechtliche Spielräume und Grenzen erweiterter schulischer Selbstverantwortung, SchulVerwaltung NRW 11/1999, S. 294 – 297

Avenarius, Hermann
Verfassungsrechtliche Grenzen und Möglichkeiten schulischer Selbstverwaltung, in: Peter Daschner/Hans-Günter Rolff/Tom Stryck, Schulautonomie - Chancen und Grenzen, Impulse für die Schulentwicklung, München 1995, S. 253 - 279

Avenarius, Hermann
Verfassungsrechtliche Möglichkeiten und Grenzen schulischer Selbstverwaltung, in: Peter Zedler/Detlef Fickermann (Hrsg.), Pädagogik und Recht: rechtliche Rahmenbedingungen und Handlungsspielräume für eine erweiterte Selbständigkeit von Einzelschulen, Erfurt 1997, S. 13 - 24

Baldus, Manfred
Freiräume der Schulen in freier Trägerschaft, Pädagogik und freie Schule, Schriftenreihe der Fördergemeinschaft für Schulen in freier Trägerschaft, Heft 52, Köln 1998

Banner, Gerhard
Neue Steuerungsmodelle in öffentlichen Verwaltungen, in: Heilke von der Ahe (Hrsg.), Arbeitgeber Staat – Bildung als öffentliche Dienstleistung, Dokumentation einer Arbeitstagung der Kommission „Zukunft der GEW“ am 28./29. April 1995 in Frankfurt am Main, Frankfurt 1995, S. 31 – 50

Bargel, Tino/Kuthe, Manfred/Reinhardt, Klaus
Gesamtschule und Region, in: Horst Weishaupt (Hrsg.), Sozialraumanalyse und regionale Bildungsplanung, 1. Auflage, Baden-Baden 1983, S. 91 - 128

Battis, Ulrich
Allgemeines Verwaltungsrecht, 2. Auflage, Heidelberg 1997

Baumbach, Adolf/Hefermehl, Wolfgang
Wettbewerbsrecht, Gesetz gegen den unlauteren Wettbewerb, Zugabeverordnung, Rabattgesetz und Nebengesetz, 21. Auflage, München 1998

Benisch, Werner
Kooperationserleichterungen und Wettbewerb, in: Helmut Cox/Uwe Jens/Kurt Markert (Hrsg.), Handbuch des Wettbewerbs: Wettbewerbstheorie, Wettbewerbspolitik, Wettbewerbsrecht, München 1981, S. 401 - 419

Benz, Arthur
Kooperative Verwaltung, Funktionen, Voraussetzungen und Folgen, 1. Auflage, Baden-Baden 1994
Bildungskommission NRW
Zukunft der Bildung - Schule der Zukunft, Denkschrift der Kommission „Zukunft der Bildung - Schule der Zukunft“ beim Ministerpräsidenten des Landes Nordrhein-Westfalen, Neuwied, Kriftel, Berlin 1995
Birkigt, Klaus/Stadler, M. Marinus/Funck, Hans Joachim
Corporate Identity: Grundlagen, Funktionen, Fallbeispiele, 9. Auflage, Landsberg/Lech 1998
Bischof, Paul/Hamacher, Claus/Hebborn, Klaus
Sponsoring – eine Chance für die Schule?, SchulVerwaltung NRW 6/7/1999, S. 175 – 178
Blankart, Charles B.
Öffentliche Finanzen in der Demokratie: eine Einführung in die Finanzwissenschaft, 3. Auflage, München 1998
Block, Hans-Jürgen
Wettbewerb und Differenzierung in den Hochschulen, Aspekte und Dimensionen einer stärkeren Differenzierung des Hochschulsystems unter besonderer Berücksichtigung des Ressourcenmanagements, in: Zentralinstitut für Sozialwissenschaftliche Forschung, Freie Universität Berlin: Aspekte der Hochschuldifferenzierung, Berlin 1984, S. 95 – 201
Blumenhagen, Uwe
Sponsoring, Spenden, Werbung – Wie Schulen sich neue Geldquellen erschließen können, Pädagogische Führung 3/1999, S. 130 – 133
Bofinger, Jürgen
Neuere Entwicklungen des Schullaufbahnverhaltens in Bayern, Schulwahl und Schullaufbahnen an Gymnasien, Real- und Wirtschaftsschulen von 1974/75 bis 1986/87, München 1990
Böhm, Franz
Wettbewerb und Monopolkampf, Eine Untersuchung zur Frage des wirtschaftlichen Kampfrechts und zur Frage der rechtlichen Struktur der geltenden Wirtschaftsordnung, Berlin 1933
Borchert, Manfred
Neue Wege der Bildungsfinanzierung, Pädagogische Führung 3/1999, S. 108 - 112
Bott, Wolfgang
Schule und Schulaufsicht im Rechtsstaat, LKV 1992, S. 221 – 224

Böttcher, Ilona/Plath, Monika/Weishaupt, Horst
Schulstruktur und Schulgestaltung, Die innere Entwicklung von Regelschulen und Gymnasien – Ein Vergleich, Zeitschrift für Pädagogik, 37. Beiheft, S. 161 - 181

Böttcher, Jens-Uwe
12 Schritte zu Ihrem Fundraising-Erfolg, Pädagogische Führung 3/1999, S. 127 - 129

Böttcher, Petra
Kann man Schulen budgetieren, und wozu kann das nutzen?, in: Wolfgang Böttcher/Horst Weishaupt/Manfred Weiß (Hrsg.), Wege zu einer neuen Bildungsökonomie: Pädagogik und Ökonomie auf der Suche nach Ressourcen und Finanzierungskonzepten, Weinheim, München 1997, S. 203 - 215

Bowles, Samuel
Outputs und Inputs im Bildungsproduktionsprozeß, in: Medhi Tohidipur (Hrsg.), Politische Ökonomie des Bildungswesens, Weinheim, Basel 1974, S. 115 - 136

Brohm, Winfried
Kompetenzüberschneidungen im Bundesstaat - Rechtsdogmatische Konsequenzen der Gondelbahn-Entscheidung des Bundesverfassungsgerichts-, DÖV 1983, S. 525 – 531

Bruhn, Manfred/Mehlinger, Rudolf
Rechtliche Gestaltung des Sponsoring, Band 2, Besonderer Teil: Sport-, Kultur-, Sozial-, Umwelt- und Programmsponsoring, München 1999

Bülow, Ellen
Einstellungen und Schulwahl am Ende der Grundschule, in: Forschungsgruppe Schulstrukturwandel in Thüringen, Pädagogische Hochschule Erfurt: Schulstrukturwandel in Thüringen, Ergebnisse einer Befragung von Schülern, Eltern und Lehrern in der Stadt Erfurt, Erfurt 1993, S. 73 – 89

Bull, Hans Peter
Allgemeines Verwaltungsrecht: ein Lehrbuch, 6. Auflage, Heidelberg 2000

Burkhardt, Jürgen
Kartellrecht, Gesetz gegen Wettbewerbsbeschränkungen (GWB), Europäisches Kartellrecht, München 1995

Chubb, J.E./Moe, T.M.
Politics, Markets and America´s Schools, Washington D.C. 1990

Clemens, Thomas
Grenzen staatlicher Maßnahmen im Schulbereich, NVwZ 1984, S. 65 – 76

Cox, Helmut/Hübener, Harald
Wettbewerb, eine Einführung in die Wettbewerbstheorie und Wettbewerbspolitik, in: Helmut Cox/Uwe Jens/Kurt Markert (Hrsg.), Handbuch des Wettbewerbs: Wettbewerbstheorie, Wettbewerbspolitik, Wettbewerbsrecht, München 1981, S. 1 - 48

Dietze, Lutz
Zur Reform der Schulstrukturen im Lichte der Rechtsprechung: Ende der Streitigkeiten in Sicht?, NVwZ 1984, S. 72 – 76

Dittmann, Armin
Erziehungsauftrag und Erziehungsmaßstab der Schule im freiheitlichen Verfassungsstaat, in: Johannes Hengstschläger/Lerke Osterloh/Hartmut Bauer/Tobias Jaag, Privatisierung von Verwaltungsaufgaben, Berichte und Diskussionen auf der Tagung der Vereinigung der Deutschen Staatsrechtslehrer in Halle/Saale vom 5. bis 8.10.1994, Berlin, New York, S. 47 – 71

Döbert, Hans
„Schule in erweiterter Verantwortung“, in: Peter Zedler/Detlef Fickermann (Hrsg.), Pädagogik und Recht - Rechtliche Rahmenbedingungen und Handlungsspielräume für eine erweiterte Selbständigkeit von Einzelschulen - Dokumentation der gleichnamigen Fachtagung der Kommission Bildungsorganisation, Bildungsplanung und Bildungsrecht der Deutschen Gesellschaft für Erziehungswissenschaften am 19. u. 20.9.1996 in Erfurt, Erfurt 1997, S. 59 – 74

Dreier, Volker
Empirische Politikforschung, München, Wien 1997

Emmerich, Volker
Kartellrecht, 8. Auflage, München 1999

Engelmann, Jörg
Zusammenarbeit zwischen Schule und Wirtschaft - neuer Rahmen und neue Formen, Pädagogische Führung 3/1999, S. 112 - 115

Engels, Wolfram
Bildung ohne Leistung und Wettbewerb? Das Bildungswesen wird deformiert, in: Präsidium des Hochschulverbandes (Hrsg.), Mitteilungen des Hochschulverbandes 1974, Jahrg. 22, Juni 1974, Heft 3, S. 347 – 352

Erichsen, Hans-Uwe
Verstaatlichung der Kindeswohlentscheidung?, 2. Auflage, Berlin, New York 1979

Fend, Helmut
Was ist eine gute Schule?, Westermanns Pädagogische Beiträge 38 (1986), Hefte 7-8, S. 8 – 12

Fessl (Dr.) & GFK-Institut
Durchführung und Ergebnisse der Gruppendiskussion, in: Irmfried Speiser (Hrsg.), Determinanten der Schulwahl: Privatschulen - öffentliche Schulen, Frankfurt am Main, Berlin, Bern, New York, Paris, Wien, 1993, S. 57 - 72

Fischer, Hans-Lothar
Oligopoltheoretische Erklärungsansätze für das Verhalten staatlicher Bürokratien, Verwaltungsarchiv 1987, S. 161 - 185

Fischer, Hans-Lothar
Praktisches Lehrbuch Wirtschaft und Staat, Landsberg am Lech 1987

Friedman, Milton
Kapitalismus und Freiheit, München 1976

Friedrichs, Jürgen
Methoden empirischer Sozialforschung, 14. Auflage, Opladen 1990

Fritsch, Michael/Wein, Thomas/Ewers, Hans-Jürgen
Marktversagen und Wirtschaftspolitik: Mikroökonomische Grundlagen staatlichen Handelns, 3. Auflage, München 1999

Fröhlich, Dieter
Arbeitserfahrung und Bildungsverhalten - Der Einfluß der Arbeitswelt auf die elterliche Schulwahl, 1. Auflage, Frankfurt/Main, New York 1978

Gassner, Ulrich M.
Grundzüge des Kartellrechts, München 1999

Giesel, Harald B.
Unternehmenswachstum und Wettbewerb, Baden-Baden 1975

Glaser, Roland
Schule im freien Wettbewerb - Chancen, Probleme, Gefahren, ZBV 1/1994, S. 5 - 12

Gleske, Christoph L.
Wettbewerb öffentlicher und privater Kreditinstitute in Deutschland: Rechtsgrundlagen und Rechtsentwicklungen, 1. Auflage, Baden-Baden 1996

Göldner, Hans-Dieter
Elternmeinung, Elternwille und ihr Einfluß auf die Schule: Ergebnisse einer schriftlichen Befragung von Eltern in Bayern, München 1978

Griesel, Harald
Qualitätspolitik im Wettbewerb der Kreditinstitute, Berlin 1978

Gröttrup, Hendrik
Die kommunale Leistungsverwaltung - Grundlagen der gemeindlichen Daseinsvorsorge, Stuttgart, Berlin, Köln, Mainz 1973

Haenisch, Hans
Gute und schlechte Schulen im Spiegel der empirischen Schulforschung, Westermanns Pädagogische Beiträge 38 (1986), Hefte 7-8, 1986, S. 18 – 23
Haenisch, Hans
Schulleistungsvergleich zwischen Gesamtschulen und Schularten des gegliederten Schulsystems in Nordrhein-Westfalen am Ende des 6. Schuljahres, in: Hans Haenisch/Helmut Lukesch/Richard Klaghofer/Elsa-Maria Krüger-Haenisch, Gesamtschule und dreigliedriges Schulsystem in Nordrhein-Westfalen - Schulleistungsvergleiche in Deutsch, Mathematik, Englisch und Physik, Paderborn, München, Wien, Zürich 1979, S. 1 - 226
Hamacher, Claus
Was kommt auf die Schulen zu? Aktuelle Entwicklungen aus Sicht kommunaler Schulträger, SchulVerwaltung NRW 10/1999, S. 267 - 270
Hansen, Rolf
Quantitative Entwicklungen und strukturelle Veränderungen der Schule in der BRD, Dortmund 1993
Hansen, Rolf/Rolff, Hans-Günter
Abgeschwächte Auslese und verschärfter Wettbewerb - Neuere Entwicklungen in den Sekundarschulen, Jahrbuch der Schulentwicklung, Band 6, S. 45 - 79
Hardorp, Benediktus
Unternehmen Schule - zum Zusammenhang von Wirtschaftlichkeit, Selbstverwaltung und pädagogischem Handeln, in: Frank-Rüdiger Jach/ Siegfried Jenkner (Hrsg.), Autonomie der staatlichen Schule und freies Schulwesen, Festschrift zum 65. Geburtstag von J.P.Vogel, Berlin 1998, S. 175 - 187
Häuser, Karl
Ist Hochschulbildung ein öffentliches Gut?, S. 15 – 33, in: Michael Zöller (Hrsg.), Bildung als öffentliches Gut? Hochschul- und Studienfinanzierung im internationalen Vergleich, Stuttgart, Bonn 1983
Head, John Graeme
Über meritorische Güter, in: Horst Claus Recktenwald (Hrsg.), Finanztheorie, Köln, Berlin 1969, S. 46 – 74
Hebborn, Klaus
Zukunftsmodelle von Schulleitung, in: Ministerium für Schule und Weiterbildung des Landes Nordrhein-Westfalen (Hrsg.), Schulleitung als Management und Führungsaufgabe, landesweite Fachtagung im Rahmen des Dialogs über die Denkschrift der Bildungskommission NRW „Zu-

kunft der Bildung - Schule der Zukunft“ vom 13. bis 14. Dez. 1996, Frechen 1997, S. 58 - 64

Heckel, Hans/Avenarius, Hermann
Schulrechtskunde - ein Handbuch für Praxis, Rechtsprechung und Wissenschaft, 7. Auflage, Neuwied, Darmstadt 2000

Heinrichs, Uwe/Skulimma, Klaus
Erweiterung der finanziellen Eigenverantwortung Hamburger Schulen, Selbstbewirtschaftung als Bestandteil der pädagogischen Entwicklung eigenständigerer Schulen, SchulVerwaltung NRW 11/1996, S. 345 - 348

Heller, Kurt/Rosemann, Bernhard
Planung und Auswertung empirischer Untersuchungen: eine Einführung in die Wissenschaftsmethodik und Forschungsstatistik für Pädagogen, Psychologen und Soziologen, 2. Auflage, Stuttgart 1981

Hendricks, Renate
Das Ende der klassischen Schulformen und Schulabschlüsse, in: Winfried Schlaffke/Klaus Westphalen (Hrsg.), Denkschrift NRW – Hat Bildung in Schule Zukunft? - ein Symposion von Wissenschaft und Wirtschaft, Köln 1996, S. 90 - 102

Herder-Dorneich, Philipp
Wirtschaftsordnungen, Pluralistische und dynamische Ordnungspolitik, Nicht-Märkte-Ökonomie, Märkte-Wahlen-Gruppenverhandlungen, Band 3, Berlin 1974

Herdzina, Klaus
Wettbewerbspolitik, 5. Auflage, Stuttgart 1999

Herzog, Roman
in: Theodor Maunz/Günter Dürig, Grundgesetz, Kommentar, Band II (Art. 12 – 21 GG), (Loseblatt), München, Stand: Oktober 1999

Hill, Hermann
Qualität in der öffentlichen Verwaltung – Annäherungen und Zugänge aus juristischer Sicht, in: Hermann Hill/Helmut Klages (Hrsg.), Spitzenverwaltungen im Wettbewerb: Eine Dokumentation des 1. Speyerer Qualitätswettbewerbs 1992, 1. Auflage, Baden-Baden 1993, S. 13 - 31

Hill, Hermann
Strategische Erfolgsfaktoren in der öffentlichen Verwaltung, Die Verwaltung 2/1992, S. 167 – 181

Hinrichs, Tammo
Finanzielle Autonomie der Schulen in Bremen – am Beispiel des Schulzentrums des Sekundarbereichs II Utbremen, Pädagogische Führung 3/1999, S. 121 – 126

Höfling, Wolfram
Demokratiewidrige Schulautonomie? Die bundesverfassungsgerichtliche Rechtsprechung zum Demokratieprinzip und die neue Schulgesetzgebung, RdJB 1997, S. 361 - 371
Höfling, Wolfram
Öffentliches Schulwesen und pädagogische Autonomie, DÖV 1988, S. 416 – 422
Höher, Peter/Rolff, Hans-Günter
Neue Herausforderungen an Schulleitungsrollen: Management-Führung-Moderation, in: Hans-Günter Rolff/Karl-Oswald Bauer/Klaus Klemm/ Hermann Pfeiffer, Jahrbuch der Schulentwicklung: Daten, Beispiele und Perspektiven, Bände 1 - 9, Weinheim, München 1996, S. 187 – 220
Hoppmann, Erich
Wettbewerb als Norm der Wettbewerbspolitik, ORDO Band 18 (1967), S. 77 – 94
Hössel, Helmut
Schulrecht und Schulverwaltung. Ein Leitfaden für die Praxis, 1. Auflage, Düsseldorf 1981
Huber, Peter-Michael
Konkurrenzschutz im Verwaltungsrecht: Schutzanspruch und Rechtsschutz bei Lenkungs- und Verteilungsentscheidungen der öffentlichen Verwaltung, Tübingen 1991
Hüchtermann, Marion/Nowak, Susanne/Ramthun, Gudrun
Schulmanagement, Auf der Suche nach neuen Konzepten, Köln 1995
Hufen, Friedhelm
Verfassungsrechtliche Möglichkeiten und Grenzen schulischer Selbstgestaltung, in: Frank-Rüdiger Jach/Siegfried Jenkner (Hrsg.), Autonomie der staatlichen Schule und freies Schulwesen, Festschrift zum 65. Geburtstag von J.P.Vogel, Berlin 1998, S. 51 - 73
Isensee, Josef
Gemeinwohl und Staatsaufgaben im Verfassungsstaat, in: Josef Isensee/Paul Kirchhof (Hrsg.), Handbuch des Staatsrechts der Bundesrepublik Deutschland, Band III: Das Handeln des Staates, 2. Auflage, Heidelberg 1996, S. 3 – 82
Isermann, Marianne
Ein Budget für die Schule, Praxisprobleme am Beispiel des Pilotprojekts „Wirtschaftliche Autonomie von Schulen“ in Bremen, schul-management 5/1995, S. 40 - 42

Isermann, Marianne
Wirtschaftliche Autonomie für Bremer Schulen, schul-management 4/1994, S. 41 - 42
Jach, Frank-Rüdiger
Schulvielfalt als Verfassungsgebot, Berlin 1991
Janssen, Hermann/Dropmann, Horst-Dieter
Flexible Haushaltsführung für Schulen, Zehn Jahre Erfahrung in der Stadt Münster, SchulVerwaltung NRW 10/1994, S. 236 - 238
Janssen, Rolf
Dezentrale Ressourcenverwaltung an den Schulen des Kreises Wesel, SchulVerwaltung NRW 3/1995, S. 84 – 86
Jarass, Hans D.
Zum Grundrecht auf Bildung und Ausbildung, DÖV 1995, S. 674 – 678
Jestaedt, Matthias
Staatliche Rollen in der Eltern-Kind-Beziehung, DVBl. 1997, S. 693 - 697
Joerger, Gernot/Geppert, Manfred
Grundzüge der Verwaltungslehre, 2. Auflage, Stuttgart, Berlin, Köln, Mainz 1976
Kantzenbach, Erhard/Greifenberg, Horst
Die Übertragbarkeit des Modells des „funktionsfähigen Wettbewerbs“ auf die Presse, in: Siegfried Klaue/Manfred Knoche/Axel Zerdick (Hrsg.), Probleme der Pressekonzentrationsforschung, 1. Auflage, Baden-Baden 1980, S. 189 - 202
Kirsch, Guy
Neue Politische Ökonomie, 4. Auflage, Düsseldorf 1997
Kirzner, Israel M.
Wettbewerb und Unternehmertum, Tübingen 1978
Klein, Bodo
Konkurrenz auf dem Markt der geistigen Freiheiten, Verfassungsfragen des Wettbewerbs im Pressewesen, Berlin 1990
Klemm, Klaus
Schulentwicklung in Zeiten ökonomischer Engpässe, ZBV 1-2/1999, S. 1 - 15
Koenig, Christian
Die öffentlich-rechtliche Verteilungslenkung: Grund und Grenzen einer Deregulierung am Beispiel der Vergabe von Konzessionen, Kontingenten und Genehmigungen zur unternehmerischen Nutzung öffentlich verwalteter Güter, Berlin 1994

Koetz, Axel G.
Schule und ökonomische Vernunft, in: Wolfgang Böttcher/Horst Weishaupt/Manfred Weiß (Hrsg.), Wege zu einer neuen Bildungsökonomie, Pädagogik und Ökonomie auf der Suche nach Ressourcen und Finanzierungskonzepten, Weinheim, München 1997, S. 84 - 97
Koetz, Axel G.
Wettbewerbs- und kundenorientiertes Schulmanagement, in: Tagungsbericht zum 27. Mühlheimer Kongreß, Autonomie von Schule, Schriftenreihe des Realschullehrerverbandes Nordrhein-Westfalen Nr. 33, Krefeld 1994, S. 35 – 38
Koetz, Axel G.
Auf dem Weg zum „Als-Ob"-Wettbewerb, in: Hermann Hill/Helmut Klages (Hrsg.), Qualitäts- und erfolgsorientiertes Verwaltungsmanagement 1992, S. 145 - 166
Kohl, Jürgen
Schule und Eltern in der Rechtsprechung des Bundesverfassungsgerichts, in: Wolfgang Zeidler/Theodor Maunz/Gerd Roellecke (Hrsg.), Festschrift Hans Joachim Faller, München 1984, S. 201 – 215
Kommunale Gemeinschaftsstelle (KGSt.)
Kommune und Wettbewerb - Erste Überlegungen und Empfehlungen, Bericht Nr. 8/1996
Kommunale Gemeinschaftsstelle (KGSt.)
Neue Steuerung im Schulbereich, Bericht Nr. 9/1996.
Köller, Franz
Rechtliche Rahmenbedingungen und Handlungsschwerpunkte für eine erweiterte Selbständigkeit von Einzelschulen aus der Sicht des Landes Hessen, in: Peter Zedler/Detlef Fickermann (Hrsg.), Pädagogik und Recht - Rechtliche Rahmenbedingungen und Handlungsspielräume für eine erweiterte Selbständigkeit von Einzelschulen - Dokumentation der gleichnamigen Fachtagung der Kommission Bildungsorganisation, Bildungsplanung und Bildungsrecht der Deutschen Gesellschaft für Erziehungswissenschaften am 19. u. 20.9.1996 in Erfurt, Erfurt 1997, S. 37 - 43
König, Klaus
Modernisierung von Staat und Verwaltung: Zum Neuen Öffentlichen Management, 1. Auflage, Baden-Baden 1997
König, Klaus
Rekonstruktion der Staatsfunktionen in der Staatswirtschaft und im Wohlfahrtsstaat, ZfV 1996, S. 665 – 671

König, Klaus
Zur Kritik eines neuen öffentlichen Managements, Forschungsinstitut für öffentliche Verwaltung bei der Hochschule für Verwaltungswissenschaften Speyer, Speyer Forschungsberichte 155, 1995
König, Klaus
Der Verwaltungsstaat in Deutschland, Verwaltungsarchiv 1997, Heft 4, S. 545 – 567
König, Klaus
Markt und Wettbewerb als Staats- und Verwaltungsprinzipien, DVBl. 1997, S. 239 – 248
Kraus, Josef
Atomisierung der Schullandschaft, in: Winfried Schlaffke/Klaus Westphalen (Hrsg.), Denkschrift NRW – Hat Bildung in Schule Zukunft? Ein Symposion von Wissenschaft und Wirtschaft, Köln 1996, S. 103 - 119
Krüger, Heribert
Allgemeine Staatslehre, 2. Auflage, Stuttgart, Berlin, Köln, Mainz 1966
Lamnek, Siegfried
Qualitative Sozialforschung, Band 2: Methoden und Techniken, 3. Auflage, Weinheim 1995
Landesinstitut für Schule und Weiterbildung (Hrsg.)
Budgetierung und Schulentwicklung, Soest 1997
Lange, Helmut
Zukunftsorientiertes Schulkonzept der Städtischen Wirtschaftsschule Ansbach, in: Hermann Hill/Helmut Klages (Hrsg.), Spitzenverwaltungen im Wettbewerb: Eine Dokumentation des 1. Speyer Qualitätswettbewerbs 1992, 1. Auflage, Baden-Baden 1993, S. 61 - 71
Langer, Thomas
Monopole als Handlungsinstrumente der öffentlichen Hand, Berlin 1998
Legarth, Helmut
Budgetierungsbemühungen der Kommunen, neue deutsche schule 1994, S. 31 - 33
Lith, Ulrich van
Der Markt als Ordnungsprinzip des Bildungsbereichs: Verfügungsrechte, ökonomische Effizienz und die Finanzierung schulischer und akademischer Bildung, München 1985
Maaß, Roland
Der Wettbewerb im örtlichen Personalbeförderungswesen: Möglichkeiten und Notwendigkeiten im Bereich straßengebundener Beförderung, Berlin 1998

Mantzavinos, Chrysostomos
Wettbewerbstheorie: eine kritische Auseinandersetzung, Berlin 1994
Maunz, Theodor
in: Theodor Maunz/Günter Dürig, Grundgesetz, Kommentar, Band I (Art. 1 - 12 GG), (Loseblatt), München, Stand: Oktober 1999
Maunz, Theodor/Zippelius, Reinhold
Deutsches Staatsrecht: ein Studienbuch, 30. Auflage, München 1998
Maurer, Hartmut
Allgemeines Verwaltungsrecht, 12. Auflage, München 1999
Maurer, Mathias
Der Bildungsgutschein - Finanzierungsmodell für ein freies Bildungswesen, in: Frank-Rüdiger Jach/Siegfried Jenkner (Hrsg.), Autonomie der staatlichen Schule und freies Schulwesen, Festschrift zum 65. Geburtstag von J.P. Vogel, Berlin 1998, S. 189 - 224
Mayer, Franz/Kopp, Ferdinand
Allgemeines Verwaltungsrecht, 5. Auflage, Stuttgart, München, Hannover 1985
Meffert, Heribert
Marketing: Grundlagen marktorientierter Unternehmensführung, Konzepte-Instrumente-Praxisbeispiele, 8. Auflage, Wiesbaden 1998
Mersmann, Manfred
„Budgetierung im Schulbereich“ am Beispiel der Stadt Münster, Schule heute 1995, S. 19 - 22
Meuser, Michael/Nagel, Ulrike
ExpertInneninterviews - vielfach erprobt, wenig bedacht, ein Beitrag zur qualitativen Methodendiskussion, in: Detlef Garz/Klaus Kraimer (Hrsg.), Qualitativ-empirische Sozialforschung, Konzepte, Methoden, Analysen, Opladen 1991, S. 441 – 471
Meyer, Hans Joachim
Die Triebkraft der Entwicklung ist der Wettbewerb, Rede des Präsidenten der KMK auf dem Deutschen Bildungskongreß in Bonn, SchulVerwaltung NRW 10/1999, S. 260 – 263
Ministerium für Schule und Weiterbildung, Wissenschaft und Forschung des Landes Nordrhein-Westfalen (Hrsg.)
„Qualität als gemeinsame Aufgabe“, Rahmenkonzept „Qualitätsentwicklung und Qualitätssicherung schulischer Arbeit“, Schriftenreihe Schule in NRW Nr. 9029, Frechen 1998

Ministerium für Schule und Weiterbildung des Landes Nordrhein-Westfalen (Hrsg.)
„Zukunft der Bildung-Schule der Zukunft“, Zweieinhalb Jahre Dialog um die Denkschrift, 2. Zwischenbericht, Düsseldorf 1998
Ministerium für Schule und Weiterbildung des Landes Nordrhein-Westfalen (Hrsg.)
„...und sie bewegt sich doch!“, Entwicklungskonzept „Stärkung der Schule“, Schule in NRW, Schriftenreihe des Ministeriums für Schule und Weiterbildung Nr. 9014, Frechen 1997
Ministerium für Schule und Weiterbildung des Landes Nordrhein-Westfalen (Hrsg.)
Evaluation in der Schulpraxis, Beiträge zur Qualitätsentwicklung und Qualitätssicherung von Schule, Dokumentation einer landesweiten Fachtagung im Rahmen des Dialogs über die Denkschrift der Bildungskommission NRW „Zukunft der Bildung – Schule der Zukunft“ vom 18. bis 19. September 1997 im Landesinstitut für Schule und Weiterbildung, Soest, Schule in NRW, Schriftenreihe des Ministeriums für Schule und Weiterbildung Nr. 9023, Frechen 1998
Ministerium für Schule und Weiterbildung, Wissenschaft und Forschung des Landes Nordrhein-Westfalen (Hrsg.)
Entwicklungskonzept „Stärkung der Schule“, Bericht der Ministerin für Schule und Weiterbildung, Wissenschaft und Forschung zur „Entwicklung und Sicherung der Qualität schulischer Arbeit“ an den Landtag vom März 1998
Mühlfeld, Claus/Windolf, Paul/Lampert, Norbert/Krüger, Heidi
Auswertungsprobleme offener Interviews, Soziale Welt 32/1981, S. 325 – 352
Müller, Alfred/Diedrich, Kurt
Leitung und Verwaltung einer Schule, 7. Auflage, Neuwied, Darmstadt 1980
Müller, Alfred/Gampe, Harald/Rieger, Gerald/Risse, Erika
Leitung und Verwaltung einer Schule, 8. Auflage, Neuwied, Kriftel, Berlin 1997
Naschold, Frieder
Ergebnissteuerung, Wettbewerb, Qualitätspolitik: Entwicklungspfade des öffentlichen Sektors in Europa, Berlin 1995
Niehues, Norbert
Schul- und Prüfungsrecht, Band 1: Schulrecht, 3. Auflage, München 2000

Oebbecke, Janbernd
Mehrfachzuständigkeiten in der Verwaltung als Verfassungsproblem, in: Wilfried Küper/Jürgen Welp (Hrsg.), Beiträge zur Rechtswissenschaft: Festschrift für Walter Stree und Johannes Wessels zum 70. Geburtstag, Heidelberg 1993, S. 1119 – 1134
OECD (Organisation für wirtschaftliche Zusammenarbeit und Entwicklung)
Freie Schulwahl im internationalen Vergleich - Ein OECD/CERI-Bericht, Frankfurt am Main, Berlin, Bern, New York, Paris, Wien 1996
Oeckl, Albert
Handbuch der Public Relations, Theorie und Praxis der Öffentlichkeitsarbeit in Deutschland und der Welt, München 1964
Oeynhausen, Manfred
Rechtshandbuch Schule Nordrhein-Westfalen, Stuttgart, München, Hannover, Berlin, Weimar, Dresden 1994
Offe, Claus
Bildungsökonomie und Motive der Bildungspolitik, in: Mehdi Tohidipur (Hrsg.), Politische Ökonomie des Bildungswesens, Weinheim, Basel 1974, S. 363 - 375
Oppermann, Thomas
Bildung, in: Ingo von Münch (Hrsg.), Besonderes Verwaltungsrecht, 8. Auflage, Berlin, New York 1988, S. 773 – 834
Oppermann, Thomas
Elterliches Erziehungsrecht und staatliche Schulerziehung, in: Erich Röper (Hrsg.), Die Schule und ihr Auftrag, Mainz 1979, S. 71 - 93
Orth, Gerhard
Qualitätsentwicklung und Qualitätssicherung als gemeinsame Aufgabe, SchulVerwaltung NRW 8/1999, S. 202 – 204
Ossenbühl, Fritz
Das elterliche Erziehungsrecht im Sinne des Grundgesetzes, Berlin 1981
Ossenbühl, Fritz
Schule im Rechtsstaat, DÖV 1977, S. 801 - 812
Peters, Dieter
Freigabe des Elternwillens oder staatliches Bestimmungsrecht bei der Schulformwahl?, in: Kurt Aurin/Horst Wollenweber (Hrsg.), Schulpolitik im Widerstreit: brauchen wir eine andere Schule?, Bad Heilbrunn 1997, S. 146 – 160
Philipp, Elmar/Rolff, Hans-Günter
Schulprogramme und Leitbilder entwickeln - Ein Arbeitsbuch, Weinheim/Basel 1998

Pieroth, Bodo
Erziehungsauftrag und Erziehungsmaßstab der Schule im freiheitlichen Verfassungsstaat, DVBl. 1994, S. 949 - 961
Pitschas, Rainer
Die Jugendverwaltung im marktwirtschaftlichen Wettbewerb? Balanceprobleme zwischen Rechtmäßigkeit, Wirtschaftlichkeit und Fachlichkeit, DÖV 1994, S. 973 - 986
Preuss-Lausitz, Ulf
Private und Freie Schule – Besser als die öffentliche Schule? Zur Privatisierung des Bildungswesens in den neunziger Jahren, Die Deutsche Schule 87 (1995), Heft 4, S. 447 - 462
Püttner, Günter
Verwaltungslehre: ein Studienbuch, 2. Auflage, Stuttgart 1989
Rasch, Ernst
Die staatliche Verwaltungsorganisation - Allgemeines - Rechtliche Grundlagen - Aufbau, Köln, Berlin, Bonn, München 1967
Reinermann, Heinrich
Marktwirtschaftliches Verhalten in der öffentlichen Verwaltung - Ein Beitrag aus der Sicht der Verwaltungsinformatik-, DÖV 1992, S. 133 - 144
Reuter, Michael
Budgetierung an Schulen, „Neues Steuerungsmodell“ oder „Freibrief für Traumtänzer“, schul-management 1/1996, S. 24 - 27
Richter, Ingo
Gestaltungsspielräume der kommunalen Schulträger beim Schulangebot, DÖV 1992, S. 144 - 150
Richter, Rudolf
Institutionen ökonomisch analysiert - Zur jüngeren Entwicklung auf dem Gebiete der Wirtschaftstheorie, Landeszentralbank im Saarland (Hrsg.), Wissenschaftliche Hefte, Band 2, Dillingen 1992
Rieger, Gerald
Aufgaben des Schulsekretariats, Schulhaushalt, Schulhausmeister, in: Alfred Müller/Harald Gampe/Gerald Rieger/Erika Risse, Leitung und Verwaltung einer Schule, Neuwied, Kriftel, Berlin 1997, S. 273 - 308
Risse, Erika
Kann eine „normale“ Schule autonom sein? Anregungen, Erfahrungen, Gestaltungsmöglichkeiten, Pädagogik 11/1993, S. 17 – 20

Risse, Erika
Schulphilosophie, Schulprofil und Schulprogramm, in: Alfred Müller/Harald Gampe/Gerald Rieger/Erika Risse, Leitung und Verwaltung einer Schule, Neuwied, Kriftel, Berlin 1997, S. 89 - 103

Rittner, Fritz
Wirtschaftsrecht: ein Lehrbuch, 2. Auflage, Heidelberg 1987

Rolff, Hans-Günter
Wandel durch Selbstorganisation: theoretische und praktische Hinweise für eine bessere Schule, 2. Auflage, München 1995

Rolff, Hans-Günter
Autonomie als Gestaltungs-Aufgabe, Organisationspädagogische Perspektiven, in: Peter Daschner/Hans-Günter Rolff/Tom Stryck, Schulautonomie - Chancen und Grenzen, Impulse für die Schulentwicklung, München 1995, S. 31 - 53

Sadowski, Dieter
Schulen, in: Klaus R.Chmielewicz/Peter Eichhorn (Hrsg.), Handwörterbuch der Öffentlichen Betriebswirtschaft, Stuttgart 1989, S. 1431 – 1437

Schirp, Heinz
Öffnung und Gestaltung von Schule, in: Alfred Müller/Harald Gampe/Gerald Rieger/Erika Risse, Leitung und Verwaltung einer Schule, Neuwied, Kriftel, Berlin 1997, S. 130 - 153

Schlaffke, Winfried/Westphalen, Klaus (Hrsg.)
Denkschrift NRW – Hat Bildung in Schule Zukunft? Ein Symposion von Wissenschaft und Wirtschaft, Köln 1996

Schmidt, Ingo
Wettbewerbspolitik und Kartellrecht: eine Einführung, 6. Auflage, Stuttgart 1999

Schmidt, Walter
„Schulprogramm" und pädagogische Eigenverantwortung in der Schule, NVwZ 1997, S. 456 – 460

Schmidt-Bleibtreu, Bruno/Klein, Franz
Kommentar zum Grundgesetz, 9. Auflage, Neuwied, Kriftel 1999

Scholz, Rupert
in: Theodor Maunz/Günter Dürig, Grundgesetz, Kommentar, Band II (Art. 12 – 21 GG), (Loseblatt), München, Stand: Oktober 1999

Schorlemmer, Helmut
Sponsoring – Neue Möglichkeit der Schulentwicklung?, SchulVerwaltung NRW 4/1999, S. 114 – 117

Schulz-Vanheyden, Elmar
Noten für Lehrerinnen und Lehrer?, SchulVerwaltung NRW 1/2000, S. 4 - 6
Schulz-Vanheyden, Elmar
Rede zum Abschluß der Fachtagung „Evaluation in der Schulpraxis“ am 19. September 1997, in: Ministerium für Schule und Weiterbildung Nordrhein-Westfalen (Hrsg.), Evaluation in der Schulpraxis, Beiträge zur Qualitätsentwicklung und Qualitätssicherung von Schule Nr. 9023, Dokumentation einer landesweiten Fachtagung im Rahmen des Dialogs über die Denkschrift der Bildungskommission NRW „Zukunft der Bildung – Schule der Zukunft“ vom 18. bis 19. September 1997 im Landesinstitut für Schule und Weiterbildung Soest, Frechen 1998, S. 127 - 131
Schuppert, Gunnar Folke
Die Erfüllung öffentlicher Aufgaben durch verselbständigte Verwaltungseinheiten: Eine verwaltungswissenschaftliche Untersuchung, Göttingen 1981
Severinski, Nikolaus
Schulautonomie und die Schulkrise der Gegenwart: Elemente einer liberalen Theorie der Schule, Wien 1992
Siepmann, Heinrich/Siepmann, Ursula
Verwaltungsorganisation, 5. Auflage, Köln 1996
Speiser, Irmfried
Konzept der qualitativen Untersuchungsteile, in: Irmfried Speiser (Hrsg.), Determinanten der Schulwahl: Privatschulen - öffentliche Schulen, Frankfurt am Main, Berlin, Bern, New York, Paris, Wien, 1993, S. 53 - 56
Spiess, Kurt
Qualität und Qualitätsentwicklung: eine Einführung, 1. Auflage, Aarau/Schweiz 1997
Spilker, Wilhelm
Kommunaler Schulhaushalt-Finanzierung des Bildungswesens, Frankfurt 1992
Stadt Gelsenkirchen
Das Schulbudget, Handbuch für das Haushalts-, Vergabe- und Rechnungswesen, September 1999
Stadt Leverkusen
Erfahrungsbericht über die Einführung und den Verlauf des Modellversuchs „Schulgirokonto“ (SchGK) an den städtischen Schulen, Februar 1996

Stadt Münster
Pädagogische Arbeitsstelle des Schulamtes, Presse- und Informationsamt, Dokumentation „Wenn das Schule macht...", Ganztags- und Betreuungsangebote an weiterführenden Schulen, Münster 1998
Stadt Münster
Schule in der Stadt, Initiativen - Konzepte - Entwicklungen einer erweiterten Schulträgerschaft am Beispiel der Stadt Münster, Münster 1994
Ständige Konferenz der Kultusminister der Länder in der Bundesrepublik Deutschland
Sammlung der Beschlüsse der Ständigen Konferenz der Kultusminister der Länder in der Bundesrepublik Deutschland, Loseblatt, Neuwied, Darmstadt, Stand Juni 1995
Starck, Christian
Organisation des öffentlichen Schulwesens, NJW 1976, S. 1375 – 1380
Stein, Ekkehart/Roell, Monika
Handbuch des Schulrechts, Bottighofen 1992
Stern, Klaus
Autonomie der Schule?, in: Detlef Merten/Reiner Schmidt/Rupert Stettner (Hrsg.), Der Verwaltungsstaat im Wandel, Festschrift für Franz Knöpfle zum 70. Geburtstag, München 1996, S. 333 - 349
Stern, Klaus
Das Staatsrecht der Bundesrepublik Deutschland, Grundbegriffe und Grundlagen des Staatsrechts, Strukturprinzipien der Verfassung, Band I, 2. Auflage, München 1984
Stock, Martin
Auf dem Weg zur „teilautonomen" Schule?, Bemerkungen zur Reformdiskussion in Nordrhein-Westfalen, RdJB 1997, S. 372 - 391
Stoltefuß, Martin
Elterliches Erziehungsrecht und staatliches Bildungswesen in England, Münster 1993
Stotz, Horst
Das Wirtschaftsmodell Schule in Mannheim, Pädagogische Führung 3/1999, S. 117 - 121
Straubhaar, Thomas/Winz, Manfred
Reform des Bildungswesens, Kontroverse Aspekte aus ökonomischer Sicht, Bern, Stuttgart, Wien 1992
Stryck, Tom
Gute Schulen brauchen Freiheit, Aktuelle Entwicklungen zur Autonomie der Schule, ZBV 1/1996, S. 33 - 48

Stryck, Tom
Autonomie und Schulträger, in: Peter Daschner/Hans-Günter Rolff/Tom Stryck, Schulautonomie - Chancen und Grenzen, Impulse für die Schulentwicklung, München 1995, S. 109 - 133
Studienkreis Schule/Wirtschaft Nordrhein-Westfalen
Seminarmaterialien, Corporate Identity für Schulen, Düsseldorf 1995
Stumm, Gerhard
Ergebnisse der Direktorenbefragung, in: Irmfried Speiser (Hrsg.), Determinanten der Schulwahl: Privatschulen - öffentliche Schulen, Frankfurt am Main, Berlin, Bern, New York, Paris, Wien, 1993, S. 73 - 113
Süberkrüb, Cay/Peters, Dieter
„Betrieb Schule“ - Eine Organisation entwickelt sich zu größerer Selbstverantwortung, SchulVerwaltung NRW 2/1996, S. 40 - 44
Theuersbacher, Paul
Die Entwicklung des Schulrechts in den Jahren 1993 bis 1994, NVwZ 1995, S. 1178 – 1184
Thieme, Werner
Einführung in die Verwaltungslehre, Köln, Berlin, Bonn, München 1995
Thüringer Institut für Lehrerfortbildung, Lehrplanentwicklung und Medien
Gymnasien in Thüringen, Vier Fallstudien, Ergebnisbericht 1996, Erfurt 1997
Turner, George
Universitäten in der Konkurrenz: Möglichkeiten und Grenzen von Wettbewerb im Hochschulbereich, Stuttgart 1986
Vesper, Emil
Der Schulleiter und das bildungspolitische Mandat des Schulträgers, in: Hasso von Recum/Peter A. Döring (Hrsg.), Schulleitung und Schulträger, Schulleiter-Handbuch Nr. 19, Braunschweig 1981, S. 8 – 31
Vogel, Johann Peter
Schulrecht aus der Sicht guter Schulen – Gute Schulen aus der Sicht des Schulrechts, Zeitschrift für Pädagogik 1988, 23. Beiheft, S. 189 - 199
Vogel, Johann Peter
Verfassungsrechtliche Bemerkungen zur Verselbständigung der Schule, Zeitschrift für Pädagogik 1995, S. 39 – 48
Wallerath, Maximilian
Allgemeines Verwaltungsrecht, Ein Einführung für Studium und Praxis, 4. Auflage, Siegburg 1992

Watrin, Christian/Heimbach, Stephan
Wettbewerb, in: Görres-Gesellschaft (Hrsg.), Staatslexikon, Recht-Wirtschaft-Gesellschaft, 5. Band, 7. Auflage, Freiburg, Basel, Wien 1989, S. 973 - 977

Weiß, Manfred
Der Markt als Steuerungssystem im Schulwesen?, Zeitschrift für Pädagogik 1993, S. 71 – 84

Weiß, Manfred
Effizienz des Ressourceneinsatzes und Marktsteuerung im Schulbereich, ZBV 3/1996, S. 21 – 34

Weiß, Manfred
Effizienz im Bildungswesen, Darstellung und Diskussion von Instrumenten zur Beurteilung der ökonomischen Rationalität von Bildungsmaßnahmen, Weinheim/Basel 1975

Weiß, Manfred
Finanzierung und Ressourcensicherung im Bildungswesen, schulmanagement 6/1993, S. 34 - 42

Weiß, Manfred
Mikroökonomie der Schule, in: Hans-Günter Rolff (Hrsg.), Zukunftsfelder von Schulforschung, Weinheim 1995, S. 41 – 62

Wiedemann, Regina
Wettbewerb unter Krankenhäusern: eine institutionen-ökonomische Analyse unter besonderer Berücksichtigung von Informationsasymmetrien, Frankfurt am Main, Berlin, Bern, New York, Paris, Wien 1998

Wiese, Leopold von
Stichwort „Wettbewerb I. Soziologische Einordnung“, in: Hermann Bente (Hrsg.), Handwörterbuch der Sozialwissenschaften, Band 12, Stuttgart, Tübingen, Göttingen 1965, S. 25 – 29

Willeke, Franz-Ulrich
Grundsätze wettbewerbspolitischer Konzeptionen, Tübingen 1973

Wolff, Birgitta
Organisationsökonomik, in: Wilhlem Korff (Hrsg.) im Auftrag der Görres-Gesellschaft, Handbuch der Wirtschaftsethik, Band 3: Ethik wirtschaftlichen Handelns, Gütersloh 1999, S. 111 - 131

Woll, Artur
Wirtschaftspolitik, 2. Auflage, München 1992

Wollenweber, Horst
„Autonomie“ der Schule? – Zur Problematik einer schulpolitischen Forderung, in: Kurt Aurin/Horst Wollenweber (Hrsg.), Schulpolitik im Wi-

derstreit: brauchen wir eine andere Schule?, Bad Heilbrunn 1997, S. 113 – 128

Zedler, Peter

Erweiterte Selbstverantwortung von Einzelschulen – Zauberformel für die Modernisierung des Schulwesens?, in: Peter Zedler/Detlef Fickermann (Hrsg.), Pädagogik und Recht - Rechtliche Rahmenbedingungen und Handlungsspielräume für eine erweiterte Selbständigkeit von Einzelschulen - Dokumentation der gleichnamigen Fachtagung der Kommission Bildungsorganisation, Bildungsplanung und Bildungsrecht der Deutschen Gesellschaft für Erziehungswissenschaften am 19. u. 20.9.1996 in Erfurt, Erfurt 1997, S. 7 - 12

Zimmermann, Horst/Henke, Klaus-Dirk

Finanzwissenschaft: eine Einführung in die Lehre von der öffentlichen Finanzwirtschaft, 7. Auflage, München 1994

FSC
www.fsc.org
MIX
Papier | Fördert gute Waldnutzung
FSC® C083411

Kolibri 360 GmbH
Ferdinand-Jühlke-Straße 7
99095 Erfurt, Deutschland
produktsicherheit@kolibri360.de

Druck:
CPI Druckdienstleistungen GmbH
im Auftrag der
Kolibri 360 GmbH
Ferdinand-Jühlke-Str. 7
99095 Erfurt